L'ENFANT DE BUCHENWALD

ROBBIE WAISMAN

avec Susan McClelland

L'ENFANT DE BUCHENWALD

1945 : une vie à construire

Traduit de l'anglais (États-Unis)
par Danièle Momont

Préface de Dominique Missika
Postface de Katy Hazan

l'Archipel

Ce livre a paru sous le titre *Boys From Buchenwald*
chez Bloomsbury Children's Books en 2021.

Notre catalogue est consultable à l'adresse suivante :
www.editionsarchipel.com

Éditions de l'Archipel
92, avenue de France
75013 Paris

Contact : info@lisez.com

ISBN 978-2-8098-5001-7

Préface

Le 11 avril 1945, les avant-gardes blindées de la IIIe armée de Patton avancent en direction de Nuremberg. Au milieu de la forêt d'Ettersberg, à huit kilomètres de Weimar, le convoi militaire arrive à l'entrée d'un camp. Il n'y a pas de nom sur la grille fermée. Juste une inscription : « Jedem das Seine ». *À chacun selon son mérite. Il s'agit du camp de Buchenwald. Leur arrivée provoque la débandade des SS.*

Pétrifiés d'horreur, les soldats américains croisent dans les allées du camp des squelettes au crâne rasé, aux yeux fiévreux enfoncés dans les orbites. Des cadavres ambulants. Au sol, des corps décharnés jetés à même le sol. Dans un hangar, d'autres entassés comme des bûches à hauteur d'homme. Un peu plus loin, dans les fours crématoires, d'autres corps calcinés. Dans les baraquements, des malades intransportables.

Le pire est à venir quand ils s'approchent de la baraque 66. Des centaines d'enfants, tous des garçons, squelettiques, les regardent silencieux de leurs yeux immenses. Le plus jeune survivant du camp, Joseph Schleifstein, n'a que quatre ans. Israël Meïr Lau, dit Lulek, n'a pas encore huit ans. Il y a le futur Prix Nobel de la Paix, Elie Wiesel.

Parmi eux, il y a aussi Romek Waisman, qui a eu quatorze ans le 2 février 1945. Né dans une famille de six enfants, cinq garçons et une fille, son enfance se déroule dans la ville de Skarżysko-Kamienna, au cœur de la Pologne, entre

Lublin et Kielce, une ville connue pour sa fabrique de munitions. Lors de l'invasion allemande, l'usine est confisquée et transformée en camp de travail forcé pour les juifs, dont Romek. En 1944, ce dernier est transféré dans un wagon à bestiaux au camp de Buchenwald. Il est seul au monde, tous les siens ont disparu, seule sa sœur aînée a survécu.

C'est le récit de son périple et de celui ses camarades que l'on découvre au fil des pages de ce document inestimable. Il va partager le destin des orphelins de la Shoah découverts à Buchenwald et sauvés in extremis.

Arrachés à leurs villages les plus reculés de Pologne, de Roumanie, de Hongrie ou de Tchécoslovaquie, ces jeunes juifs ont connu les ghettos, échappé aux sélections dans les camps, survécu aux marches de la mort. On ignore par quel miracle ils ne sont pas entrés dans une chambre à gaz à Sobibor, Treblinka ou Auschwitz. Au camp de Buchenwald, ils ont bénéficié de l'aide de la résistance intérieure du camp qui a tout fait pour les protéger.

Leurs parents, leurs frères, leurs sœurs ont péri dans les ghettos ou dans les camps. Ils ont vu leurs maisons brûler ou leurs villages ravagés par les combats. Il n'y a que des cendres. Ils savent que rien ni personne ne les attend.

Les premiers jours, ils se nourrissent parfois trop et tombent malades. Conduits à pied, pour les valides, ils s'installent dans une caserne des SS à proximité du camp. Ensuite, livrés à eux-mêmes et animés par un désir de vengeance, ils pillent les appartements des SS et les garde-manger des fermes voisines, volent des vélos, jouent quelquefois.

Tenaillés par l'espoir fou de retrouver l'un des leurs, ils croient au miracle, même ceux qui ont vu mourir leurs parents. Et chaque jour c'est une nouvelle déception.

Ils sont seuls au monde. Où aller ? Retourner dans leurs villages en ruine ? Sûrement pas. Ils espèrent qu'un pays loin de ce cauchemar voudra d'eux. Ils ont entendu parler de l'Amérique, de la Palestine. Certains se souviennent de cousins à New York ou à Buenos Aires, mais comment s'appelaient-ils ? On leur propose d'aller en Angleterre ou en France, beaucoup ignorent ces pays. Peu importe, partir. Ils s'inscrivent sur des listes.

« Avons trouvé un millier d'enfants juifs à Buchenwald. Prenez des mesures pour les évacuer sans délai », câble le commandant des troupes américaines. L'information parvient à l'OSE-France, l'Œuvre de secours aux enfants, organisation juive philanthropique qui organise leur venue.

Le 2 juin 1945, le train spécial français arrive à Buchenwald. D'après le docteur Revel, chargé du voyage par l'OSE, les « jeunes sauvages » le prennent d'assaut. Guère habitués à être appelés par leur nom, ils se battent pour monter à bord du train où ils dorment dans des wagons-couchettes. Et, à chaque arrêt à travers l'Allemagne en ruine, certains en profitent pour descendre piller les fermes alentour.

Ironie du sort, certains parmi ces jeunes rescapés, la plupart encore vêtus de leur pyjama rayé, sont affublés d'uniformes des Jeunesses hitlériennes trouvés par les soldats américains qui ont paré au plus pressé. En gare de Thionville, les enfants sont confondus avec des Allemands et menacés par la foule. Le train est mis sur une voie de garage où il stationne le temps de peindre sur chaque wagon : « KL Buchenwald-Waisen. Où sont nos parents ? »

Le train a été dirigé directement vers la Normandie. Le 6 juin 1945, à la gare de Saussay-la-Campagne, une cérémonie présidée par le sous-préfet de l'Eure les attend. Un car les conduit à Écouis, à six kilomètres de là, où un préventorium désaffecté a été mis à la disposition de l'OSE par le gouvernement français.

Quand ils découvrent Écouis, un bâtiment austère avec d'immenses dortoirs, au milieu des champs, certains ont l'impression d'être à nouveau dans un camp où on les enferme. D'autres se croient dans un « château splendide ». Face aux responsables, ces survivants, après cinq jours de voyage, sans repères ni moyens de comprendre ce qui les attend, forment une « masse compacte et taciturne sur la verte pelouse du préventorium ».

Premier choc. Les responsables, se préparant à recevoir des enfants en bas âge, ont cherché partout des jouets, des peluches et des pyjamas. Se présentent à eux de grands adolescents, presque des adultes, parfois hargneux, amers, mutiques ou apathiques. La plupart ont une idée en tête : n'obéir à personne.

Maladroits, les responsables croient bien faire en répartissant les nouveaux venus selon leur âge. En une fraction de seconde, ils se heurtent aux Hongrois qui ne veulent pas faire chambre commune avec les Polonais, aux Tchèques qui détestent les Allemands. Tous se révoltent. Autre drame : la plupart sont pieux et veulent manger casher. Où trouver de quoi les nourrir quand le rationnement sévit toujours ? Lorsqu'on leur sert des camemberts odorants, ils sont persuadés qu'on les empoisonne et le jettent par terre ! L'obstacle majeur est la langue : les responsables, en majorité des laïcs, ne parlent pas yiddish ou hébreu et ont du mal à communiquer. Il leur faut comprendre que les uns sont religieux, d'autres sionistes, voire communistes comme étaient leurs parents.

Puis, les choses s'apaisent. On organise pour chacun une visite médicale. On leur apprend quelques rudiments de français. On leur procure des papiers d'identité. Les uns demandent un violon, un autre un piano, d'autres des livres de prière, ou tout simplement du papier pour écrire.

« Pauvres moniteurs et monitrices. Croient-ils pouvoir nous éduquer, nous qui avons regardé la mort en face ? [...] Le plus jeune d'entre nous possède une somme d'expériences

plus vaste que le plus âgé parmi eux. Comment peuvent-ils comprendre notre besoin de garder quelques restes de gâteau sous nos oreillers ? Et la méfiance que nous inspire n'importe quel inconnu ? La parole qui revient le plus fréquemment sur nos lèvres ? "Vous ne pouvez pas comprendre" », reconnaîtra Elie Wiesel, un de ces rescapés passés par Écouis[1].

Quand l'aumônier américain qui s'est occupé d'eux leur rend visite et pleure d'émotion de les voir dans un parc magnifique entouré d'adultes bienveillants, les enfants de Buchenwald sourient et pleurent à leur tour, ce qui ne leur était pas arrivé depuis longtemps, ou jamais. La glace est brisée. Les jeunes rescapés comprennent que ceux qui les entourent souhaitent leur bien et vont leur faire confiance.

Désormais, ce qui leur importe, c'est de trouver un membre de leur famille, en France, en Argentine, aux États-Unis. Certains rêvent d'émigrer en Palestine. Il faut consulter les listes de la Croix-Rouge, envoyer des lettres qui mettent un temps fou à parvenir. La plupart du temps, ils ne souviennent pas des noms des cousins dont leurs parents parlaient. Parfois, un miracle. Une mère, une sœur, un frère est retrouvé. C'est le cas de Romek. Il retrouve sa sœur Leah qui, elle, choisit de partir en Palestine, tandis que lui émigre au Canada où un couple, les Gorescht, l'accueillent comme un enfant de la famille. Grâce à eux, il apprend l'anglais, reprend des études, trouve un métier, puis se marie. Romek devient alors Robert, puis Robbie.

Quels souvenirs a-t-il gardé de l'enfer des camps et de ce séjour à Écouis ? Quels liens a-t-il gardé pour le restant de sa vie avec ceux qui l'ont conduit sur le chemin d'une nouvelle vie, d'une autre vie, de la vie ? Longtemps il a tu son histoire. Mais dans les années 1980, quand se fait jour la menace du négationnisme au Canada, il s'engage pour le

---

1. Elie Wiesel, *Tous les fleuves vont à la mer*, Seuil, 1994.

combattre. Il se souvient de la promesse faite aux déportés qui succombaient de raconter au monde ce qui s'était passé. Dès lors, il ne cessera d'œuvrer pour la mémoire de la Shoah. Il est urgent de découvrir son destin. Son témoignage est aussi bouleversant que captivant.

Dominique MISSIKA

Avant-propos

Je dis son nom et l'ancienne douleur refait surface. L'oublier, dites-vous ? Comment oublier un être humain ?

Cholem Alekheim

Je suis né le 2 février 1931 à Skarżysko-Kamienna, au cœur de la Pologne, à égale distance de Varsovie, Lublin, Cracovie et Łódź.

Bien que de taille modeste, cette ville était renommée pour la production de munitions. Avant la guerre, la Fabrique nationale d'armement y employait plus de quatre mille personnes (pour dix-neuf mille habitants) et fournissait l'ensemble de l'armée polonaise. Lorsque les nazis envahirent la Pologne en septembre 1939, l'usine fut confisquée et cédée à un fabricant allemand qui la rebaptisa Hugo Schneider Aktiengesellschaft Metallwarenfabrik (HASAG). De nombreux ouvriers polonais furent licenciés, tandis qu'on obligeait les juifs à travailler pour la Wehrmacht, sans leur verser le moindre salaire.

L'histoire des juifs de Pologne, qui y vivaient depuis plus de mille ans, était ponctuée de persécutions religieuses. Au début de la Seconde Guerre mondiale, le pays comptait la plus importante communauté juive au monde, dont la majorité se concentrait à

Varsovie. Environ deux mille cinq cents juifs vivaient à Skarżysko-Kamienna.

Lorsque mon père acquit notre maison, au début des années 1920, les juifs étaient plutôt bien acceptés. Ils avaient le droit de posséder des terres ou des commerces, d'occuper des postes dans l'administration, l'armée et l'université. Skarżysko-Kamienna ayant prospéré durant les premières décennies du XXe siècle, de nombreux immigrants juifs s'y étaient installés, dont mon père, qui venait de Russie. La première synagogue de Skarżysko-Kamienna était sortie de terre en 1910 et, quelques années plus tard, avait été créé le cimetière juif.

En 1935, à la mort de Józef Pilsudski, l'homme politique le plus influent du pays, tout changea. Mais pour moi, qui n'était alors qu'un tout petit enfant, la vie se résumait aux rues de Skarżysko-Kamiennase, aux forêts et aux chants des oiseaux, à ma famille, à notre maison et à la cuisine de ma mère.

Mon père, prénommé Chil, était chapelier et tailleur. Il confectionnait, entre autres, le *shtreimel*, large coiffe de fourrure noire que portaient les hommes juifs de notre ville. Mon père était un homme grand et robuste. Mes frères aînés, Chaim et Moishe, âgés de vingt-deux et dix-sept ans en 1939, avaient hérité de sa stature. Venaient ensuite mes deux autres frères, Motel et Abram, quinze et douze ans à la même époque, ainsi que Rachella, ma sœur, de huit ans mon aînée, que nous appelions tous Leah.

Mon père était apprécié de tous. On venait l'écouter réciter des passages de la Torah, raconter des histoires telles que celle de *Tevye le laitier*. On lui demandait des conseils. Mes parents s'aimaient beaucoup. Je les accompagnais souvent le long du fleuve, où ils se promenaient en se tenant par la main, tandis que je tentais d'attraper des papillons et de faire des ricochets. L'hiver venu, je patinais sur la surface glacée du Kamienna, sous l'œil attentif de Chil et Rifka, blottis l'un contre l'autre sous un châle.

Notre maison de bois était petite, aussi dormais-je dans le même lit que deux de mes frères. Je m'endormais au doux son des chants de ma mère, mais les ronflements de mon père me réveillaient souvent. Mes quatre frères, sportifs émérites, se passionnaient pour la course de fond et le football. Chaim et Moishe étaient en outre très beaux, de sorte que toutes les jeunes filles en étaient amoureuses. Malgré mon jeune âge, je m'en rendais bien compte car ces demoiselles rougissaient en baissant un peu la tête chaque fois que mes frères passaient près d'elles.

J'adorais ma famille. Plus tard, j'en avais la conviction, je suivrais la voie de mes frères, en particulier Moishe, qui avait postulé à l'université dans l'espoir de devenir ingénieur. Il avait fabriqué une radio capable, disait-il, de capter des fréquences d'Amérique.

Lorsque je m'étais acquitté de mes corvées, ma mère me servait toujours un bol de soupe. Il m'arrivait aussi de donner un coup de main à mon père en balayant le sol de son atelier, jonché de chutes de tissu, ou en l'aidant à prendre les mesures de ses clients. C'était aussi moi qui rangeais le bois que mes frères avaient coupé. Je ramassais encore, dans la forêt, le petit bois destiné à alimenter le feu, balayais le chemin menant à la rue principale où se trouvait mon lieu préféré : le cinéma.

Mes parents organisaient parfois de formidables dîners. Nous prenions place avec nos invités autour de la grande table fabriquée par mon père. Les adultes buvaient du vin servi dans des verres que ma mère ne sortait que pour les grandes occasions. Lorsque la discussion dérivait vers la politique, les femmes laissaient les hommes entre eux : notre communauté juive était très conservatrice. Même à la synagogue, les femmes s'installaient à la galerie, tandis que les hommes occupaient le rez-de-chaussée.

Le mariage de mon frère Chaim compte parmi mes souvenirs d'enfance les plus marquants car je tenais Golda, son épouse, pour la plus belle femme du monde. Elle avait des cheveux noirs et bouclés, un accroche-cœur sur le front, des mains fines et délicates. Elle dansait en chantant des chansons en yiddish. Elle me faisait penser à un cygne. J'en étais si épris qu'avant qu'elle ne devienne la femme de Chaim, j'avais demandé à mon père si le *schadchen* – l'entremetteur – pourrait arranger notre mariage lorsque je serais grand ! Mon père m'avait répondu que mon frère avait plus à offrir que moi à Golda ; j'en avais eu les larmes aux yeux. Certes, Chaim, qui avait accompli ses deux années de service militaire, exerçait déjà de petits boulots – il fabriquait des clôtures, réparait des maisons... Je finis par me consoler en pensant que Golda resterait pour toujours dans ma vie, puisqu'elle avait épousé mon frère.

Le jour du mariage, je me gavai de brioche, de poulet, de carpe et de chou farci. Je dansai aussi beaucoup, si bien que je finis par m'effondrer de fatigue sur la table, la tête à demi plongée dans un bol de fruits à la crème. Plus tard, les cheveux collants, je me redressai d'un bond pour retourner danser dans le jardin avec les autres. Levant les yeux vers le ciel, j'eus l'impression que les étoiles étaient en train de danser avec nous.

*

Entre 1939 et 1945, ces souvenirs merveilleux s'effacèrent. Ils ne me reviendraient ensuite que par bribes. Ma mémoire ressemblait désormais à une courtepointe en patchwork, comme celles que ma mère confectionnait avec des chutes de tissu.

Le 1er septembre 1939, les troupes allemandes envahirent la Pologne. Un mois plus tard, les nazis tenaient le pays sous leur joug, privant dès lors les juifs de tous leurs droits. En 1941, ils nous expulsèrent de notre maison, ma famille et moi, et nous obligèrent à rejoindre le ghetto de Skarżysko-Kamienna. Et, tandis que les ténèbres s'abattaient sur nous, mes souvenirs se volatilisaient. Sans en avoir conscience, je les enfermai dans une sorte de coffre-fort intérieur, sans doute pour me protéger.

Mon cher ami Robert Krell, psychiatre de son état, qui lui aussi avait connu ces années effroyables durant son enfance, m'a dit un jour : « Quand on est en mode survie, crois-tu qu'on se paie le luxe de se souvenir du passé ? »

Plusieurs années durant, alors que je n'étais encore qu'un enfant, j'ai dû vivre la peur au ventre, me demandant à chaque instant si un garde n'allait pas m'abattre. Je ne savais jamais quand j'allais pouvoir manger. Je me méfiais de tout le monde, incapable de deviner à qui je pouvais faire confiance. La trahison flottait dans l'air. Combien de fois, déjà, j'avais échappé à la mort...

En 1984, j'ai appris que James Keegstra, un enseignant négationniste de l'Alberta, au Canada, avait affirmé à ses élèves que ce qui m'était arrivé, que ce qui était arrivé aux juifs, que la Shoah n'avait jamais eu lieu. C'est alors que j'ai décidé de raconter mon histoire.

On estime qu'entre 1939 et 1945, six millions de juifs – sur les neuf millions qui vivaient alors en Europe, au nombre desquels un million et demi d'enfants – furent assassinés par les nazis. Les chambres à gaz, les expérimentations « médicales »... Comment ne pas se mobiliser pour garder vive la mémoire d'une telle barbarie ?

En 1945, 90 % des juifs de Pologne avaient disparu. J'ai vécu cette tragédie. Je suis un survivant de la Shoah.

J'ai d'abord été un travailleur forcé dans une usine de munitions, où mes semblables et moi fabriquions des armes pour l'armée allemande. Plus tard, lorsque la guerre a tourné à l'avantage des Alliés, on m'a transporté, dans un wagon à bestiaux, jusqu'au camp de concentration de Buchenwald. Le 11 avril 1945, quand l'armée américaine a libéré ce camp, elle y a trouvé vingt et un mille survivants, parmi lesquels mille jeunes garçons comme moi.

Cette histoire, j'ai commencé à la raconter avec prudence et non sans hésitation. Puis, peu à peu, j'ai pris de l'assurance. Je suis intervenu un peu partout en Amérique du Nord, puis en Europe et en Australie. J'ai même témoigné en Allemagne. Au fil du temps, j'ai compris que je ne devais pas me cantonner à la Shoah, qu'une autre histoire se tissait au fond de moi.

Comment avons-nous réussi à survivre, à devenir médecins, avocats, enseignants ? Comment avons-nous fait pour être aussi des pères, des époux aimants et des grands-pères attentionnés ? Certains d'entre nous ont échoué, d'autres sont morts jeunes. D'autres encore ont dû lutter contre une santé altérée, tant physique que mentale. Mais la majorité des « garçons de Buchenwald », comme nous avaient surnommés les journalistes, ont mené, après l'horreur, des vies épanouies. L'un des nôtres a même reçu le prix Nobel de la Paix en 1986 pour ses écrits et son action militante. Son nom : Elie Wiesel.

Dans les « camps de la mort », la nuit tombée, les adultes murmuraient aux enfants que, s'ils survivaient, ils devraient raconter au monde ce qu'ils avaient vu. Car le monde, ajoutaient-ils, ne devait jamais oublier ce qui était en train de se produire. Afin que cela ne recommence plus.

La première photo de Romek Wajsman
après la libération du camp de Buchenwald.
Prise à Écouis, en France, juillet 1945.

1

Les chats sauvages y rencontreront
les hyènes, les satyres s'y répondront.
Et là aussi s'installera Lilith :
elle y trouvera le repos.

Ésaïe 34:14

L'homme portait un long manteau bleu à passepoil, impeccable, avec des boutons en laiton, une croix gammée rouge et des médailles, dont j'appris plus tard qu'elles indiquaient le rang qu'il occupait au sein de la SS. Les yeux bleu clair rétrécis, le front plissé, il me désigna du doigt.

Je me dirigeais, avec les hommes adultes, vers l'usine de munitions de Skarżysko-Kamienna, en Pologne. L'usine s'appelait officiellement Hugo Schneider Aktiengesellschaft Metallwarenfabrik, mais tout le monde la connaissait sous le nom de HASAG.

Je travaillais dans cette usine, avec plusieurs milliers d'autres juifs. Nous étions de véritables esclaves, aucun de nous ne recevait de salaire. Ma tâche consistait à apposer les initiales FES[1] sur les obus d'artillerie de la Wehrmacht[2]. J'étais capable de tamponner trois

1. FES : ces lettres ajoutées au nom d'un obus indiquaient qu'il était équipé d'une ceinture en acier.
2. La Wehrmacht est le nom donné à l'armée du IIIe Reich à partir du 21 mai 1935, jusqu'à sa dissolution officielle en août

mille deux cents obus en une seule journée, et ces journées duraient douze heures. Je travaillais six jours par semaine. Lorsque j'avais commencé à HASAG, j'étais âgé de onze ans. Nous étions en 1942. Pendant les premiers mois, j'avais travaillé si dur que je n'avais pas tardé à avoir les mains en sang. Mais il n'était pas question pour moi de m'arrêter, car je savais, pour avoir vu faire les nazis et des soldats appartenant à d'autres armées, que si je cessais de travailler, on m'abattrait. À force, mes blessures guérirent, pour laisser la place à des callosités dures comme le cuir d'une chaussure.

La plupart du temps, je travaillais de jour, j'embauchais alors à 7 heures du matin. Mais il m'arrivait, toutes les deux ou trois semaines environ, d'être de nuit.

Alors que j'avançais avec les hommes adultes de mon équipe, je levai les genoux bien haut, dans l'espoir de prouver au SS que j'étais en bonne santé. Hélas, il me fit quand même signe de quitter mon rang.

— *Raus!* hurla-t-il.

Autrement dit: «Sors de là!»

La langue allemande n'étant finalement pas très différente du yiddish, que je parlais avec ma famille, chez nous, je connaissais déjà quelques mots d'allemand lorsque je débutai à HASAG. À la fin de la Seconde Guerre mondiale, je parlerais couramment la langue.

Ravalant la boule que j'avais soudain au fond de la gorge, j'obéis à l'ordre du SS. Il s'avança vers moi, s'arrêtant si près que je sentis son souffle poisseux et chaud sur mon visage. Lorsqu'il se pencha pour hurler à nouveau, j'identifiai l'odeur des œufs et des oignons qu'il avait mangés au petit déjeuner.

— *Raus!*

1946 par les forces d'occupation de l'Allemagne vaincue.

Puis, m'ayant obligé à faire demi-tour, il m'enfonça la crosse de son fusil entre les omoplates.

— Avance! m'ordonna-t-il.

Je fermai les yeux, car j'avais compris où il me conduisait. En direction de la camionnette dont le moteur tournait au ralenti devant la porte d'entrée du baraquement où les travailleurs esclaves, dont je faisais partie, étaient détenus lorsqu'ils ne travaillaient pas.

Je connaissais également la raison pour laquelle on m'avait sélectionné. Pendant une quinzaine de jours, la fièvre typhoïde m'avait terrassé, me ballotant entre suées et frissons. Lorsque la fièvre était enfin tombée, et que je m'étais rendu compte que j'avais survécu, j'avais supposé que l'un des hommes du baraquement, peut-être l'ami de mon père, le boucher casher, m'avait caché sous la paille et qu'il m'avait donné de l'eau. En effet, les gardes lituaniens, qui travaillaient pour les nazis, pénétraient dans notre baraquement à 7 heures chaque matin, puis à 19 heures, lorsque les équipes de nuit et celles de jour échangeaient leurs places, afin de s'assurer que personne ne se dissimulait dans le baraquement ou qu'il ne s'y trouvait pas de malades. J'ignorais au juste comment, mais le fait est que ces gardes ne m'avaient pas découvert.

Alors que nous approchions de la camionnette, je rouvris les yeux.

— Un de plus, cracha le SS à l'adresse des hommes qui gardaient le véhicule.

L'homme m'ordonna de grimper sur le plateau du camion. Il s'y trouvait déjà une vingtaine d'hommes, squelettiques, cyanosés à cause de la malnutrition – des croûtes se donnaient à voir sur les visages de beaucoup d'entre eux, dues à diverses maladies, qui se frayaient un chemin dans l'ensemble du baraquement comme le fleuve Kamienna dans la ville de Skarżysko-Kamienna. D'autres hommes encore avaient la peau jaune. Ceux-là manipulaient de l'acide picrique, un explosif apparenté au TNT. L'acide picrique jaunissait la peau, ainsi que le blanc de leurs yeux, avant de détruire leurs reins.

Je savais ce qui nous attendait tous. On allait nous conduire dans la forêt, où on nous exécuterait. Mais, d'abord, nous devrions creuser nos propres tombes.

— Un rat de plus, dit l'un des gardes en parlant de moi.

— De la nourriture pour les vers.

Je frissonnai de peur. Puis je sentis couler mon urine le long de ma jambe.

J'avais pris des risques en retournant travailler alors que j'avais encore le teint pâle, que j'étais encore diminué par la maladie, je ne l'ignorais pas. Mais je n'avais pas eu le choix. Si je ne l'avais pas fait, on aurait, de toute façon, remarqué mon absence.

Lorsque mon frère Abram travaillait avec moi à HASAG, il me pinçait les joues avant l'appel du matin pour me donner meilleure mine, il glissait également du carton dans mes chaussures pour me faire paraître plus grand et, partant, moins jeune. Que des enfants travaillent ne plaisait guère aux nazis, aussi en congédiaient-ils souvent, probablement pour les supprimer ensuite.

Assis au fond du plateau du véhicule, j'observai d'abord le baraquement – long, gris et noir –, puis le ciel au-dessus de lui, qui se mouvait comme de la fumée. Mes yeux se posèrent sur un nuage qui se déplaçait plus vite que les autres. On aurait dit une île au beau milieu d'une mer agitée. Soudain, les tremblements qui, jusqu'alors, m'ébranlaient du plus profond de mes os, cessèrent.

Je vis de la lumière, pareille à des rayons de soleil, alors qu'avec le recul, je sais que le soleil ne brillait pas ce jour-là.

Je sentis quelque chose m'envelopper, telle une couverture moelleuse, et j'éprouvai alors un calme, une légèreté que je n'avais plus ressentis depuis trois ans, depuis que les Allemands avaient envahi la Pologne, qu'ils l'avaient occupée et annexée.

J'allais mourir, certes, mais tout à coup cela n'avait plus d'importance.

Je me rappelai des souvenirs que j'avais oubliés en commençant à travailler à HASAG. Ma mère en train de me chanter « Belz mayn shteitele[1] », papa m'enveloppant dans son *talit*[2] à la synagogue, moi en train de jouer au football avec mes frères aînés. J'entendis même la voix de ma sœur, Leah, qui m'assurait que nous nous reverrions.

Le nuage en forme d'île sombre se métamorphosa ensuite en ailes, comme celles d'un ange. « Azraël », articulais-je sans bruit. Je sentis Azraël, ange de la mort et passeur des âmes, me serrer très doucement contre lui.

Des souvenirs pleins d'amour m'inondaient, dont je savais qu'ils m'accompagneraient, où que j'aille.

Je ne m'accrochais plus à la vie.

J'entendis des sons mystiques, des carillons aériens, des clochettes, et même une chorale.

J'expirai, conscient que mon souffle me quittait.

Je me trouvais dans un tel état d'émerveillement, je flottais au cœur d'une telle beauté que, d'abord, je ne sentis pas la main puissante qui venait d'agripper le col de ma veste.

On me descendait de la camionnette.

L'Allemand, celui qui venait souvent à HASAG pour superviser les esclaves juifs, cet homme qui, j'en avais

1. Chanson en yiddish composée en 1932, dont le titre signifie « Ma petite ville de Belz ».
2. Le *talit* est un châle dont les juifs adultes s'enveloppent pour la prière.

la conviction, occupait une place importante dans la hiérarchie nazie, car lorsqu'ils le voyaient, les Allemands se tenaient très droits, ils claquaient des talons pour le saluer en criant « *Heil Hitler!* », cet homme, donc, était en train de me faire descendre du camion. Lorsque des Allemands visitaient l'usine, cet homme attirait leur attention sur moi, louant la rapidité et l'efficacité dont je faisais preuve dans mon travail. Ce jour-là, je l'entendis crier au SS armé que j'étais un ouvrier trop précieux pour qu'on se débarrasse de moi, que j'étais capable, à moi seul, d'effectuer la tâche de deux adultes. Il fallait me laisser du temps pour me retaper. On devait m'épargner.

La musique douce se tut et mes parents se volatilisèrent.

Azraël avait disparu aussi, le ciel était gris foncé à présent, et il s'était mis à pleuvoir.

Les « Garçons de Buchenwald » en France.

2

Oublier les morts serait les tuer
une deuxième fois.

Elie Wiesel

7 juin 1945.

Le train s'arrêta si brusquement qu'il me réveilla.

Je me frottai les yeux, puis regardai par la fenêtre. Des nuages glissaient devant le soleil, projetant de longues ombres sur des champs de blé à perte de vue. Pour dégourdir ma main gauche, demeurée trop longtemps sous ma cuisse, je la massai, avant de m'en servir pour ouvrir la fenêtre. Abram Chapnik, que j'appelais Abe, était assis en face de moi. Il se leva d'un bond et, tous les deux, nous nous penchâmes au-dehors pour respirer le bon air de la France.

Nous ne parlions ni l'un ni l'autre, attentifs aux cris matinaux des moineaux, aux croassements d'un corbeau au loin. Des vaches meuglaient.

Je fermai les yeux, puis je levai le visage vers le ciel.

— Écoute ! lança Abe. Regarde !

Il m'assena un violent coup de pied sur la cheville.

Je rouvris les paupières avec un cri de douleur.

J'avais instinctivement serré les poings, prêt à frapper.

Les garçons à leur arrivée en France,
vêtus d'uniformes des Jeunesses hitlériennes.
Au deuxième rang, de droite à gauche : Salek Finkelsztein ;
Abe et Romek. Au premier rang, deuxième à partir de la droite,
Lulek (Yisrael Meir Lau), qui deviendra grand rabbin d'Israël.

***

La dernière fois que j'avais frappé Abe, c'était lorsque nous avions regagné le camp de concentration de Buchenwald, au tout début du printemps. La nuit, un vent mordant pénétrait dans notre baraquement par tous les trous de ses murs. Au-dessus de nos têtes vrombissaient des avions.

— C'est des avions de guerre américains, avait chuchoté Yakov Nikivirov, également connu sous le nom de Jakow Goftman.

Jakow, artiste au cirque de Moscou ou au théâtre du Bolchoï – je n'ai jamais réussi à m'en souvenir –, nous avait pris sous son aile, Abe et moi.

Il nous avait affirmé la veille que les Américains ne se trouvaient plus bien loin, d'ailleurs ils bombardaient

Weimar. Il nous avait encore expliqué que plusieurs membres du mouvement de résistance clandestin de Buchenwald avaient grimpé sur les toits des baraquements les plus au fond du camp pour dessiner les trois lettres SOS à l'aide d'assiettes blanches volées aux nazis, afin d'empêcher les avions américains de larguer leurs bombes sur nous.

Jakow Goftman

La ville de Weimar, située à environ huit kilomètres du camp, était durement touchée. Les nazis y envoyaient des détenus de Buchenwald après les bombardements nocturnes organisés par les États-Unis pour déblayer les rues jonchées de décombres – d'innombrables bâtiments étaient détruits. Tous les détenus demandaient à s'y rendre, car les habitants de Weimar leur distribuaient volontiers de la nourriture. Abe et moi avions été du voyage à plusieurs reprises. La première fois, une Allemande m'avait offert la moitié d'une miche de pain. La deuxième fois, on nous avait fait cadeau, à Abe et à moi, de fromage et d'une bouteille de lait.

Jakow était immense, plus géant qu'un géant, avec une moustache en guidon de vélo. Il nous parla du camp et des détenus politiques, parmi lesquels se trouvait Wilhelm Hammann, doyen du Block 8, notre baraquement. Abe et moi l'avions surnommé le Grand Willy, bien qu'il ne fût pas particulièrement grand. Le Grand Willy avait été enseignant, il s'était impliqué dans la politique municipale, puis il était devenu député au parlement régional de l'État populaire de Hesse. Jakow nous déclara qu'au contraire des nazis, les communistes jugeaient tous les hommes égaux entre eux. Comme la plupart des communistes, le Grand Willy se trouvait en prison depuis la prise du pouvoir par les nazis en Allemagne, en 1933.

Durant cette nuit terrible où les pilotes américains ne cessèrent de bombarder les environs, Abe passa tout son temps à imiter le bruit des moteurs d'avion, puis le fracas des explosions. Le reste des occupants de notre baraquement, adultes et enfants, demeurèrent silencieux.

Jakow finit par ordonner à Abe de se taire.

Le Block 8 se situait près de l'entrée de Buchenwald, autrement dit tout près des gardes nazis et non loin des dortoirs des SS. Nous savions tous que la guerre touchait à sa fin. L'Allemagne avait perdu. Les communistes du camp ayant accès aux récentes informations, Jakow nous avait annoncé que les armées alliées, à l'ouest, étaient en train de frapper à la porte de l'Allemagne, tandis que l'Armée rouge se rapprochait à l'est.

L'ensemble des détenus se faisaient tout petits, redoutant d'attirer l'attention de nos geôliers. Et si, dans un ultime sursaut, il prenait l'envie aux nazis de nous liquider tous, soit en faisant sauter les bâtiments avec de la dynamite, soit en nous entraînant dans une marche forcée jusqu'à ce que nos genoux cessent de nous porter et que nous nous effondrions, morts, sur le sol ? Par ailleurs, une rumeur circulait, selon laquelle les nazis avaient grimé en avions américains plusieurs de leurs bombardiers. Une fois la guerre terminée pour de bon, ces appareils bombarderaient

Buchenwald, afin que le monde entier apprenne que les États-Unis avaient tué des innocents.

Abe, de son côté, continuait imperturbablement à imiter le grondement des avions, ce qui nous mettait tous en danger. Je finis par le frapper, un coup sur l'œil, puis un autre sur le nez.

***

Et voilà que je me sentais prêt à le frapper de nouveau, dans le train, cette fois.

— Fiche-moi la paix, dis-je sèchement en frottant ma cheville douloureuse.

Abe pencha la tête et se mit à battre des cils, de longs cils autour de grands yeux très noirs, des yeux tombants qui lui donnaient un air triste.

— Qu'est-ce que tu veux que je regarde ? demandai-je dans un soupir, tandis que mes mains se détendaient.

Abe se pencha par la fenêtre pour me désigner la voie ferrée. Un groupe d'hommes se dirigeait vers nous. Ils fumaient des cigarettes, dont les volutes serpentaient dans l'air. Ils portaient des bérets noirs ou bleus. Comme ils se rapprochaient, je commençai à distinguer les traits de leurs visages et l'usure de leurs vêtements. Il s'agissait de fermiers, qui parlaient une langue que je n'avais encore jamais entendue.

— Des Français, murmura Abe comme s'il venait de lire dans mes pensées. Ce sont des Français.

Comme ils faisaient des gestes en direction du train, mes yeux croisèrent soudain ceux de l'un d'eux, un homme aux pommettes saillantes, aux cheveux d'un noir de jais. Il avait le teint rouge et le regard ardent. Il me lança quelques mots que je ne compris pas. Brusquement, je manquai de souffle, et mes poumons me faisaient mal. J'allais m'évanouir d'une seconde à l'autre. Je me détournai pour tenter de me reprendre

– j'avais l'impression que les parois du train bougeaient autour de moi.

***

Aux parfums de la campagne s'étaient substituées, dans mes narines, la puanteur de la pourriture, les odeurs corporelles, l'odeur du sang et des vomissures. Je n'étais plus à bord d'un train pour la France, mais dans celui de Częstochowa, en Pologne, et nous nous dirigions vers l'Allemagne. Nous étions plusieurs centaines de juifs, entassés à l'intérieur de wagons dans lesquels on transportait d'habitude les vaches et les chevaux. Des wagons en bois, dépourvus de sièges, de revêtement de sol, d'isolation contre le froid ou la chaleur… Nous étions si serrés que nous avions du mal à nous tourner, et quant à s'asseoir, il ne fallait même pas y penser.

Il nous arrivait de n'avoir rien à boire ni à manger durant cinq jours. Chaque fois que notre train s'arrêtait pour céder la priorité aux trains chargés de munitions et de matériels de guerre, ce qui arrivait souvent, des gardes armés ouvraient les portes des wagons en nous ordonnant de leur remettre les cadavres. Les hommes mûrs récitaient le kaddish, la prière en l'honneur des défunts, à mesure que les corps quittaient le wagon. Personne n'était autorisé à leur fermer les yeux, comme c'est la coutume chez les juifs… Puis nous soufflions un peu, car nous avions davantage de place.

***

— Réveille-toi ! criait Abe.

Je le sentis me tapoter les joues avec ses mains. Je toussai, avant d'aspirer de copieuses bouffées d'air. Je compris que j'avais perdu connaissance et que, peut-être, j'avais arrêté un moment de respirer. Les paupières toujours closes, je saisis à l'aveugle la main d'Abe et la serrai très fort. Abe, lui, me murmura à l'oreille une prière en yiddish :

— Seigneur notre Dieu, Dieu de l'univers. Écoute notre prière et écoute-nous…

Ayant presque retrouvé mon calme, je commençai à ouvrir les yeux, lorsque j'entendis des coups contre les parois du train. Je regardai par la fenêtre. Les Français nous jetaient des pierres. L'un d'eux, haut comme trois pommes, pénétra dans le train par notre fenêtre ouverte. Je m'enfonçai aussitôt dans mon siège, les jambes repliées contre ma poitrine. Je plaquai mes mains sur mes oreilles pour ne plus rien entendre.

Je tirai sur la chemise d'Abe pour l'obliger à s'asseoir aussi.

— Arrête, s'agaça-t-il. Les Français ne savent pas qui nous sommes à cause de nos habits. Tout va bien se passer.

J'effleurai ma chemise et mon short. Après l'arrivée des Américains à Buchenwald, des soldats avaient demandé aux communistes du camp de trouver de nouveaux vêtements aux jeunes garçons comme moi. Nous étions près d'un millier, et nous portions tous des pyjamas rayés infestés de poux et d'autres insectes porteurs de bactéries responsables du typhus. Dans une réserve, quelqu'un avait déniché une grande quantité d'uniformes, de chaussures et de bottes réservés aux membres des Jeunesses hitlériennes. Il y avait presque assez d'uniformes pour tout le monde, et c'est ainsi que, comme la plupart de mes camarades, j'avais troqué mon pyjama, qu'avant moi avait sans doute porté un garçon décédé depuis, contre des tenues ayant appartenu à des tueurs.

— Regarde, murmura Abe. Il faut vraiment que tu regardes.

J'avançai avec prudence jusqu'à la fenêtre. Deux « garçons de Buchenwald » discutaient avec les Français, guidés par le rabbin Robert Marcus, l'aumônier de l'armée américaine qui nous accompagnait.

— Nous ne craignons rien, Romek, me dit Abe. Les Français ont plus peur de nous que nous avons peur d'eux. Ils détestent les nazis. Le rabbin est en train de leur expliquer qui nous sommes.

Je me détendis, tandis que le silence descendait à nouveau sur le train. La langue française sonnait à mon oreille à la façon d'une rivière dont les eaux se gonflaient de temps à autre, comme le crescendo d'une symphonie.

Alors que je me rasseyais, un garçon plus âgé que moi, petit cependant, mais pas trapu comme Abe, monta dans notre wagon. Des éraflures décoraient ses genoux noueux. Il se cala à l'autre bout de la banquette que j'occupais. Sans attendre nos éventuelles questions, il me raconta ce qu'Abe venait de m'expliquer. À en croire le dialecte polonais dans lequel il s'exprimait, il devait venir de Cracovie ou de Łódź. Il pouvait avoir seize ans. J'avais du mal à lui donner un âge.

Pour la énième fois, Abe me tira par la manche. En compagnie du nouveau venu, nous regardâmes les Français se mettre à rire, puis serrer la main de nos camarades et du rabbin. Des Françaises apparurent ensuite, chargées de paniers d'osier remplis de nourriture. Elles se dirigeaient vers le train en souriant. Nous étions quatre cent vingt-sept, quatre cent vingt-sept garçons de Buchenwald répartis dans les huit ou neuf wagons que comptait le train. Une association, dont je devais apprendre plus tard qu'elle se nommait l'Œuvre de secours aux enfants, mais que tout le monde appelait simplement l'OSE, avait organisé notre départ de Buchenwald. La France était notre destination. Un autre groupe, moins nombreux, dans un autre train, se dirigeait pour sa part vers la Suisse. On avait regroupé, dans notre train, les garçons les plus jeunes, et, à grands cris, nous tendions tous les bras vers les femmes qui distribuaient des bouteilles de lait de chèvre et de vache, des biscuits, des pommes et des pêches.

Un moment plus tard, le train s'ébranla de nouveau pour s'arrêter ensuite sur une voie secondaire près de Metz, en Lorraine. Le rabbin Marcus se rendit de wagon en wagon pour nous informer que nous passerions la nuit ici, pour notre sécurité, le temps d'apporter aux Français la preuve irréfutable de notre identité, le temps de les convaincre que nous n'étions pas des nazis.

Durant cette nuit-là, plusieurs garçons écrivirent sur les flancs du train, avec de la peinture blanche dont un agriculteur leur avait fait cadeau, le message suivant, en français, en anglais et en yiddish :

Nous sommes des survivants de Buchenwald.
Où sont nos parents ?
Nous sommes des orphelins de Buchenwald.

Joe Dzuibek, originaire de Łódź, en Pologne,
écrit sur le flanc du train : « Où sont nos parents ?
Les orphelins de Buchenwald. »

3

Tandis que le train serpentait à travers la France, le nouveau venu se présenta à Abe et à moi. Il s'appelait Salek. Salek Rothschilde. Il avait seize ans, du moins le pensait-il. Comme la plupart d'entre nous, il avait perdu toute notion de temps. Salek était mince comme un fil, à la façon d'un jeune arbre, et l'on avait l'impression d'entendre cliqueter ses genoux quand il se déplaçait.

Abe et moi n'avions découvert qu'à l'arrivée des Américains que notre baraquement n'était pas le seul à abriter de jeunes garçons à Buchenwald. Plusieurs milliers d'autres se trouvaient dans le Block 66, connu sous le nom de *Kinderblock*[1] et situé dans le « petit camp », pareil à une immense ville, plus grande que toutes celles que j'avais jamais vues jusque-là. Ce ne fut d'ailleurs qu'à la libération qu'Abe et moi prîmes la mesure de Buchenwald, lorsque nous nous séparâmes, pendant une semaine selon nos estimations, errant, comme tout le monde, à l'intérieur ou à l'extérieur du labyrinthe de bâtiments – nous nous arrêtions pour dormir là où nous nous sentions fatigués. Ce fut à cette époque que je m'aperçus que des enfants comme moi, il y en avait plusieurs centaines. En revanche, je n'avais jamais croisé Salek.

---

1. Le Block 66, aussi appelé *Kinderblock*, c'est-à-dire le « block des enfants », est un camp satellite de Buchenwald, créé dans la partie surnommée le « petit camp », séparée du reste du camp de concentration nazi par une clôture en fil de fer barbelé.

Les Françaises revinrent le lendemain matin avec des pêches à nouveau, du pain et des morceaux de sucre pour notre petit déjeuner. Abe et moi n'avions pas tardé à comprendre que Salek était plutôt du genre Monsieur Je-sais-tout. Ce matin-là, la bouche pleine, il nous assomma avec d'interminables discours sur la résistance française.

— Je parie que les fermiers qui nous ont pris pour des nazis font partie de la Résistance, déclara-t-il en crachant des miettes de pain qui constellèrent sa chemise. C'est dans les campagnes que la Résistance s'est montrée la plus active.

Bientôt, je n'écoutai plus Salek que d'une oreille distraite, avant tout parce que j'étais fatigué. Après l'arrivée des Américains, comme si nos corps avaient emmagasiné des pathologies jusqu'alors en dormance, nous fûmes nombreux à tomber malades. Varicelle, rougeole, etc. Je contractai de nouveau la typhoïde mais, cette fois, les conditions avaient changé. Des médecins et des infirmières du 120th Evacuation Hospital me soignèrent, épaulés par d'anciens détenus du camp qui avaient une formation médicale. Dans la clinique installée à l'intérieur du camp, j'eus droit à des draps propres, à de l'eau fraîche, de la soupe, ainsi qu'à des médicaments pour faire baisser la fièvre et atténuer l'importance des éruptions cutanées. Néanmoins, au terme du traitement, je demeurai épuisé. Le jour, je dormais pendant plusieurs heures, ce qui ne m'empêchait pas de faire ensuite une nuit complète.

Je ne tardai pas à tomber dans un sommeil agité, perturbé par le balancement du train sur les voies ferrées de montagne. C'est alors qu'entre veille et sommeil, j'entendis des garçons se quereller. La plupart du temps, il ne s'agissait que de joutes verbales, souvent en polonais, en yiddish. Plus rarement dans des langues dont j'avais saisi quelques bribes dans les camps : le hongrois, le russe, le lituanien et l'ukrainien.

Pour nous, les garçons de Buchenwald, c'était comme si la guerre n'était pas encore terminée. Les maladies que nous avions attrapées au moment de la libération du camp avaient, en quelque sorte, suspendu notre capacité à prendre pleinement conscience de notre nouvelle réalité. La guerre, pour nous, venait juste de commencer et nous nous battions les uns contre les autres.

À l'époque où je travaillais à HASAG, l'usine de munitions, les adultes, le soir venu, insistaient sur le fait que les survivants devraient raconter notre histoire, notre histoire à nous, les juifs. De son côté, Jakow nous avait mis en garde, Abe et moi : si nous réussissions à quitter un jour Buchenwald, nous devrions faire preuve de prudence, de beaucoup de prudence.

— Si nous nous battons les uns contre les autres, nos oppresseurs auront remporté la victoire ultime, nous avait-il expliqué. Si la violence finit par prendre le pas sur tout le reste, cela signifiera que nous sommes devenus à notre tour des agresseurs et, dès lors, nous nous haïrons nous-mêmes en haïssant les autres.

C'était précisément ce que nous étions en train de faire, nous, les garçons de Buchenwald. Les Hongrois se bagarraient avec les Polonais, les Polonais avec les Roumains, les Russes, les Ukrainiens et ainsi de suite. Je n'étais pas en mesure de mettre un terme à ces disputes, auxquelles, par ailleurs, je n'avais pas la moindre envie de participer.

Les journalistes occidentaux avaient écrit des articles sur nous, indiquant que, plusieurs semaines après la Libération, nous continuions, pour la plupart, à vivre et à dormir dans les baraquements. Nous passions nos journées, avaient-ils encore écrit, à faire les poches aux habitants de Weimar, à voler dans les magasins de la ville, à en saccager les maisons et les bâtiments publics. Et nous nous entretuions. Des rumeurs circulaient, selon lesquelles les Occidentaux nous tenaient pour des marginaux, des psychopathes. La colère nous dévorait. Nous ignorions encore tout ce que les juifs d'Europe avaient subi. Nous étions presque tous persuadés que nous allions rentrer chez nous, mais on nous informa que cela n'était pas possible. « Les enfants terribles de Buchenwald[1] », tel était le titre de l'un des articles que la presse nous avait consacrés. Des psychiatres venus à notre rencontre déclarèrent que nous mourrions tous avant l'âge de quarante ans. Ce que nous avions enduré nous empêcherait de faire des vieux os. Des journalistes allèrent jusqu'à écrire que pour être parvenus à survivre, là où tant d'autres avaient péri, il fallait que les garçons fussent fourbes, frondeurs, agressifs et calculateurs. Mais l'OSE, de son côté, estima qu'elle réussirait à nous venir en aide.

Juste après la libération du camp, nous faisions peur à voir. Les cheveux coupés ras, les traits creusés par la faim, la silhouette squelettique, la peau grise. Et cette méfiance qui nous consumait tous… L'histoire du rabbin Schachter, premier aumônier de l'armée américaine à franchir les portes de Buchenwald, fit le tour du camp. À l'entrée de celui-ci s'entassaient alors les cadavres nus d'innombrables juifs assassinés. La jeep s'immobilisa, le rabbin en descendit. Il s'approcha des corps, une main sur le pistolet qu'il portait à sa ceinture – comme nous, les Américains devaient être sur les nerfs. Soudain, le rabbin se figea, stupéfait, car deux

1. En français dans le texte.

yeux clignaient dans sa direction, des yeux d'enfant, de grands yeux globuleux, comme tous les yeux des garçons de Buchenwald. Ces yeux appartenaient à Lulek, âgé de sept ans. Lulek, qui s'était caché au milieu des cadavres, n'osait plus se montrer. Le rabbin prit l'enfant dans ses bras et le lança en l'air, riant et pleurant à la fois.

— Quel âge as-tu ? demanda le rabbin Schachter en yiddish à Lulek.

— Je suis plus vieux que vous, répondit Lulek.

— Pourquoi dis-tu cela ?

— Parce que vous, vous riez et vous pleurez. Moi, je ne sais plus faire ni l'un ni l'autre. Alors, d'après vous, qui est le plus âgé des deux ?

Si les enfants du camp ne s'entendaient pas, du moins selon Jakow, c'était entre autres parce que Gustav Schiller, l'un des responsables du Block 66, avait favorisé les Polonais, sous prétexte qu'il venait lui-même de Pologne. Surnommé le Bourreau, Gustav faisait partie du mouvement de résistance clandestin du camp. Il était aussi à la tête de la section punitive. À l'arrivée des trains, Gustav, avec l'aide d'un grand type prénommé Otto, communiste ukrainien, encourageait les nouveaux venus à lui désigner ceux qui avaient fait preuve de cruauté à l'intérieur des ghettos ou s'étaient acoquinés avec les nazis. On ne tardait pas à découvrir leurs cadavres – selon la rumeur, Otto les étouffait dans leur sommeil avec une chemise ou une couverture, quand il ne les noyait pas dans les latrines. Gustav semblait détester les Hongrois, y compris les enfants, affirmant que la Hongrie n'était entrée en guerre qu'en 1944, sans se soucier des Polonais qui étaient en train de souffrir et de mourir.

Comme je me réveillais peu à peu dans le train, je pensai à Jakow et au Grand Willy.

Abe et Salek dormaient encore, les jambes étendues et la bouche entrouverte. Abe bavait, Salek ronflait. Je regardai par la fenêtre. Le train traversait à vive allure de petites villes, pour certaines partiellement détruites. Des maisons se résumaient à leur squelette, encore debout au milieu des décombres, d'autres avaient été presque réduites en cendres par les bombes. Le peu que je connaissais de la géographie de l'Europe me permettait de comprendre que nous nous éloignions de la Pologne.

— Nous sommes près d'Écouis, déclara Salek.

Je sursautai, le croyant encore endormi. Il se remit aussitôt à parler de la guerre en France, au cours de laquelle, selon lui, des villes entières avaient été rayées de la carte.

Pour ma part, je pensais à la Pologne. J'essayais tant bien que mal de me rappeler l'endroit d'où je venais. Des souvenirs se présentaient à moi fugitivement, d'autres sortaient tout droit de mes rêves – aucun ne me paraissait plus ou moins réel que les autres. À l'époque où je travaillais à HASAG, puis, plus tard, dans les trains en direction des camps, ainsi qu'à l'intérieur des camps eux-mêmes, je m'étais persuadé que ce qui m'arrivait n'était qu'un exercice, pareil à ceux que Chaim effectuait avec l'armée polonaise. Chaim m'avait par exemple expliqué qu'on les entraînait à survivre avec très peu de nourriture, à supporter des températures très basses. On attendait également de lui que, même dans l'adversité, il garde l'esprit vif, afin de pouvoir combattre l'ennemi en toute circonstance. Je me vis soudain en train de rentrer chez nous. Assis autour de la table, papa, maman, Chaim, Moishe, Motel, Abram et Leah m'attendaient. Ma mère, les yeux brillants, se levait en applaudissant : « Mon bébé s'en est sorti ! »

Entre-temps, Abe s'était réveillé à son tour. Tandis que le train ralentissait pour entrer dans une gare, des clameurs qui se réverbéraient contre le ciment des quais m'assaillirent.

Notre quai grouillait de monde. De petits enfants, des vieillards, des bébés dans les bras de leur mère, des bébés dans des landaus, des hommes en costume. Beaucoup d'entre eux nous adressaient des signes de la main.

Descendre du train me donna l'impression d'être aspiré dans le vide.

Nous étions si nombreux à descendre que je ne tardai pas à perdre de vue Salek. Une fois sur le quai, je me concentrai sur le dos d'Abe jusqu'à ce qu'à son tour, il disparût dans la foule.

Je jetai des regards dans toutes les directions, avec l'espoir de repérer un visage familier. Celui de n'importe lequel parmi mes camarades, ou bien encore le visage du rabbin.

De jeunes Françaises poussaient des cris en passant un bras autour de la taille des garçons qui continuaient à descendre sur le quai, et des photographes immortalisaient la scène. Par comparaison avec la jovialité des Français, nous, les garçons de Buchenwald, faisions grise mine, pareils à des nuages de pluie au-dessus d'un pique-nique en famille. Quelques-uns tentaient certes de sourire, mais la plupart paraissaient aussi hébétés que moi.

Je me mis à transpirer, à tel point que, bientôt, j'avais la nuque trempée. Je marchai en direction de ce que je pensais être une sortie.

Tandis que je me frayais un chemin dans la cohue, aveuglé par les flashs des appareils photo, des Français me mirent des bonbons dans les mains en m'offrant un bouquet de gardénias et de marguerites. Je n'y comprenais rien. Pour quelle raison nous accueillait-on avec autant d'allégresse ? Moi qui, pendant cinq ans, avais été ravalé au rang d'animal nuisible.

Lorsque enfin je sortis de la gare, dans la lumière du jour, je me dirigeai vers une pelouse, à l'écart, haletant et désorienté. J'ignorais où je me trouvais et même si j'étais encore en vie. Peut-être était-ce la façon dont Azraël avait décidé de m'accueillir au paradis. Une fois de plus, je me dis que j'étais mort.

Je m'appuyai contre le tronc d'un peuplier, puis me pliai en deux pour vomir. Puis je me laissai glisser sur le sol sec, où je perdis connaissance.

Romek à Écouis, été 1945.

4

— Allez, le mioche, murmura le jeune homme, dont la crinière d'or embroussaillée descendait jusqu'aux épaules. Danse pour nous, petit juif. Danse !

J'en eus un haut-de-cœur. Les soldats qui patrouillaient dans les bois allaient nous entendre : les cris d'enthousiasme, les braillements, les coups de feu en l'air. Mon père m'avait expliqué que les policiers allemands et polonais passaient leurs nuits dans les forêts à abattre les partisans et les juifs en fuite.

Je lui fis signe de se taire en levant un doigt tremblant vers mes lèvres.

Le garçon aux cheveux jaunes pointa son pistolet sur moi.

— Danse, petit juif.

Il mâchait ses mots entre ses dents tachées de vin.

Son groupe de partisans – un mouvement militaire résolu à chasser les Allemands de Pologne – se tenait assis en demi-cercle autour d'un énorme feu qu'on aurait pu repérer depuis Cracovie.

Les adolescents les plus âgés, presque des hommes, étaient ivres, ils s'exprimaient d'une voix pâteuse, ils ronflotaient, chantaient, criaient. Ils étaient ivres de bière, de vodka et de vin, que je les avais aidés à voler quelques heures plus tôt, chez des agriculteurs polonais et dans les maisons désertes de juifs qu'on avait contraints à quitter leur logis pour s'installer dans le ghetto.

Quand les jeunes hommes ne buvaient pas, ils déambulaient dans les forêts aux abords de la ville de Bliżyn, en quête d'écureuils dont ils se nourrissaient après les avoir rôtis, et d'armes à feu grâce auxquelles ils se battaient contre les nazis.

Environ un mois plus tôt, mon père avait soudoyé un gardien du baraquement à HASAG, en lui faisant cadeau de l'alliance de ma mère, afin qu'il me laisse passer sous la clôture électrifiée – au changement de garde, l'électricité était coupée durant quelques instants.

Mon père m'avait dit de me diriger vers l'est, afin de rejoindre la forêt de Białowieza[1]*, où se dissimulaient les partisans juifs. La forêt de Białowieza était une véritable mer végétale, dont la densité permettait, à ceux qui le souhaitaient, d'y disparaître à jamais. Cependant, je ne l'avais pas encore atteinte lorsque j'étais tombé sur le groupe de partisans polonais.*

Durant les premières semaines que je passai parmi eux, leurs chefs se montrèrent gentils avec moi. Ils me nourrirent et me firent cadeau d'une nouvelle paire de chaussures. Ils me donnèrent aussi un but : venir à bout des nazis. Néanmoins, jamais ils ne me dévoilèrent leurs plans. Pour tout dire, ils me faisaient l'impression de n'en avoir aucun. J'avais devant moi une bande de jeunes rebelles.

Au bout de quelques semaines, ils se mirent à voir en moi un objet de distraction. J'étais devenu leur petit garçon juif.

— Danse. Danse. Danse, petit juif ! lança de nouveau l'adolescent aux cheveux jaunes.

Les autres s'étaient tus, ils avaient baissé la tête. Peut-être sentaient-ils que ce jeu allait trop loin.

Le sol était couvert d'une légère couche de neige, une neige qui fondait déjà, se changeait en boue, et cette boue me rappelait les puddings au chocolat de ma mère.

---

1. La forêt de Białowieza, aussi appelée « forêt de Bialovèse » en français, compte parmi les dernières forêts primaires d'Europe.

Le partisan m'obligeait à danser, curieux de voir si j'étais assez rapide pour esquiver les balles qu'il tirait à quelques centimètres de mes pieds.

J'étais devenu son jouet. Son divertissement.

Je bondissais d'un pied sur l'autre, épuisé à présent, mais toujours aussi rapide, car la peur me donnait des ailes. Des larmes coulaient sur mes joues.

Un moment vint où il leva son pistolet. Cette fois, il ne visait plus mes pieds. Il pointa son arme sur mon cœur, puis sur ma tête.

Il allait me tuer.

Je le devinais à ses yeux.

***

Je me réveillai le souffle court.

Affolé, je palpai en hâte mon visage, mon ventre, mes cuisses et mes pieds, avant de laisser échapper un lourd soupir. J'étais toujours entier, et toujours vivant. Je ne me trouvais plus dans la forêt avec les partisans. J'étais en France.

Comme ma respiration ralentissait peu à peu et que je commençais à me détendre, je jetai des regards autour de moi. À notre arrivée, les employés de l'OSE nous avaient informés qu'ils laisseraient toutes les lumières allumées dans les bâtiments, car, avaient-ils précisé, nous étions nombreux à faire des cauchemars dans l'obscurité, qui nous rappelait forcément les camps, les ghettos, les trains… et, pour ma part, les jeunes partisans de la forêt.

Comme la plupart de mes camarades, je continuais à dormir tout habillé dans mon uniforme des Jeunesses hitlériennes. Au terme de ma nuit agitée, ces vêtements trempés de sueur me collaient au corps, ma chemise était à tordre. Mon drap, car nous avions des draps maintenant, gisait en désordre sur le sol – sans doute l'avais-je repoussé dans mon sommeil. Dans les camps, avant Buchenwald, il fallait avoir beaucoup de chance pour récupérer une couverture à demi dévorée par les rats et les mites, et encore devait-on la partager avec un autre.

Après avoir vomi, j'avais rejoint le groupe et nous avions quitté la gare pour nous rendre dans un sanatorium abandonné, où on nous avait installés. Nous prenions nos repas dans le bâtiment principal – jamais encore je n'avais vu de maison aussi grande –, dans une salle à manger tout en longueur. C'était aussi là que se déroulaient des réunions avec des psychologues et des thérapeutes, qui nous proposaient des activités artistiques et de la musique. Nous faisions également des exercices physiques sur la pelouse. La propriété comportait d'autres bâtiments, plus petits, à un seul étage, dans lesquels nous dormions. Ces dortoirs me donnaient la chair de poule, de même qu'à Abe et Salek, car ils nous rappelaient les baraquements que nous occupions à Buchenwald. Pourtant, à Écouis, nous avions chacun notre lit, un lit avec un matelas, alors qu'à Buchenwald, nous étions six ou sept à nous entasser sur la même couchette.

Le bâtiment où je dormais, divisé en deux parties séparées par un rideau, hébergeait une douzaine d'entre nous, âgés de quatorze à seize ans. Salek, Abe et moi étions du même côté.

Une lumière grise et terne s'insinuait sous les stores.

J'entendis se réveiller les hirondelles et les chardonnerets, puis vint le chant d'un coq.

Je scrutai la pièce, ainsi que les silhouettes des garçons endormis – ils ronflaient, marmonnaient dans leur sommeil et, comme moi, se retournaient sans cesse dans leur lit. La nuit, chacun de nous quittait Écouis en rêve. Personne n'y échappait. C'était dans le ghetto que j'avais découvert combien la nuit se révélait plus difficile à supporter que le jour. C'était la nuit que les dibbouks[1] se manifestaient, m'avait expliqué Jakow. Les lamentations, les pleurs, les tremblements... Les larmes de celles et ceux qui ignoraient si cette nuit-là serait la dernière. « La nuit ouvre des portes scellées durant le jour », m'avait encore indiqué Jakow. Nous, les juifs, nous nous vidions de notre espoir pendant la nuit, comme on se vide de son sang, tandis que les voix dans nos têtes nous jetaient à la figure tout ce que nous avions passé des journées entières à mettre sous le boisseau. *Les nuits*, pensai-je brièvement. *Les nuits auraient dû nous rapprocher tous, nous, les garçons de Buchenwald.*

La pièce empestait presque autant que les wagons à bestiaux. Nous n'avions aucune envie de prendre une douche ni de nous brosser les dents. Je ne prenais même pas la peine de me laver les mains en sortant des toilettes ni avant de manger. J'avais les ongles en deuil.

À notre arrivée à Écouis, on nous expliqua que nous allions devoir subir une quarantaine d'un mois, trente jours durant lesquels nous n'aurions pas le droit de quitter le domaine. Apparemment, le gouvernement français craignait que nous introduisions des maladies sur son sol. Le personnel d'OSE nous montra les diverses salles de bains. Celle du bâtiment principal se révéla immense, avec un sol en céramique blanche. J'y découvris de volumineux récipients pareils à des abreuvoirs,

1. Un dibbouk est, dans la mythologie juive et kabbalistique, un esprit ou un démon qui habite le corps d'un individu auquel il reste attaché. Il peut s'agir de l'âme d'une personne décédée.

dont Salek m'assura qu'il s'agissait de baignoires. Ces baignoires, assez grandes pour qu'un homme de la taille de Jakow pût y tenir, reposaient sur des pieds en métal, peints pour ne pas jurer avec le blanc des toilettes et des bidets en céramique. Je n'avais jamais vu de salle de bains, du moins pas comme celle-là. À Skarżysko-Kamienna, les toilettes se résumaient à un trou dans le sol d'une cabane en bois décapé située à l'extérieur de la maison. Et nous nous lavions dans des bassins en fer-blanc. Dans les camps, nous avions aussi des latrines, à ceci près que le sol en était généralement souillé d'urine et d'excréments.

Abe, qui dormait sur la couchette au-dessus de la mienne, gémit, puis péta. J'étouffai un rire.

Je me glissai lentement hors de mon lit, avant d'ôter mes chaussures pour ne pas faire de bruit en marchant – nous dormions presque tous avec nos chaussures ou nos bottes, une habitude que nous avions contractée dans les camps.

Je me réjouissais de compter parmi les premiers réveillés. Je ne voulais voir personne, et surtout pas le Hongrois au visage couturé de cicatrices. Il ne parlait ni polonais, ni allemand, ni yiddish, et je ne connaissais pas le hongrois. À peine arrivé dans notre dortoir, il s'était jeté sur nous, les petits Polonais. Salek promenait une ecchymose sur l'une de ses joues – le coude du Hongrois avait manqué son œil de peu.

Je me dirigeai sur la pointe des pieds vers la porte du bâtiment, que j'ouvris avec précaution. Une fois dehors, je remis mes chaussures.

Comme je me rapprochai du bâtiment principal, je humai des arômes de café et de pain frais. Ce ne fut qu'à cet instant que je me rendis compte que j'avais faim. Très faim.

Je m'apprêtais à ouvrir la porte quand une main s'abattit sur mon épaule pour me tirer en arrière. Je me retournai, les poings déjà serrés, prêt à frapper.

Ce n'était que Salek.

— Qu'est-ce que tu veux? lui demandai-je avec colère – mais je baissai les poings.

Salek s'était agrégé au duo que je formais avec Abe, persuadé, semblait-il, que nous formions maintenant un trio dont il était le leader.

— Tu vas chercher la liste, dit-il.

Il ne s'agissait pas d'une question. Il faisait référence à la liste des juifs survivants, que la Croix-Rouge était en train d'établir. La plupart d'entre eux avaient été répertoriés en tant que personnes déplacées dans divers camps à travers l'Europe.

— Tu vas trouver la liste, pas vrai? insista Salek. Alors, allons-y ensemble.

Il passa son bras sous le mien. Je me dégageai aussitôt. Non seulement je n'appréciais pas qu'il se soit autoproclamé notre chef, mais, par surcroît, je n'aimais pas que, de tous les garçons de Buchenwald, il fût le seul à sembler toujours, non pas heureux proprement dit, mais impatient, comme s'il était mû par un feu intérieur.

Je ne bougeais pas. Je l'étudiais attentivement. Je ne voulais pas voir la liste. Ma famille se trouvait en sécurité en Pologne. Bientôt, je rentrerais chez moi. Cependant, pour une raison qui m'échappait, je ne parvenais pas à prononcer ces phrases.

— J'ai envie de rester tout seul, articulerai-je enfin dans un soupir.

Sans crier gare, un souvenir s'imposa à moi, sorti de nulle part. Je me rappelai soudain combien j'aimais les matins à Skarżysko-Kamienna. Je sortais dans le jardin pour tendre l'oreille au silence, dans la neige de l'hiver.

Parfois, le chant d'un cardinal altérait le blanc immaculé du paysage. L'été, au beau milieu de la brume qui tournait autour de moi à la façon d'une danseuse, j'écoutais les mésanges et je chassais les papillons. Le dimanche, à Skarżysko-Kamienna, et après l'école publique polonaise en semaine, je me rendais au *heder*[1]. Lorsque l'Allemagne avait envahi la Pologne, je commençais à y apprendre l'histoire des juifs, ainsi que des fragments du Talmud. Peu de temps après, les nazis interdirent aux enfants juifs d'aller à l'école, puis les écoles juives, de même que nos cérémonies, furent décrétées illégales.

— À la fin de la quarantaine, Lulek et Naphtali, son frère aîné, quitteront Écouis pour se rendre en Palestine, déclara Salek, tandis que je pénétrais dans le bâtiment.

Je me dirigeai vers la cuisine, Salek sur les talons – il avait manifestement décidé de passer outre mon désir d'isolement. Je marchais, guidé par le cliquetis des assiettes et les conversations animées des cuisiniers français.

— Lulek et Nephtali sont célèbres.

Salek ne se taisait pour ainsi dire jamais, et son esprit me faisait l'effet d'une encyclopédie dont je n'arrivais pas à comprendre comment il parvenait à l'alimenter, puisque, comme moi, il n'était plus scolarisé depuis plusieurs années.

— Les journalistes qui venaient à Buchenwald demandaient toujours à parler à Lulek et aux plus petits enfants, reprit Salek. Parce qu'ils n'en revenaient pas qu'ils aient réussi à survivre, tu comprends…

1. Le *heder* est une école traditionnelle où sont enseignés les rudiments de judaïsme et d'hébreu. Elle occupe une place importante dans le folklore juif, particulièrement dans la culture yiddish, où elle symbolise le lieu par excellence d'éducation juive.

Je connaissais l'histoire de Lulek, ce qui n'empêcha nullement Salek de me la raconter quand même. Naphtali avait caché Lulek dans un sac à pommes de terre jusqu'à Buchenwald. Il ne voulait pas que les nazis découvrent Lulek, craignant qu'ils le tuent du fait de son très jeune âge. Mais la sélection des nouveaux venus, du moins à la descente du train, était effectuée par des membres du mouvement de résistance clandestin du camp, et ces gens protégeaient les enfants. C'est ainsi que Lulek, à son tour, prêta main-forte à son frère aîné, en demandant qu'il soit transféré dans un baraquement où, lui aussi, se trouverait à l'abri des nazis.

— Moi, je n'ai pas l'intention de quitter l'Europe, dis-je. Je vais bientôt rentrer en Pologne pour y retrouver ma famille.

Cette fois, j'avais réussi à m'exprimer.

— D'accord, dit Salek avec un haussement d'épaules. D'accord, répéta-t-il en levant les mains comme s'il se rendait à un ennemi.

Dans la salle à manger se trouvait Mme Rachel Minc, qui s'occupait des listes. Le soir, elle nous récitait de la poésie. Elle était en train de lire l'histoire de Moïse et de l'Exode hors de l'Égypte à une poignée d'enfants qui n'arrivaient pas à dormir. Le petit Lulek était assis sur ses genoux.

Abe, qui nous avait rejoints entre-temps, se mit à parler si fort avec Salek que Mme Minc interrompit sa lecture pour se tourner vers nous. Ils avaient décidé, disaient-ils, d'ignorer l'emploi du temps du jour pour aller conter fleurette à de jolies filles françaises qu'ils avaient repérées à la gare à notre arrivée. Abe et Salek se dirigèrent vers une longue table dressée près de l'une des grandes fenêtres. Abe déclara qu'il tenait à arriver le premier, car à peine les employés de l'OSE avaient-ils apporté la nourriture que, déjà, tout le monde se jetait dessus. Tels étaient les effets de la faim : maintenant que nous avions de quoi manger, nous bondissions sur les plats et nous mangions trop, de peur de manquer à nouveau.

Je leur emboîtais lentement le pas lorsqu'une voix s'éleva à côté de moi.

— Même dans l'obscurité, il est possible de voir la lumière.

Une voix apaisante, affectueuse... Presque une berceuse. C'était à Buchenwald que j'avais pour la première fois découvert cette voix. Elle appartenait à Eliezer, un juif roumain, ou hongrois (la Roumanie et la Hongrie se disputaient continuellement la zone où se situait Sighetu, sa ville natale). Nous l'appelions tous Elie[1].

Elie me fascinait. Ses amis et lui, parmi lesquels se trouvaient Naphtali et, par voie de conséquence, le petit Lulek, je les avais surnommés, pour moi seul, les Intellectuels, parce qu'ils parlaient de philosophie, de religion, et qu'ils pratiquaient les mathématiques et les sciences. Fervents religieux, ils avaient réclamé de la nourriture casher au personnel de l'OSE. Ils désiraient également faire shabbat.

Les garçons de Buchenwald n'avaient pas tous envie de renouer aussi vite avec nos rites religieux.

Je m'arrêtai et j'observai le long visage aux traits tirés d'Elie.

— Quoi ? murmurai-je.

Si Salek faisait penser à un jeune arbre, Elie, lui, m'évoquait un épicéa chétif.

---

1. Il s'agit d'Elie Wiesel, futur écrivain, penseur et professeur d'université, né en 1928 et mort en 2016.

— Nous avons toujours le choix entre la clarté et l'obscurité, enchaîna-t-il.

Je secouai longuement la tête. À part les Intellectuels, tous les garçons de Buchenwald puaient, rotaient, se battaient. Jamais nous ne regardions les autres dans les yeux, surtout pas les employés de l'OSE. Nous ne les écoutions pas. Nous déambulions à travers la propriété d'un pas nerveux, pareils à des détenus attendant de regagner leurs cellules. Et voilà que ce garçon, l'un des nôtres pourtant, s'exprimait en métaphores, comme si, en réalité, il venait d'ailleurs.

Elie sourit et, toujours mystérieux, me dépassa en direction de la table qui, le soir, lorsqu'on avait poussé toutes les autres contre les murs et disposé des chaises comme au théâtre, faisait office d'estrade sur laquelle des quatuors à cordes et des chanteurs d'opéra se produisaient parfois. J'observai la façon dont Elie se déplaçait, sa démarche si fluide qu'on avait l'impression qu'il flottait, presque comme un spectre, ses pieds semblant ne pas toucher le sol.

— Viens chercher à manger ! brailla Abe.

Je me tournai vers lui. Salek et Abe, debout, étaient en train de fourrer, tant dans leur bouche que dans les poches de leur chemise et de leur pantalon, des morceaux de pain arrachés à des baguettes, des portions de fromage, des pommes, des noix et des abricots.

— On va passer toute la journée à chasser les grenouilles-taureaux ! cria encore Abe, la bouche pleine.

Depuis notre arrivée, nous accumulions la nourriture, sous nos oreillers la plupart du temps, y compris des parts de gâteau que nous enveloppions dans des serviettes et que nous écrasions. Les employés de l'OSE avaient beau nous assurer que nous avions le droit de manger tout ce que nous souhaitions, quand nous le souhaitions, je ne leur faisais absolument pas confiance. On nous avait même promis que jamais la cuisine ne serait fermée à clé. J'avais roulé des yeux en entendant ça.

Je me précipitai aux côtés d'Abe, m'emparai du pain que je beurrai en hâte et, déjà, j'engloutissais de gros morceaux que je mâchais à peine. Je me jetai ensuite sur du fromage à l'odeur nauséabonde, que je recrachai aussitôt. Pour faire passer le goût infect du fromage, dont Salek m'informa qu'il s'agissait de camembert, je fourrai d'un coup trois œufs durs dans ma bouche – on aurait dit un écureuil aux joues gonflées par ses noisettes.

Une fois rassasiés, Abe, Salek et moi, en compagnie de deux jeunes Polonais, Joe et Marek, quittâmes la table. Comme nous traversions la salle à manger, mon regard se porta de nouveau vers Elie. Dès mes premiers jours à l'usine de munitions, je m'étais mis à aiguiser mon ouïe, ce que j'avais déjà tenté de faire pour la première fois chez nous, lorsque les hommes avaient commencé à se réunir avec papa et mes frères aînés pour discuter de la guerre. Je me cachais, faisais semblant de m'occuper à quelque chose… Et j'écoutais. Ce fut ainsi que j'appris qu'Elie avait été enfermé à Auschwitz avec son père, décédé peu après leur arrivée à Buchenwald.

Occupé à observer Elie, je n'avais pas pris garde au reste. Soudain, quelque chose me frappa à l'arrière de la tête. Je portai aussitôt une main à mon cuir chevelu, que je frottai, pour découvrir qu'une bosse, de la taille d'un œuf de pigeon, commençait déjà à se former. Sur le sol, devant moi, tournoyait un bol de céréales ébréché. Je fis volte-face : à l'autre bout de la salle, le Hongrois de notre dortoir m'adressa un clin d'œil.

— C'est lui qui m'a balancé ça ! lançai-je à la cantonade.

— Allez ! dit Salek, résolu, selon son habitude, à prendre le contrôle de la situation.

Abe et lui s'emparèrent de la nourriture, et de la table, firent une barricade, sans se soucier de la nappe ni des serviettes blanches, balayant la vaisselle et les couverts.

Derrière ce retranchement, je saisis des assiettes que je lançai les unes après les autres, d'un geste qui me venait du temps où je faisais des ricochets à la surface du Kamienna. Mes projectiles manquèrent le Hongrois, mais touchèrent d'autres enfants qui, à leur tour, se jetèrent dans la bataille.

On malmenait les tables, mais personne ne s'en prenait aux aliments. Jamais les garçons de Buchenwald ne gâchaient la nourriture.

Couverts et plats volaient de part et d'autre à travers la salle. Puis on jeta plusieurs fois le camembert contre les murs, sur lesquels il restait collé l'espace d'un instant, avant de glisser lentement jusqu'au sol en laissant, dans son sillage, des traînées grasses sur la peinture blanche.

Nous nous battions pays contre pays. Juifs contre juifs. Haine contre haine.

Chaque fois que je lançais un objet, je lâchais un juron. Je ne pensais plus qu'à tuer tous mes ennemis, tous les nazis qui m'avaient terrifié, qui m'avaient épouvanté.

— Pan, pan !

J'imitais Abe. Chaque assiette catapultée se changeait dans ma tête en un coup de fusil.

Bientôt, la vaisselle passait par les fenêtres ouvertes.

Je lançai une soucoupe de toutes mes forces, avec une précision diabolique, et cette soucoupe fendit l'air, avant de toucher le sol où, ayant effectué quelques brefs sautillements, elle s'immobilisa aux pieds du professeur Manfred Reingwitz, l'un des thérapeutes de l'OSE.

Comme moi, le professeur avait suivi de l'œil la trajectoire de la soucoupe. Puis il posa son regard sur moi.

— Viens avec moi, dit-il.

***

— Laissez-moi tranquille, crachai-je tandis que le professeur me traînait par mon col de chemise.

Ses mains sentaient le tabac à pipe et l'eau de Cologne. Le professeur, qui n'était pas bien grand, portait par tous les temps, y compris au cœur de l'été, une veste en tweed et un pantalon de laine et, malgré sa petite taille et sa garde-robe rudimentaire, il avait de la poigne.

J'eus beau me débattre pour me libérer, rien n'y fit.

Il me tira hors de la salle à manger, avant d'emprunter avec moi le couloir menant au bureau de Mme Minc. Je m'agrippai à l'encadrement de la porte, dans l'espoir de parvenir à donner un coup de pied dans le tibia du professeur. Il tint bon. Pire, avec une force surhumaine, il me souleva de terre pour me jeter littéralement sur la chaise devant le bureau de Mme Minc.

Je me redressai sur mon siège en grognant dans sa direction. Je le provoquais. Je voulais qu'il se batte avec moi. Son calme me rendait fou.

Le professeur était plus jeune que mon père, mais plus âgé que Chaim. Il portait beau, comme les juifs qui venaient de Cracovie ou de Varsovie pour s'entretenir avec mon père. Salek était d'avis que les nazis avaient un jour volé le professeur dans un musée, le Louvre peut-être, en même temps que de nombreuses œuvres d'art.

— Il a l'air cultivé, avait-il dit. Je parie qu'il connaît Cézanne et Monet.

Le visage de Salek s'était alors illuminé :

— Il s'agit de peintres célèbres, au cas où tu ne le saurais pas.

Les seuls peintres que je connaissais étaient Chaim et ses amis militaires, qui peignaient des maisons et des clôtures à Skarżysko-Kamienna.

Une chose était sûre à mes yeux : le professeur n'imaginait même pas ce que nous, les garçons de Buchenwald, avions enduré.

Mme Minc pénétra dans la pièce, le teint frais, sur le visage une expression qui contredisait le désordre violent qui régnait dans la salle à manger. La regarder me mettait aussi en colère, car ses boucles sombres me rappelaient les cheveux de Golda. Que quiconque pût ressembler à Golda m'était insupportable.

Lorsqu'elle posa son regard sur moi, je sifflai à la façon d'un serpent, avant de détourner les yeux.

Durant un long moment, le professeur et Mme Minc demeurèrent muets.

Les garçons hurlaient dans la salle à manger, ils juraient tant et plus, tandis qu'on entendait tomber les couverts sur le sol et se briser la vaisselle.

— Romek, dit enfin Mme Minc d'une voix douce.

Je respirais fort.

— Romek, répéta-t-elle.

Je fermai les yeux en me mettant à fredonner l'une des chansons de Buchenwald, le « Chant des marais[1] » :

Cependant nous ne nous plaindrons pas
L'hiver ne peut pas durer pour l'éternité.

---

1. Le *Börgermoorlied*, *Moorsoldatenlied* ou *Lied der Moorsoldaten*, plus connu en France comme « Chant des marais », est né sous le IIIe Reich dans le camp de Börgermoor, durant l'été 1933. Des premiers camps nazis en Allemagne au centre de mise à mort d'Auschwitz-Birkenau, en passant par Londres, par les Brigades internationales durant la Guerre civile espagnole (1936-1939) ou encore par les camps d'internement français, ce chant de la déportation a essaimé à travers l'Europe.

— Romek, écoute-moi, dit-elle.

Je l'entendis repousser sa chaise pour venir se planter devant moi. Elle toucha délicatement mon menton pour m'obliger à tourner la tête jusqu'à ce que je la regarde en face.

— Romek, nous avons trouvé ta sœur. Nous l'avons trouvée. Elle est en Allemagne, dans un camp de la Croix-Rouge.

5

Mme Minc tenait dans sa main une feuille de papier.

Je savais qu'il s'agissait de la liste.

J'observai l'écriture – encre noire sur papier blanc.

Je reconnus des lettres familières mais, l'instant d'après, tout devint flou. J'eus l'impression que mes entrailles étaient en train de geler en même temps qu'elles se mettaient à fondre.

— Sais-tu encore lire, Romek ? me demanda Mme Minc, qui avait deviné mon trouble.

Je brûlais de lui répondre que non.

Lorsque j'avais dû quitter l'école, j'étais en cours moyen première année et j'avais neuf ans. J'en avais à présent quatorze. Dans le ghetto, un rabbin avait mis sur pied un *heder* clandestin, dans le sous-sol de son immeuble, sous des tonnes de ciment, afin que les gardes et les membres de la police juive ne risquent pas de nous entendre. Chaim m'avait expliqué que ce rabbin risquait la mort si l'on découvrait qu'il nous apprenait des prières et nous racontait des récits juifs. C'était tout pour les cinq années qui venaient de s'écouler.

— Ici, dit Mme Minc en désignant un nom sur la liste. Rachella Leah Wajsman. Née à Skarżysko-Kamienna, fille de Rifka et Chil, sœur de Romek. Romek, c'est toi, n'est-ce pas ?

J'acquiesçai. Ma vision se faisait alternativement nette et floue.

Je finis par lever les yeux et fixai une tache jaune sur le plafond en stuc blanc.

— Où… Elle est où ? bégayai-je – mon pouls s'accélérait.

— À Feldafing. Au sud de Munich. En Bavière, une région d'Allemagne, répondit Mme Minc. Feldafing était autrefois une colonie de vacances pour les Jeunesses hitlériennes. Les Américains en ont fait un camp pour des personnes déplacées.

— Je peux aller là-bas ? dis-je d'une voix tremblante.

J'avais la gorge sèche et le cœur au bord des lèvres.

— Pas avant la fin de la quarantaine. Il te faut également une pièce d'identité en bonne et due forme. Nous sommes en train d'y travailler, pour toi et pour tous les autres.

— Je veux y aller maintenant.

Je commençais peu à peu à comprendre pour de bon. Leah était en vie. Et ce n'était que le début. Bientôt, je retrouverais le reste de ma famille.

— Je ne peux pas attendre.

Je me levai en joignant les mains.

— Il le faut, pourtant, répondit Mme Minc.

Le professeur s'approcha de moi.

— Avant tout, nous devons te procurer d'autres vêtements.

Il posa une main sur mon épaule.

— Tu ne peux pas retourner en Allemagne avec ceux que tu portes en ce moment.

Mme Minc parlait de mon uniforme des Jeunesses hitlériennes.

— Tu risques de te faire tuer. Les Allemands qui n'ont pas soutenu le régime s'en prennent maintenant aux nazis, ils les tabassent, ils les torturent, jusqu'à la mort parfois.

Le professeur retira sa main et me tendit un verre d'eau, que je pris d'une main tremblante, avant d'avaler une longue gorgée. Entre-temps, le calme était revenu dans le bâtiment. Les garçons avaient cessé de se battre. J'entendais le tic-tac de la comtoise dans le hall.

— Nathan, murmurai-je en posant mon verre sur le bureau.

De la condensation se forma aussitôt sous le fond du verre, tachant le bois du bureau. Mme Minc s'en aperçut aussi, pourtant elle ne se leva pas pour me donner un dessous-de-verre.

— Mon neveu, insistai-je en levant les mains. Le fils de Golda et de Chaim. Il était dans la grange avec moi.

J'ignore pour quelle raison, mais comme la condensation suintant du verre, l'histoire de Nathan s'échappa d'un coup de ma cervelle.

— Comme Chaim avait entendu dire que les nazis allaient rassembler tout le monde dans le ghetto pour nous envoyer ensuite dans des camps, il nous a emmenés, Nathan et moi.

Chaim nous cacha à l'arrière de son camion, sous une bâche épaisse dont il se servait quand il peignait. Il me semble me rappeler que ce véhicule appartenait à HASAG, qui employait Chaim. Il me demanda de ne pas faire de bruit et d'empêcher Nathan de parler en lui offrant des caramels. Je sentis le camion se mettre à rouler, puis s'arrêter. Chaim s'adressa à l'un des gardes, puis j'entendis des froissements de papier, sans doute s'agissait-il de sa carte d'identité, qu'il venait de présenter pour prouver qu'il travaillait bien à HASAG. Ensuite, le camion quitta Skarżysko-Kamienna. Lorsque Chaim me dit de lever les yeux, je constatai que nous nous trouvions dans la campagne, près d'une grange. Avant de nous faire descendre du camion, Chaim m'expliqua qu'il fallait que je me cache dans le foin jusqu'à son retour. Puis il me donna d'autres caramels, pour Nathan, en insistant sur le fait qu'il fallait éviter tout bruit. Personne ne devait découvrir notre cachette.

Nathan et moi restâmes dans cette grange pendant toute une nuit et un jour entier. Nous avions si peu de place que je ne tardai pas à avoir mal aux jambes, mais je contai quand même des histoires à l'oreille de Nathan, des histoires qu'on m'avait racontées au *heder*. Je lui caressai le dos jusqu'à ce qu'il s'endorme. Lorsque Chaim revint, il emmena Nathan avec lui, mais pas moi.

— Nathan, dis-je en levant les yeux vers Mme Minc. Il faut que je retrouve Nathan. Il faut que je m'assure qu'il est en sécurité. Je dois aller le chercher.

— Romek, m'interrompit enfin Mme Minc.

Elle s'était agenouillée devant moi.

— Romek... Mieux vaut ne pas parler de ce que tu as vécu... de ce que tous les autres garçons ont vécu. L'heure est venue pour vous de regarder à nouveau vers l'avenir. Sais-tu ce qu'est l'avenir ? Que souhaites-tu pour ton avenir à toi ?

Je la regardai en penchant la tête, et je m'aperçus que ce que je voulais plus que tout, c'était raconter mon histoire à cette femme, à cette femme qui me rappelait Golda. Je voulais plus que tout me souvenir de ce que j'avais oublié.

Au lieu de quoi je pris une profonde inspiration, avant de marmonner que je me fichais de mon avenir.

— De toute façon, c'est ce que vous pensez tous, n'est-ce pas ? Que quelque chose ne tourne pas rond chez nous, que nous n'avons aucun avenir !

— Tu te trompes, répondirent en chœur Mme Minc et le professeur.

Mais, déjà, je me dirigeais vers la porte du bureau pour rejoindre Salek et Abe, avec lesquels j'avais bien l'intention d'aller chasser des grenouilles.

Puisqu'il ne m'était pas permis de raconter mon histoire, alors, je préférais tout oublier.

***

Abe, Salek, Marek et Joe étaient assis en tailleur sous l'un des saules pleureurs de la propriété.

Je m'installai au milieu d'eux. À tour de rôle, ils m'ébouriffèrent en me reprochant de les avoir fait attendre.

— La direction s'est enfin décidée à mettre un terme à TA mauvaise conduite, dit Abe en me frappant l'épaule, comme si j'étais responsable de toutes les bagarres.

— Rien à voir, répondis-je entre mes dents, sans pour autant leur parler de Leah, car j'étais encore sous le choc de la nouvelle.

Leah était censée se trouver chez nous, en Pologne, avec les autres, en train de m'attendre.

Depuis notre arrivée, les membres de l'OSE n'avaient pas une seule fois tenté de faire cesser nos bêtises – souvent, nous faisions main basse sur le linge de maison propre qui pendait à son fil, pour nous en draper ensuite comme d'une toge, le souillant au passage de boue et de taches d'herbe. Plusieurs garçons parmi les plus âgés se rendirent en cachette à Paris, malgré la quarantaine. Quant aux discours des intervenants que l'OSE invitait pour nous, nous y prêtions à peine attention, sauf, bien sûr, les Intellectuels. Une sorte de compétition tacite nous poussait, nous, les garçons de Buchenwald, à faire tout et n'importe quoi pour obtenir une réaction de la part des membres de l'OSE. Le garçon qui s'attirait des ennuis se voyait remettre une médaille fictive.

Nous empruntâmes, tous les cinq, un chemin de terre qui nous mena à un champ.

Après avoir franchi ce qui restait d'un mur de pierre, nous nous dirigeâmes vers la campagne.

Nous traversâmes des pâturages foisonnant de verges d'or et de pissenlits, vint ensuite une prairie, puis un autre chemin de terre. Nous marchions sans hâte. Parvenus à la lisière d'une forêt, nous nous mîmes à courir de toutes nos forces, à celui qui courrait le plus vite, ôtant nos chemises en cours de route pour les nouer autour de notre taille. Nous étions encore maigres, alors, peu musclés, mais je voulais croire que nous étions capables de rivaliser avec Jesse Owens, l'athlète afro-américain dont Jakow m'avait parlé, ainsi qu'à Abe, lorsque nous étions à Buchenwald. Jesse Owens qui avait humilié Hitler en remportant quatre médailles d'or aux Jeux olympiques de Berlin en 1936. Comme nous ne possédions pas de radio à Skarżysko-Kamienna, j'ignorais tout de Jesse Owens avant de me retrouver à Buchenwald.

Nous rejoignîmes un autre chemin de terre, bordé de marguerites, d'arbres à feuilles persistantes et de saules. Salek nous rappela que nous ne devions pas nous éloigner des routes car, comme c'était le cas sur les plages du nord de la France, il demeurait sans doute des mines, sur lesquelles nous aurions pu sauter. Mais nous n'en avions cure. Le trépas, à nos yeux, ne représentait rien, puisque nous étions déjà morts.

Nous jouâmes ensuite à être des soldats américains. Des bouts de bois devinrent des armes entre nos mains – nous pourchassions les nazis. Nous allions au hasard, franchissant des ruisseaux à gué, ou bien empruntant avec précaution les troncs d'arbres qui les barraient, des troncs vermoulus, couverts de lichen bleu-vert et de mousse, et ces troncs se changeaient pour nous en ponts.

Bientôt, nous découvrîmes des cerisiers et des framboisiers, et le bout de nos doigts se couvrit d'un mélange de pulpe de fruit et de sang, à cause des épines. Ce fut un véritable festin et nous avions la langue toute rouge. Le ventre alourdi de fruits, Abe et Salek décidèrent alors de jouer avec les frondes qu'ils avaient fabriquées en utilisant de vieux pneus. Ils visaient les pigeons ramiers et tout ce qui bougeait dans la forêt.

Pour finir, nous débouchâmes dans une clairière, où nous prîmes un peu de repos sur un long rocher plat. Abe et Marek en aménagèrent le centre pour que nous puissions y allumer un feu. Entre-temps, Salek et moi avions ramassé du bois sec. Les quelques allumettes qu'Abe avait apportées avec lui firent le reste. Nous grillâmes le pain que nous avions razzié au petit déjeuner.

Puis nous restâmes tous les cinq immobiles, à regarder les flammes.

Profitant de ce moment de quiétude, mon esprit dériva en direction du train qui, de Częstochowa, en Pologne, m'avait mené à Buchenwald, au moment où il y avait eu déjà assez de morts pour que nous puissions nous asseoir dans le wagon à bestiaux, et même nous étirer au besoin. L'un des hommes avait mis la main sur une boîte de viande en conserve. Comme il n'avait pas d'ouvre-boîte, il fit un feu à même le plancher du wagon, au milieu duquel il plaça la conserve, avec l'espoir que la chaleur des flammes ferait sauter son couvercle. Je m'étais approché du feu, car on était en janvier, il faisait un froid glacial et je ne portais probablement que mon pyjama rayé des camps de concentration. Lorsque la boîte explosa, je reçus en pleine figure des morceaux de viande brûlante. Je me mis à hurler, persuadé que j'étais devenu aveugle. Jamais encore je n'avais éprouvé une pareille douleur, à tel point que j'aurais voulu mourir pour qu'elle s'arrête. Je me tournai vers l'autre jeune garçon du wagon, un bagarreur du nom de Abe, pour lui demander de me trancher la veine jugulaire à l'aide du couvercle de la boîte pour que je me vide de mon sang. C'est ainsi que Abe et moi sommes devenus amis. Le jour où il refusa de me tuer.

J'étais convaincu qu'à mon arrivée à Buchenwald, on allait me liquider. Abe et les hommes présents dans le wagon avaient beau tenter de dédramatiser la situation, j'avais le visage couvert de brûlures. Je sentais ma peau gonfler autour de mes yeux, je sentais enfler mes joues, et mes blessures étaient à vif. Les nazis décréteraient à coup sûr que j'étais malade, donc incapable de travailler.

Peu après notre arrivée dans le camp, on nous mena, Abe et moi, devant une rangée de volumineuses cuves cylindriques contenant une eau laiteuse, dont j'entendis un autre détenu dire qu'il s'agissait d'un désinfectant pour nous débarrasser de nos poux. On m'ordonna de me déshabiller, puis d'entrer dans l'eau.

Je m'assis dans la cuve métallique, les jambes repliées contre ma poitrine. Je tremblais, je respirais avec difficulté, persuadé que, si le garde observait attentivement mon visage, il allait m'abattre. Le garde en question, vêtu d'un uniforme bleu et d'un béret noir, s'approcha. Il planta son regard dans le mien. *Ça y est,* me dis-je. À l'aide d'un long bâton, il m'obligea à plonger mon corps tout entier dans le liquide laiteux.

Il avait décidé de me noyer.

La douleur que j'éprouvai lorsque le désinfectant entra en contact avec les brûlures de mon visage me transperça et je me mordis si fort la lèvre pour m'empêcher de crier que je ne tardai pas à sentir dans ma bouche le goût du sang.

C'est alors que le garde retira son bâton. Je remontai à la surface et regardai autour de moi. Le garde se dirigeait déjà vers la cuve voisine.

Avais-je à nouveau échappé à la mort de justesse ?

Toujours est-il que le désinfectant me sauva la vie pour de bon, car il se révéla si puissant qu'il cautérisa mes blessures, dont l'état commença presque instantanément à s'améliorer.

***

Je renouai avec la campagne française. Au-dessus de nous tournoyaient à présent des corbeaux, dont les croassements semblaient ne s'adresser qu'à notre petit groupe.

Une heure environ s'écoula, que nous passâmes à marcher, crier, à débiter des grossièretés, à tuer des animaux – plus exactement, à piétiner des coléoptères et des escargots, car nous n'étions pas doués pour le lance-pierre. Puis nous arrivâmes à l'entrée d'un village, dont les maisons modestes m'évoquèrent celles de Skarżysko-Kamienna. Leur peinture s'écaillait, il leur manquait des morceaux de ciment ici et là, et la clôture de plusieurs d'entre elles s'était effondrée. Un échafaudage se dressait contre un mur.

Salek nous expliqua que ces maisons devaient leur mauvais état aux combats qui, dans ces rues, s'étaient tenus entre les Alliés et les Allemands.

Joe, qui n'était pas très bavard, déclara qu'il voulait devenir général, comme George Patton ou Walton Walker, deux généraux américains qui s'étaient rendus à Buchenwald.

— Je veux m'assurer que ce qui nous est arrivé… que ce qui est arrivé au monde entier ne se reproduira plus jamais, ajouta Joe à voix basse.

Comme j'observais les maisons avec attention, j'eus l'impression qu'elles avaient des histoires à nous raconter. En dépit de leur délabrement, des dégâts que la guerre leur avait infligés, il restait en elles une lumière. Certaines de ces maisons avaient l'air heureuses.

— On pourrait flanquer la trouille aux Français en leur faisant croire que la guerre a recommencé, suggéra Abe.

Je me tournai vers lui. Il avait renfilé sa chemise des Jeunesses hitlériennes et marchait à la façon des gardes allemands, au pas de l'oie. À l'inverse, Joe et Marek se déshabillèrent jusqu'à n'avoir plus sur eux que leurs sous-vêtements, décrétant, après avoir mis leurs pantalons et leurs chemises autour de leur cou, qu'ils ne porteraient plus jamais cette tenue. Quant à Abe et Salek, ils proposèrent de jouer à qui cracherait le plus loin.

Comme nous avancions dans le village, je remarquai plusieurs bicyclettes alignées devant un magasin.

— Qu'est-ce que vous en pensez ? dis-je en lorgnant un vélo bleu.

Soudain, je me rappelai que j'avais eu un vélo bleu. Papa l'avait acheté pour moi à l'un de nos voisins. Il était trop grand. Mes pieds n'atteignaient pas les pédales, en sorte qu'avant d'avoir grandi un peu, je pris l'habitude de m'installer à califourchon sur le cadre, puis de faire avancer la bicyclette avec mes pieds. Je me demandai où elle était passée depuis.

— Pourquoi pas, répondit Abe avec malice, et il se dirigea prestement vers un petit vélo rouge, qu'il enfourcha pour le faire rouler jusque dans la rue.

Chacun choisit un vélo à son tour, après quoi nous quittâmes le village à toute vitesse. Nous dûmes gravir une colline, puis en redescendre le flanc opposé – à un moment, nous passâmes au beau milieu d'une famille de canards qui traversait la route.

Nous allions ainsi à vive allure et, au bout de ce qui nous parut des heures entières, nous réussîmes à regagner le sanatorium sans savoir au juste comment. On y avait déjà servi le dîner, la nuit tombait peu à peu, tel un voile de mariée en dentelle. Les notes d'un concerto pour violon flottaient dans l'air. Je me demandai un instant si c'était le garçon hongrois qui jouait. Pas celui qui ne rêvait que de nous tabasser, mais un autre, qui avait volé un violon à Weimar après la libération de Buchenwald. Dès lors, il s'était mis à déambuler dans le camp en jouant pour les Américains. Au moment de monter à bord du train pour la France, ce garçon avait refusé de se séparer de son instrument, alors qu'on nous avait ordonné d'abandonner derrière nous tout ce que nous avions volé.

Nous déposâmes les vélos derrière un pigeonnier.

Assis tous les cinq sous notre saule pleureur, nous mangeâmes le reste de nos victuailles, presque immobiles jusqu'à la nuit noire, silencieux, tandis que les grillons nous jouaient une sérénade.

6

Regarde bien, regarde à travers chaque brèche d'ombre
Car ce sont là des plaies vives, ouvertes, sombres,
Et qui n'attendent plus du monde guérison.

Haim Nahman Bialik,
« Dans la ville du massacre[1] »

Comme nous avions encore faim, nous nous dirigeâmes vers le bâtiment principal, avec l'intention de faire une descente dans la cuisine.

À peine avais-je pénétré dans le hall qu'un des jeunes Polonais de mon dortoir m'informa que Mme Minc cherchait après moi.

Abe murmura que j'allais avoir des ennuis, tandis que, d'un geste, Salek proposait de se retrouver ensuite dans la salle à manger.

Mme Minc me fit asseoir dans un grand fauteuil, avant de passer de l'autre côté de son bureau pour y fouiller parmi plusieurs piles de documents.

— Ça y est, je l'ai ! lança-t-elle pour s'enfoncer ensuite dans son propre fauteuil, en tout point identique au mien.

Je me raidis. J'avais la bouche sèche. *Ça y est,* me dis-je, *c'est mon billet pour Feldafing.*

— Connais-tu Elie ? me demanda Mme Minc, ce qui me surprit.

1. Traduit du yiddish par Charles Dobzynski.

Je hochai la tête.

— Il écrit ce qui lui est arrivé, enchaîna-t-elle.

Elle avait plongé son regard dans le mien et elle ne cillait pas, à tel point que, l'espace d'un instant, je me demandai s'il s'agissait d'un jeu, à qui de nous deux allait détourner les yeux le premier. Je fus le premier à flancher.

— Je sais que nous vous encourageons tous à ne plus évoquer le passé. Nous le faisons pour votre bien, pour vous aider à avancer dans la vie, mais peut-être que…

Mme Minc fit glisser dans ma direction un cahier, un crayon, une gomme et un taille-crayon. J'ouvris le cahier. Il ne contenait que des pages vierges.

— C'est pour quoi faire ? demandai-je.

— Le professeur s'est dit que, peut-être, tu pourrais avoir envie d'écrire à propos de ce que tu as vécu, comme Elie. Il se demande si nous n'avons pas eu tort et si, au contraire, parler de ce qui vous est arrivé pourrait vous aider à vous sentir mieux.

Elle s'exprimait d'une voix tendue, comme si l'idée que ces récits pourraient exister un jour pour de bon lui faisait peur.

Je ne dis pas un mot. Dans mon esprit se bousculaient d'innombrables pensées sans que je parvienne à en isoler une seule, et cela m'angoissait.

— Je sais que tu es intelligent, reprit Mme Minc. J'en suis sûre. Lorsque tu retourneras à l'école, tu feras très vite de nombreux progrès. En attendant, tu pourrais dessiner là où les mots te manquent. Tu pourrais raconter ton histoire en images, la raconter de toutes les manières possibles.

Je ne dis pas un mot.

— J'aimerais que tu ailles à l'école, insista-t-elle.

— Je ne pense pas que ce soit possible, murmurai-je.

L'école ? C'était quoi, l'école ? Il fallait que je rentre chez moi, en Pologne, auprès de ma famille.

— D'accord. Nous en reparlerons quand tu te sentiras prêt. En attendant, essaie au moins de dessiner ce qui est arrivé… à Nathan, ajouta-t-elle en poussant encore plus près de moi le cahier, le crayon et la gomme.

À peine avait-elle articulé le nom de Nathan que je craquai. Mes narines se dilatèrent et je me mis à avoir très chaud. Des gouttes de sueur coulaient sur mon front. Je serrais les poings. Nathan n'était rien qu'à moi, avais-je envie de hurler au visage de Mme Minc. À part l'histoire de Nathan et le souvenir que je gardais de lui, il ne me restait pratiquement rien qui ne fût qu'à moi.

— Ne prononcez plus jamais son nom, dis-je d'une voix rauque.

— Pardon. J'essaie seulement de t'aider.

— Votre aide, je n'en veux pas, murmurai-je. Je vais rentrer chez moi, en Pologne.

Elle se leva pour se camper devant moi. Elle posa ses mains sur mes épaules, comme si elle s'apprêtait à me serrer dans ses bras. Je tressaillis. Bientôt, je tremblais de la tête aux pieds. Depuis combien de temps quelqu'un ne m'avait-il pas pris dans ses bras ?

J'éprouvais à la fois l'envie de la repousser et celle de me blottir dans la chaleur de ses bras, comme je me souvenais de m'être blotti dans les bras de ma mère. Je désirais plus que tout que Mme Minc m'assure que tout irait bien.

— Il faut que je te dise quelque chose, Romek.

Je fixai ses grands yeux.

Elle déglutit avant de se lancer, prit une profonde inspiration.

— Romek… Tu n'as plus d'endroit où aller, dit-elle à mi-voix.

Je penchai la tête pour lui signifier que je ne comprenais pas.

— La plupart des maisons ayant été habitées par des familles juives en Pologne, les Allemands… Les Allemands les ont données à des non-juifs ou, tout simplement, ils ont autorisé des non-juifs à s'y installer. On nous a dit qu'en Pologne, des juifs désireux de retrouver leurs maisons avaient été tués par les nouveaux occupants. En Pologne, la situation reste très dangereuse. Ce pays se trouve à présent sous le contrôle de l'Union soviétique. Les juifs n'y sont toujours pas en sécurité.

La tête me tournait. Je songeais au rêve qui m'avait permis de tenir le coup durant ces longues années de camp, ce rêve dans lequel je me précipitais chez nous et ma mère annonçait au reste de la famille que « son bébé était rentré à la maison ».

Depuis le début, j'avais cru dur comme fer que ce rêve, bien plus qu'un simple souhait, était prémonitoire.

Mme Minc devait faire erreur.

— Hélas non, Romek, répondit-elle avec douceur. J'aimerais tellement me tromper.

— Si j'avais su ça, me surpris-je à marmonner au terme d'un long silence, j'aurais renoncé. J'aurais…

— Je sais, Romek.

Pour la première fois, j'eus la certitude qu'en effet, elle me comprenait pour de bon.

La porte du bureau de Mme Minc s'ouvrit. L'un des cuisiniers l'informa qu'une énième bagarre avait éclaté.

Je profitai de cette interruption pour ravaler en hâte tout ce que j'avais été à deux doigts de confier à Mme Minc, car je venais de me rappeler que nous ne pouvions faire confiance à personne. Absolument personne.

***

Je regagnai mon bâtiment avec le cahier, le crayon, la gomme et le taille-crayon.

Les autres garçons n'étaient pas encore rentrés. L'air était lourd. Près du saule, j'aperçus des lucioles.

Tandis que je parcourais les couloirs, je remarquai, du coin de l'œil, qu'on avait entre-temps punaisé des papiers sur les portes.

Je ralentis le pas jusqu'à m'arrêter presque, car j'avais reconnu certains mots. Des noms de villes. Łódź, Budapest et Varsovie.

— Ils ont pensé que nous nous sentirions mieux s'ils nous rassemblaient selon nos villes natales.

Elie me surprenait chaque fois. Il sortit de l'ombre pour s'arrêter devant moi. Il m'adressa un sourire en coin.

Les membres de l'OSE espéraient qu'en nous classant selon la géographie, et non plus en fonction de notre âge, ils parviendraient à mettre fin à nos disputes.

— Qu'est-ce que c'est? s'enquit Elie en désignant mon cahier.

Je répondis entre mes dents que c'était pour écrire.

— J'essaie d'écrire, moi aussi, commenta-t-il en s'éloignant de moi.

— Qu'est-ce que tu écris?

Elie s'arrêta, puis se tourna de nouveau vers moi en s'exprimant avec lenteur, avec circonspection, comme s'il cherchait les mots justes.

— Je parle des fous et de la mort... De mon père... Des camps..., énuméra-t-il enfin. J'écris à propos de ce que je me rappelle, pas seulement là-dedans, ajouta-t-il en se tapotant la tête, et pas seulement à propos de ce qui se trouve ici, dit-il, et cette fois, il passa une main sur son cœur. Mais à propos de ce qu'il y a entre l'un et l'autre, et sur tout le reste, sur ce qui relie les deux.

Je secouai la tête. Elie parlait par énigmes, si bien que je ne parvenais jamais à saisir tout à fait la signification de ses paroles.

— Tu aimes écrire ? demandai-je.

J'ignore au juste pourquoi, mais j'appréciais l'attention qu'il me portait.

— Oui, souffla-t-il, puis il ajouta : les gens de l'OSE font de leur mieux pour gérer une situation à laquelle ils… à laquelle le monde… n'avait encore jamais vraiment eu affaire. C'est la première fois, je pense, qu'ils vont tenter de sauver des enfants qui ont été confrontés au pire de l'humanité.

J'aurais voulu lui dire que je me rappelais certaines choses, des choses qui se manifestaient dans mes rêves, ainsi que dans des visions.

Au lieu de quoi, je déclarai :

— Je me sens coupable. Mais j'ignore de quoi.

Elie m'observa avec attention.

— Beaucoup d'entre nous se sentent coupables parce que nous sommes en vie, alors que tant d'autres ne sont plus là.

Il avait entendu des rumeurs, me dit-il ensuite, selon lesquelles certaines personnes estimaient que nous, les garçons de Buchenwald, devions être sans foi ni loi pour avoir réussi à survivre.

— Ces gens se trompent, enchaîna-t-il. Ce qui nous est arrivé, à nous, ainsi qu'à nos proches, à notre peuple entier, n'a pas grand sens à mes yeux. Rien de tout cela n'a de sens. La culpabilité, je crois, est une tentative de donner un sens à ce qui n'en a pas.

Il se tourna pour me quitter pour de bon.

— Ma famille est toujours en vie, dis-je précipitamment.

Elie s'arrêta de nouveau, mais sans se retourner cette fois. Il se tut longuement.

— Bonne nuit, alors, finit-il par me lancer.

— Je ne sais même pas si je suis encore capable de tenir un crayon ! criai-je comme il allait tourner le coin du couloir.

***

Le nom de ma ville, Skarżysko-Kamienna, ne se trouvait sur aucune porte.

— Ils t'ont mis avec les garçons de Łódź, m'informa le Hongrois qui ne rêvait que de me rouer de coups.

Je sursautai. Puisque nous n'étions que tous les deux, j'étais persuadé qu'il allait me passer à tabac. Au lieu de quoi je vis briller des larmes dans ses yeux.

— À toi aussi, on a dû annoncer qu'on ne pouvait pas rentrer en Pologne, pas vrai ? dit-il d'une voix étranglée.

Je hochai la tête. Lorsqu'il passa à côté de moi, nos bras se frôlèrent et, de nouveau, je tressaillis, pensant qu'il allait me frapper.

— Je suis désolé, balbutia-t-il au contraire. Vraiment désolé.

Je finis par dénicher le bâtiment où s'étaient installés les enfants de Łódź.

Une fois dans le dortoir, je me mis à scruter les lits superposés jusqu'à repérer à côté de l'un d'eux, sur une commode, ma brosse à dents et mon savon – dont je ne me servais pas. On était allé jusqu'à glisser sous mon nouvel oreiller mes victuailles avariées.

Je m'allongeai sur mon lit, où je me mis à fixer la structure en bois de la couchette supérieure. J'avais la gorge irritée et je voyais flou. Ce fut d'abord comme un murmure, puis le murmure se changea en vague, et pour finir vint le déluge. Mes larmes roulaient sur mes joues, elles trempaient ma chemise, trempaient l'oreiller que j'écrasai contre mon visage pour étouffer mes cris.

Je ne m'arrêtais plus de pleurer, et je criais si fort que, bientôt, ma voix se fit rauque, puis je n'eus plus de voix du tout.

Je n'avais plus le moindre espoir de rentrer à la maison.

Je n'avais plus de maison.

7

Je ne quittais plus mon lit. Marek dormait dans le lit au-dessus du mien, Abe dans le lit voisin.

Je n'avais plus ni l'énergie ni l'envie d'aller me promener avec mes quatre camarades, qui avaient pris l'habitude, presque chaque jour, de retourner du côté des prairies et de la forêt – ils nageaient dans les ruisseaux et couraient à travers les champs de blé.

Quant à moi, je me contentais de flotter entre veille et sommeil, jusqu'à ne plus distinguer le rêve de la réalité.

Mme Minc et d'autres employés de l'OSE me rendaient régulièrement visite, ils me touchaient le front, ils prenaient ma température. Je n'avais pas de fièvre. Le médecin qui vint à mon chevet confirma que je ne souffrais d'aucun problème physique.

— Je pense que c'est psychologique, l'entendis-je déclarer à l'un des membres de l'équipe. Laissez-le tranquille pendant un moment. Si d'ici une semaine environ, il ne se porte pas mieux, nous aviserons.

Quelqu'un m'apporta de la soupe de poulet, et ce quelqu'un porta la cuiller à mes lèvres. Je me rappelai soudain que ma mère et Leah en faisaient autant lorsque j'avais un rhume ou bien la grippe. Ce souvenir se manifesta sous la forme d'une douleur lancinante.

Leah hantait mes pensées. *Il faut que j'aille la voir. Si seulement l'OSE m'autorisait à partir.*

Le professeur vint aussi. Assis au coin de mon lit, il parlait, il parlait de tout et de rien, du beau temps, des jardins de la propriété. Il m'expliqua qu'en France, pendant l'Occupation, on avait dû convertir nombre de superbes jardins fleuris en potagers. La nourriture se faisait rare, les légumes amélioraient l'ordinaire.

Il me parla de Joséphine Baker qui, après avoir fait partie de la Résistance, était à présent plus célèbre encore qu'elle ne l'était avant-guerre. Il me semble me rappeler que le professeur avait aussi évoqué la possibilité de m'emmener à Paris pour assister ensemble à l'un de ses spectacles, pour écouter du jazz, qu'on devait en partie aux soldats afro-américains qui, après avoir combattu en France durant la Première Guerre, y étaient restés. Le professeur avait le sentiment que j'aimerais le jazz. Que, plus largement, la musique, les arts plastiques, les récits et la danse étaient capables de se frayer avec légèreté un chemin à l'intérieur d'un être, afin de lui faire oublier le chaos douloureux qu'il avait dans la tête et de l'aider à se rappeler ce qu'il y avait de bon et de pur dans le monde.

J'écoutais d'une oreille distraite. Mon monde à moi avait volé en éclats. Je ne retournerais pas en Pologne et rien, aucun rêve en moi, ne remplacerait ce que j'avais perdu.

Pourtant, lorsque le professeur ou Mme Minc se levaient pour quitter le dortoir, je m'accrochais à un pan de leurs vêtements en les suppliant de me dire s'ils avaient enfin reçu mon billet de train pour que je puisse aller voir Leah.

— C'est fini, la quarantaine ? demandais-je, et j'avais la bouche sèche, ma voix était à peine audible.

— Encore une semaine.

Leur réponse était toujours la même. Encore une semaine.

Abe et Salek, et quelquefois Marek, m'apportaient du pain et des œufs, ils posaient une assiette par terre à côté de mon lit. Jamais je n'y touchais. À plusieurs reprises, ils m'accompagnèrent aux toilettes. J'en savais assez pour deviner pourquoi. Ils craignaient que j'attente à mes jours, comme le firent un certain nombre de garçons de Buchenwald après la libération du camp. Ils avaient survécu assez longtemps pour être sûrs qu'ils ne voulaient plus continuer. Pour la même raison, des détenus, dans les camps, se jetaient parfois contre les clôtures électriques. Ils lâchaient prise.

« Tu ne comprends donc pas ? avais-je envie de hurler à Abe ou à Salek. Si je meurs maintenant, ce sera fini. C'en sera fini de mes souffrances. »

Mais pour une raison que je ne m'expliquais pas, j'estimais avoir mérité de souffrir.

***

Mon père nous assurait que nous n'aurions pas à vivre bien longtemps dans le ghetto.

— Pas plus de quelques jours, dit-il à maman. Une fois que les dirigeants allemands auront appris la façon dont leurs soldats se comportent en Pologne, ils mettront le holà.

Mais les jours se changèrent bientôt en mois et, au bout de plus d'un an, nous n'avions toujours pas quitté le ghetto.

Peu à peu, on diminua nos rations alimentaires. Un moment arriva où les juifs ne reçurent plus que deux cents calories par jour et par personne. Quant au pain et aux pommes de terre introduites clandestinement dans le ghetto et vendues sur des marchés improvisés, ils coûtaient mille fois plus cher que d'habitude et personne n'avait d'argent. Les nazis n'accordaient à chaque foyer juif que deux cents zlotys par semaine et deux mille zlotys sur leur compte bancaire. Sans Chaim, qui possédait un permis spécial pour entrer et sortir du ghetto parce qu'il était chauffeur à HASAG, nous aurions tous eu faim. Il récupérait pour nous des œufs et du pain auprès des agriculteurs polonais qui essayaient de nous aider. Durant les derniers mois du ghetto, l'humanité cessa littéralement d'exister. Des pères de famille volaient de la nourriture à des enfants affamés dans les rues, pour nourrir leur propre progéniture. Les policiers juifs, choisis par les nazis, avaient la mainmise sur les marchés de fortune et les médicaments, en sorte qu'ils ne distribuaient les aliments et les remèdes qu'à celles et ceux qu'ils appréciaient, ou aux nantis, qui les soudoyaient. Il leur arrivait parfois de se montrer plus cruels que les SS. Pendant ce temps, mon père… mon père continuait à nous dire que tout s'arrangerait bientôt.

— Les gens ne tarderont pas à retrouver la raison, déclarait-il.

Rien ne s'arrangea plus jamais.

***

Lorsqu'il devint clair que je n'allais pas quitter mon lit de sitôt, le professeur apporta une chaise à mon chevet, sur laquelle il s'assit pour me lire des passages de *Tevye le laitier* de Cholem Aleikhem[1]. J'aimais bien que le professeur me fasse la lecture, à tel point que je me mis à l'écouter plus attentivement.

Je pensais alors beaucoup à mon père, aux souvenirs que je gardais de lui. Je me rappelai ainsi qu'il lui arrivait de me raconter l'histoire de Teyve le laitier. À un moment du récit, Tzeitel, l'une des filles de Teyve, annonce à son père qu'elle va épouser Motel, son amour d'enfance. Il s'agissait de mon passage préféré, car Motel et Tzeitel avaient décidé de rompre avec la tradition en se passant de marieur. Cela me plaisait, car il était question du grand amour.

---

1. C'est le personnage de Teyve, inventé par Cholem Aleikhem (1859-1916), qui a inspiré les auteurs de la comédie musicale *Un violon sur le toit.*

Un autre jour, tandis que les garçons regagnaient le dortoir, je les entendis parler de Gustav, qui était à Buchenwald. Il venait d'arriver à Écouis, désireux d'épauler l'OSE dans son travail auprès de ceux qu'il appelait « ses garçons ». Les cadres de l'OSE furent emballés. D'ailleurs, à peine Gustav se trouvait-il à Écouis que les jeunes Polonais qui avaient occupé le Block 66 lui demandèrent conseil. Bientôt, ils cessèrent de se ruer dans la salle à manger pour se jeter sur la nourriture dès qu'elle apparaissait sur la table. Au contraire, ils s'asseyaient maintenant sans hâte, attendant que Gustav leur fasse signe pour se mettre à manger. Abe me dit que les garçons du Block 66 se comportaient à présent comme s'ils se trouvaient encore à Buchenwald.

Cependant, la présence de Gustav ne satisfaisait pas tout le monde. Ceux d'entre nous qui n'étaient pas polonais étaient d'avis de le livrer à la police française à cause des meurtres qu'il avait commis dans le camp. J'avais manqué une réunion particulièrement houleuse, m'apprit Abe, au cours de laquelle certains garçons avaient hué Gustav, après quoi les Polonais l'avaient acclamé. Le fossé se creusait entre nous.

Pour ma part, je n'avais croisé Gustav qu'à quelques reprises, et encore était-ce après la libération du camp. J'avais entendu dire que, pendant les jours qui avaient précédé notre délivrance, il arpentait Buchenwald avec des grenades dans les poches, traquant les SS en pleine débandade, avec l'intention de les faire sauter sous leurs véhicules.

Abe m'expliqua encore que, pour le moment, on avait autorisé Gustav à demeurer à Écouis, mais que Mme Minc et les autres membres de l'OSE avaient suggéré à l'ensemble des garçons d'organiser un procès pour décider de son sort.

Une semaine s'écoula, durant laquelle je maigris à vue d'œil au fond de mon lit, sans force, dérivant entre veille et sommeil, entre rêve et réalité, en proie à des cauchemars dont je me réveillais en sueur, sous l'œil du professeur, dont j'avais l'impression qu'il ne quittait pas mon chevet, la mine inquiète. Le huitième jour, quelque chose chavira en moi. Pour quelle raison ? Je n'en avais pas la moindre idée, et je n'en sais pas davantage aujourd'hui. Toujours est-il que, soudain, je me sentis affamé. Je dévorai une omelette au basilic et au romarin, puis la moitié d'une miche de pain et trois pêches. Le professeur me conseilla de ralentir, car je risquais d'être malade. Mais je mourais de faim. Lorsque je tentai de quitter mon lit, la tête me tourna, et je crus bien que j'allais m'évanouir. Je me cramponnai à une commode avant de parvenir à me diriger vers les toilettes.

À mon retour, le professeur Manfred semblait soulagé.

— Tu t'en es sorti, Romek, dit-il. Rattrape ton retard à l'école, va de l'avant. Je vais t'aider, ajouta-t-il. Ton chagrin, mets-le de côté, du moins pour le moment, et lance-toi dans quelque chose qui, selon toi, ferait la fierté de tes parents.

Je l'écoutais distraitement. Je ne savais qu'une chose : au beau milieu de tous mes cauchemars, j'avais choisi la vie.

Durant la semaine qui venait de s'écouler, j'avais mis sur pied une nouvelle stratégie pour me pousser à quitter enfin mon lit : puisque je ne pouvais me rendre en Pologne pour y retrouver ma famille, qu'à cela ne tienne, je retrouverais tous les miens ailleurs en Europe. Une fois réunis, nous emménagerions dans une autre ville, dans un autre pays peut-être. Nous aurions une nouvelle maison. Nous entamerions une nouvelle vie tous ensemble.

***

— C'est un héros, déclara l'adolescent, peut-être même un homme.

Il était assis par terre dans un coin de notre dortoir.

Salek, juché au bout de mon lit, se pencha vers moi pour m'informer à mi-voix que ce garçon s'appelait Ralph. Ralph Lewin, originaire de Łódź. Un autre Polonais.

Ralph avait replié sous lui ses longues jambes. Il avait des cheveux noirs gominés, ainsi que de grands yeux en amande qui se posaient tour à tour sur tous les garçons présents dans la pièce. Ses sourcils touffus me faisaient penser aux buissons qui bordaient les routes de campagne, à ceci près qu'il avait le poil d'un noir de jais. Sa chemise et son pantalon en coton étaient noirs aussi.

Tous les garçons de notre dortoir l'écoutaient, certains allongés sur leur lit, d'autres à plat ventre sur le sol, soutenus par leurs coudes, la tête calée entre leurs mains.

— Joseph Staline, le dirigeant de l'Union soviétique, poursuivit Ralph. Il nous a libérés. Ses troupes ont mis fin à la guerre. C'est notre sauveur. Nous devrions le suivre !

J'avais envie de lui dire que, jusqu'alors, j'avais cru que c'étaient les Américains qui nous avaient libérés, mais le reste de la chambrée paraissait subjugué par Ralph. Il pouvait avoir dix-huit ans, peut-être même dix-neuf, si bien que j'en conclus que c'était sans doute moi qui faisais erreur. Salek se pencha de nouveau vers moi, pour m'expliquer à voix basse que Ralph était à Buchenwald mais que, du fait de son âge, rien ne l'obligeait à se présenter à Écouis. Il était venu de sa propre initiative, après avoir parcouru l'Allemagne. En compagnie de plusieurs centaines d'autres jeunes détenus de Buchenwald, continua Salek dans un murmure, Ralph s'était dirigé vers l'est, jusqu'en Pologne et en Russie. Je savais qu'à Buchenwald, des disputes avaient éclaté entre le rabbin Schachter, qui voulait qu'on conduisît les enfants du camp à l'ouest, dans des pays démocratiques, et les anciens détenus communistes qui, au contraire, encourageaient les plus âgés d'entre nous à regagner leurs patries, afin d'y contribuer au mouvement socialiste.

— C'est un activiste…, ajouta Abe. Un communiste.

Il était assis par terre devant moi, hochant la tête pendant que Ralph parlait. J'en conclus qu'il approuvait l'activisme de Ralph.

— Quand y retournes-tu ? lui demanda Joe.

En Allemagne, voulait-il dire. Près des lignes de front.

— Bientôt, répondit Ralph.

Comme Salek, Ralph m'avait l'air d'être un Monsieur Je-sais-tout. Je ne lui faisais pas entièrement confiance, mais, dans le même temps, il suscitait mon intérêt. Non pas du fait de son charisme, qui troublait mes camarades, du moins, pas seulement : Ralph avait prévu de retourner en Allemagne et je désirais l'accompagner.

— Si vous vous faites prendre en photo, nous exposa-t-il, vous n'aurez qu'à me confier les clichés pour que je les montre dans les camps de personnes déplacées. Je les distribuerai. Puis, après l'Allemagne, je retournerai en Russie.

Je me haussai sur un coude. Cette fois, il m'intéressait pour de bon. Je voulais absolument le suivre pour retrouver Chaim, qui nous avait expliqué qu'une fois qu'il nous saurait tous en sécurité, il se rendrait en Russie pour se joindre à d'autres troupes de l'armée polonaise qui s'y entraînaient. Je commencerais donc par aller chercher Leah à Feldafing, puis je pousserais jusqu'en Russie, où je trouverais Chaim. Enfin, nous regagnerions la Pologne, nous y retrouverions d'abord Nathan, puis le reste de ma famille.

— Comment ça se passe en Allemagne ? s'enquit Marek en s'approchant de Ralph, aux pieds duquel il s'accroupit.

— Il y a des maladies partout. Les juifs dépérissent dans des camps, ils manquent de nourriture et de soins médicaux. Tout le monde, y compris les Allemands, tout le monde a faim, parce que la guerre a détruit une bonne partie de leurs récoltes, et la plupart des pays se refusent, pour le moment, à commercer avec l'Allemagne. Mais les Soviétiques, de leur côté, font de leur mieux pour apporter leur aide.

Ralph accompagnait son discours de grands gestes des bras, comme s'il était en train de donner une conférence. Il me faisait penser à Jakow qui, à Buchenwald, nous avait raconté des histoires sur la Russie, sur des princes et des princesses vivant dans des royaumes de diamants et de perles. Il avait ainsi narré ses récits plusieurs jours d'affilée, après quoi il nous les avait de nouveau racontés quelques mois plus tard.

Ralph, à présent, roulait une cigarette. Il en avait déjà une derrière chacune de ses oreilles. De sa poche de poitrine, il fit surgir un stylo et un calepin sur lequel il dessina une carte d'Écouis – il marqua d'un point le sanatorium.

— Ici, dit-il en faisant un grand X sur la carte, se trouve une boutique de photographe. Juste ici. Laissez tomber cette histoire ridicule de quarantaine, et allez vous faire tirer le portrait. Demandez au photographe une douzaine de tirages. De cette façon, je pourrai en distribuer un peu partout, avec l'espoir que quelqu'un vous reconnaîtra. Écrivez votre nom complet et votre date de naissance au dos de la photo, si vous vous en souvenez, ainsi que le nom d'autant de membres de votre famille possible, même de cousins éloignés. Mentionnez aussi le nom de la ville dans laquelle vous êtes nés et avez vécu. Avec un peu de chance, l'un de vos proches vous reconnaîtra, ce qui vous évitera d'attendre ici indéfiniment, en espérant leur mettre la main dessus grâce aux listes.

Ralph finit par allumer la cigarette qu'il venait de rouler, puis nous fit cadeau de celles qu'il avait derrière les oreilles. Lorsque vint mon tour, je me mis à tousser : jamais encore je n'avais fumé.

— Staline est un prophète, enchaîna Ralph, un messie, notre cher Père, un homme d'acier.

En fumeur chevronné, il se mit à faire des ronds de fumée.

— Mais qu'en est-il d'Elie et de Moïse ? intervint Marek. Nos prophètes…

— Vous avez vu ce que nos prophètes nous ont offert ? Une histoire débordant de persécutions, de pogroms et, pour finir, ce massacre que nous venons de subir.

Sa causerie prit une autre tournure, et un hoquet collectif et tremblant secoua la salle.

— Le communisme, le communisme de Staline… sa façon de penser…, poursuivit Ralph. Staline a les réponses à vos questions. Avec le communisme, c'est l'égalité complète. Hommes, femmes, juifs ou non-juifs, pauvres et riches… Tous sont égaux. Comme le souhaitait Dieu, sauf que…

Il s'interrompit.

— Sauf quoi ? réclamèrent de savoir Abe et Salek.

À la façon d'un aimant, le discours de Ralph rapprochait les garçons présents dans la pièce.

— Sauf que Dieu n'existe pas, assena Ralph d'un ton neutre. Toutes les religions, sans exception, séparent les humains au lieu de les unir.

Un autre tressaillement courut dans la pièce, puis tout le monde se tut. Dans les camps, certains détenus affirmaient que Dieu avait abandonné les juifs. D'autres, en revanche, et en dépit de l'horreur, se cramponnaient de leur mieux à nos rituels et nos prières. Jamais les nazis ne parviendraient à nous prendre notre foi, disait le maçon juif qui enseignait la géographie aux enfants du Block 8.

— La foi, on ne peut qu'en faire don, avait-il ajouté.

— Mais nombre de juifs estiment désormais que les nazis nous ont bel et bien privés de notre confiance... Pas seulement notre confiance en notre religion, mais notre confiance dans la vie elle-même.

J'avais parlé si bas que personne ne m'avait entendu.

— Les dieux de nos camps étaient les communistes qui veillaient sur nous, finit par dire Salek d'une petite voix.

Sa remarque mit fin à la stupeur générale et, peu à peu, la salle ne fut plus que hochements de tête approbateurs.

Je m'assis cette fois de manière à faire face à Ralph. Je levai ensuite la main, comme j'aurais pu le faire à l'école. Ralph me regarda et hocha la tête pour m'inviter à parler.

— Les dieux que j'ai vus à Buchenwald étaient le Grand Willy et Jakow, dis-je d'une voix douce, certes parce que je n'avais pas parlé depuis plus d'une semaine, mais aussi parce que je me sentais nerveux – j'étais en train de proférer un avis répréhensif, qu'à coup sûr, les membres de ma famille auraient désapprouvé.

Pourtant, je continuai :

— Ce sont ces hommes qui veillaient sur nous. Et ils nous ont sauvés.

— Nos dieux à nous s'appelaient Antonin et Gustav, intervint à son tour l'un des garçons du Block 66, que dirigeait Antonin Kalinin, un communiste tchèque.

— Et les maçons, brailla un autre.

Il faisait référence aux quelque deux cents maçons juifs qui avaient construit Buchenwald et qu'on avait ensuite envoyés à Auschwitz. Ces hommes, pour la plupart des juifs polonais, possédaient des compétences dont les Allemands ne pouvaient pas se passer, raison pour laquelle ils n'avaient pas peur de la mort.

— À Gustav, Antonin, au Grand Willy, à Jakow et aux maçons ! lança Ralph en levant le poing.

De notre côté, nous nous mîmes à taper des pieds, à applaudir en même temps que Ralph.

— Staline est notre père. À Staline ! Allons défendre notre frère Gustav. Notre frère, notre frère, notre sauveur.

8

Ça flambe, mes frères, ça flambe,
Oh l'heure peut venir, hélas
Où notre ville et nous ensemble
Ne serons plus rien que des cendres
Seuls resteront, comme après une guerre,
Des murs noircis, des murs déserts.
Et vous, vous êtes là, vous regardez,
Les mains immobiles,
Et vous, vous êtes là, vous regardez
Brûler notre ville…

Mordechaï Gebirtig
« Ça flambe[1] »

Mon frère Abram et moi travaillions côte à côte dans l'usine de munitions, douze heures par jour, du lundi au samedi. Le dimanche était le jour férié des chrétiens, un jour férié pour les Allemands, autrement dit un jour férié pour nous aussi, leurs esclaves.

Les autres jours, Abram et moi croisions notre père en nous rendant à l'usine et en en revenant. Jamais notre père n'effectua le même travail que nous.

Les esclaves d'HASAG se déplaçaient sur des routes jonchées de cadavres que, pendant un certain temps, le

1. Traduit du yiddish par Charles Dobzynski. Bien que ce chant ait été par la suite entonné dans les différents ghettos juifs créés par les nazis, il a été écrit à la suite du pogrom de Przytyk du 9 mars 1936.

rabbin Yechiel Feldman s'efforça de ramasser à l'aide d'une brouette, afin de pouvoir ensuite les enterrer dans le cimetière juif. Puis le cimetière fut détruit par les Allemands et le rabbin disparut.

Le baraquement où nous étions confinés quand nous ne travaillions pas était infesté de poux, de punaises de lit et de rats. Nous nous baignions dans une auge à vaches emplie d'une eau si froide qu'avant d'y entrer, nous devions nous gifler de toutes nos forces. Nous dormions dans les vêtements que nous portions durant la journée.

Lors de l'appel, sur la place centrale que les Allemands nommaient Appelplatz[1]*, et qui se déroulait souvent à l'improviste, les SS effectuaient des sélections. Ayant désigné un détenu, iils lui ordonnaient d'aller, soit à gauche, soit à droite. D'un côté, la clémence, l'assurance de travailler une semaine de plus ; de l'autre, la disparition corps et âme, l'évaporation pure et simple. À peine ces malheureux nous avaient-ils quittés que d'autres les remplaçaient, d'autres juifs que les Allemands avaient arrachés à l'un ou l'autre des ghettos créés dans de petites villes polonaises – ils les acheminaient jusqu'ici par camion. Vers la fin, il s'agissait d'hommes et de femmes en bonne santé issus du ghetto de Varsovie. Autant d'infortunés qui s'échinaient dans les usines jusqu'à ce qu'à leur tour, ils deviennent trop faibles pour continuer, à cause de la faim ou de la maladie.*

Abram attrapa la typhoïde avant moi.

Il était brûlant, mais se sentait glacé jusqu'aux os. Ses lèvres ne tardèrent pas à blanchir, puis à gercer. Il était couvert de boutons. Je demandai à l'un des hommes de notre baraquement s'il m'était permis de conduire mon

---

1. *Appelplatz* est un terme allemand désignant l'endroit où les nazis faisaient l'appel dans les camps de concentration. L'appel des déportés durait chaque jour plusieurs heures, entraînant la mort des plus affaiblis.

frère à l'infirmerie, située tout près de l'usine – nous passions devant régulièrement, et il m'était arrivé à plusieurs reprises de voir des infirmières aux fenêtres, vêtues d'un uniforme blanc.

Les hommes du baraquement m'apprirent que l'infirmerie était réservée aux nazis, ainsi qu'aux soldats étrangers qui étaient à leur solde – des Ukrainiens et des Lituaniens. Il ne me restait plus qu'à cacher Abram. Nous le dissimulâmes tous de notre mieux.

Lorsqu'ils inspectèrent notre baraquement, les gardes le découvrirent.

Je me trouvais sur la place d'appel ce matin-là, avant d'aller travailler, un brouillard s'élevait autour de nous. Je vis les gardes placer Abram sur le chariot en bois qu'ils utilisaient pour emmener les malades ou les mourants. Je sortis du rang pour suivre le chariot, avec l'espoir qu'on conduisait mon frère chez un médecin. Mais, bientôt, on le hissait à l'arrière de la camionnette.

Je me mis à crier en courant vers Abram. Je criais aux gardes de laisser partir mon frère, qu'il était simplement malade. Qu'il allait guérir. Je les suppliais de lui laisser la vie sauve. Ils riaient.

Puis l'un d'eux m'informa en souriant qu'ils s'apprêtaient à conduire mon frère à l'infirmerie. Mais je savais qu'il mentait. Cela se voyait dans ses yeux.

Un homme de mon baraquement, que je ne connaissais pas, vint vers moi. Il me prit dans ses bras en indiquant au garde qu'il allait s'occuper de moi.

— Pardonnez-lui de s'être emporté, répéta plusieurs fois le juif en s'inclinant.

J'avais beau me débattre pour l'obliger à me lâcher, il était trop fort pour moi.

Il me siffla alors à l'oreille de me taire. De me calmer. Sinon, ajouta-t-il, je ne tarderais pas à me retrouver, moi aussi, à l'arrière de la camionnette.

Je regardai cette dernière s'éloigner sur la route. Bientôt, elle disparut dans un virage.

*L'homme consentit enfin à me rendre ma liberté. Lorsque tous les membres de mon équipe eurent quitté l'*Appelplatz *pour se rendre au travail, je demeurai en retrait. Assis au bord d'un trottoir, le menton dans les mains, j'attendis. J'attendis… Il tombait une neige fondue qui m'irritait le visage.*

Puis j'entendis des coups de feu, ils résonnèrent à travers la forêt en direction de notre baraquement.

Le camion revint. Il ne se trouvait plus personne à l'arrière.

Abram était parti.

Je me mis à pleurer.

— Abram a passé sa vie à aider les gens ! criai-je au ciel, aux nuages, à Azraël. Qu'est-ce qu'il a fait ? Qu'est-ce qu'il a fait pour mériter ça ?

***

Dans la salle à manger, on avait poussé les tables le long des murs, comme les jours de concert ou de représentation théâtrale.

Mais cette fois, il ne s'agissait plus d'acteurs ni de musiciens parisiens. Cette fois, la salle à manger était devenue salle d'audience. On avait disposé les chaises en rangs, alors que, les jours de spectacle, elles formaient un arc de cercle face à l'estrade. D'un côté se tenaient les Intellectuels, parmi lesquels se trouvaient leur leader, un certain Menashe Klein, ainsi qu'Elie. Auprès d'eux avaient également pris place des garçons qui n'appartenaient pas à leur groupe, venus de pays divers, sauf la Pologne. Selon eux, il fallait remettre Gustav entre les mains de la police française parce que c'était un criminel, un meurtrier, d'autant plus qu'il était aussi communiste et que, toujours selon eux, la France, attachée à la démocratie, ne les aimait pas. J'espérai qu'ils n'étaient pas au courant de l'orientation politique de Ralph, soufflai-je tout bas à Abe. De l'autre côté de la salle, les Polonais étaient d'avis qu'ils devaient à Gustav et son réseau clandestin d'être encore en vie. Je m'installai avec mes amis, dans le groupe des Polonais.

Gustav était assis au centre de la pièce, derrière l'une des longues tables de la salle à manger. À Buchenwald, on lui avait rasé les cheveux, comme à la plupart des autres détenus. Maintenant, ils lui tombaient sur les épaules, mais ce qui me saisit plus encore fut de découvrir qu'ils étaient d'un roux flamboyant. Gustav avait pris place entre Mme Minc qui, la première, avait suggéré la tenue de ce procès ouvert, et un autre membre de l'OSE que je n'avais encore jamais vu.

Mme Minc entama la procédure en évoquant la mémoire de Janusz Korczak[1]. De nombreux Polonais présents dans la salle, dont Salek, hochèrent la tête. Salek se pencha ensuite vers moi pour m'apprendre que Janusz Korczak était également connu sous le nom de Pan Doktor, ou M. Doctor. Pan Doktor avait une émission de radio en Pologne et défendait les droits des enfants. Il s'était, entre autres, prononcé contre les châtiments corporels, ajouta Salek. Pendant ce temps, Mme Minc nous indiquait que Pan Doktor estimait que, pour se développer le mieux possible, un enfant avait besoin de jouer, de s'exprimer, d'être pris au

1. Janusz Korczak (né en 1878 à Varsovie et mort en 1942 au camp d'extermination de Treblinka), pseudonyme de Henryk Goldszmit, était un médecin-pédiatre, éducateur, pédagogue et écrivain polonais. Avant la Seconde Guerre mondiale, il était une des figures de la pédagogie de l'enfance les plus réputées.

sérieux, d'être cajolé et aimé. Il avait fondé un orphelinat dans le ghetto de Varsovie et, au lieu de se mettre à l'abri, il était demeuré auprès de ces enfants lorsque les SS les avaient rassemblés pour les envoyer mourir dans le centre d'extermination de Treblinka. Cette partie de l'histoire de Janusz Korczak, je la connaissais déjà, grâce à Jakow. À en croire la légende, m'avait-il dit, les petits s'étaient rendus à la gare dans leurs plus beaux atours, avec un sac à dos bleu contenant leur jouet ou leur livre préféré. Pan Doktor leur avait dit qu'ils s'apprêtaient à quitter leur pays et qu'ils devaient s'en réjouir – alors qu'il n'ignorait rien du sort qui les attendait à Treblinka. La rumeur voulait également que jusqu'au dernier moment, dans la chambre à gaz, Pan Doktor avait exhorté les enfants à la joie et au bonheur. Mme Minc conclut son intervention en exposant que le procès de Gustav suivait les préceptes de Pan Doktor, pour qui il était primordial que les enfants puissent jouir d'un pouvoir de décision. Nous allions donc statuer nous-mêmes sur le rôle de Gustav à Buchenwald, avant de décider s'il devait ou non rester parmi nous.

***

Il était bien sûr important que le procès – plusieurs d'entre nous l'appelaient le « tribunal spécial » – se déroule avec ordre et méthode, raison pour laquelle, de notre côté, l'un des Polonais, parmi les plus âgés, avait été désigné pour diriger les délibérations. De même, chez les Intellectuels, l'un d'eux veillait au grain. Leur groupe, dont le rôle se rapprochait de celui du ministère public dans un procès ordinaire, prit la parole en premier pour expliquer qu'à Buchenwald, lorsqu'il se trouvait en surplus des couvertures, des moufles, de la nourriture, des colis de la Croix-Rouge, des chaussettes ou des chaussures, Gustav les distribuait systématiquement aux enfants polonais, quand bien même ceux d'autres pays en avaient un besoin plus pressant. Gustav éjectait également ces derniers des files d'attente pour permettre aux jeunes Polonais de passer devant eux. En tant que chef de l'unité de protection à Buchenwald, Gustav assassinait aussi des détenus ayant collaboré avec les nazis, d'autres qui, bien que juifs, exerçaient le métier de policier ou de garde dans un ghetto, d'autres encore qui traitaient leurs semblables avec cruauté. Après que le premier orateur se fut exprimé, quelques-uns de ses camarades ajoutèrent leurs témoignages – l'un, en particulier, affirma avoir assisté à l'un des meurtres perpétrés par Gustav. Ce dernier, dit-il, avait étouffé le détenu à l'aide d'un oreiller.

Gustav, la tête baissée, se contenta de hausser les épaules.

Ensuite, les Polonais le défendirent, faisant valoir que Gustav avait participé à la construction des écoles à l'intérieur des blocks occupés par les enfants du camp. Il avait en outre demandé aux maçons juifs de leur apprendre des chansons folkloriques juives, de leur raconter des histoires, de leur enseigner les mathématiques et la lecture si cela était possible.

— Grâce à toi, je me suis remis à rêver, alors qu'avant, seuls des cauchemars peuplaient mon sommeil, intervint l'un des Polonais.

— J'étais prêt à me précipiter contre la clôture électrique, dit un autre, comme je l'avais vu faire à plusieurs adultes, mais grâce à toi, j'ai changé d'avis.

De notre côté, celui de la défense, on insista sur le fait que Gustav et ses hommes avaient risqué leur vie pour sauver la nôtre.

Le procès fut interrompu à l'heure du dîner. On replaça les tables comme à l'accoutumée. Les

Intellectuels et leurs alliés s'installèrent d'un côté de la salle pour manger, les Polonais de l'autre.

Je me sentais tiraillé. D'un côté, apprendre que Gustav avait tué de nombreuses personnes me bouleversait. De l'autre, il en avait sauvé beaucoup. Surtout, j'éprouvais envers Gustav une proximité que je ne partageais pas avec les membres de l'OSE. Peut-être parce qu'il avait vécu l'enfer avec nous. Même si je n'avais fait sa connaissance qu'après Buchenwald, il me faisait penser à Jakow et au Grand Willy. Avec lui, je me sentais en sécurité.

La suite du procès finit par se changer en discussion philosophique, où se trouvèrent posées des questions telles que : « Où se situe la frontière que personne ne peut franchir sans perdre son âme ? »

Puis ce fut à Gustav de s'exprimer. À l'arrivée des trains, nous expliqua-t-il, son équipe et lui se rendaient auprès des détenus pour leur demander qui, parmi eux, avait coopéré avec les nazis. D'abord, la plupart d'entre eux ne répondaient pas – nous avions tous appris à ne faire confiance à personne, il s'agissait presque d'une seconde nature. Toutefois, la vérité finissait par éclater et venir aux oreilles de Gustav et des siens. Gustav expliqua également qu'à l'intérieur du camp se déroulaient parfois des procès semblables à celui dont nous étions en ce moment même les acteurs. Identifier les détenus inféodés aux nazis se révélait primordial pour assurer la sécurité des opérations clandestines mises sur pied à l'intérieur du camp. L'une de ces opérations visait à sauver les garçons de Buchenwald. Une fois le verdict prononcé, la mort la plupart du temps, jamais le condamné n'était exécuté dans la foulée. On attendait, au cas où de nouvelles preuves en sa faveur viendraient à voir le jour.

— Nous n'avons jamais tué pour tuer, déclara Gustav d'une voix forte.

Une voix qui avait résonné dans toute la salle à manger.

Il se ressaisit, se rassit, avant de poursuivre, ajoutant qu'à l'un des détenus, un médecin, on avait laissé la vie sauve, alors même qu'il avait commis d'horribles crimes contre les juifs : cinq cents juifs avaient été placés en quarantaine dans une synagogue de sa ville natale. Les SS lui avaient alors demandé de s'assurer que ces détenus étaient en bonne santé pour pouvoir travailler. Après examen, le médecin avait répondu qu'ils étaient tous malades. Les SS avaient abattu l'ensemble de leurs prisonniers dans la synagogue. Et l'homme était impliqué dans d'autres meurtres. À son arrivée à Buchenwald avec ses enfants, les dirigeants de la résistance intérieure avaient déclaré qu'ils grandiraient sans père, car il s'agissait d'un criminel qui ne méritait pas de quitter Buchenwald vivant.

Cependant, les infirmières de la Croix-Rouge avaient quitté les lieux et les détenus avaient besoin de soins médicaux. C'est ainsi que le médecin fut épargné. Pour pouvoir se rendre utile auprès des malades.

— Les décisions que nous avons prises, nous les avons toujours prises en vue de protéger le camp, les détenus, les innocents, conclut Gustav.

Au terme de son procès, comme l'horloge sonnait minuit, la tension, jusqu'alors palpable dans la salle, retomba en même temps que la brise. Un jour, j'avais demandé à mon père, qui ignorait la réponse, pourquoi il y avait du vent dans la journée mais qu'une fois la nuit tombée, tout redevenait calme. Calmes, nous l'étions tous. Personne n'avait envie de se venger de Gustav, aussi les Intellectuels se contentèrent-ils de lui demander de quitter Écouis, car sa seule présence leur rappelait les camps.

Ceux des garçons qui ont choisi de s'installer en Palestine dansent la *hora* la veille de leur départ.

C'est dire combien le fossé s'était creusé entre nous. Certains, dont j'étais, désiraient au contraire entretenir le souvenir des murs de leur prison, car la liberté, du moins pour moi, n'allait pas sans une sensation de chute et d'insécurité. J'étais censé me sentir à l'abri du danger, mais à force de vivre sur le fil du rasoir, j'avais appris à me tenir de manière à ne pas tomber. Cette nouvelle vie, que les Intellectuels étaient parvenus à adopter, m'effrayait plus que les camps. Les horreurs, je les avais assimilées, j'avais appris à les connaître. L'inconnu, lui, me faisait l'effet d'un abîme dont je ne pourrais jamais m'évader.

Nombreux furent les jeunes Polonais à accompagner Gustav à la gare le lendemain matin. Pour ma part, je demeurai à l'écart, selon mon habitude, sans cesser de me demander pour quelle raison je me sentais si terriblement seul, si terriblement épouvanté, alors même que mon cauchemar avait pris fin et que je me trouvais entouré de plusieurs centaines d'adolescents qui me ressemblaient. J'avais traversé la vallée de la mort jusqu'à me retrouver de l'autre côté. C'était comme s'il me fallait dénicher quelque chose au cœur de ces profondeurs, un trésor peut-être, avant d'être capable de marcher enfin vers la lumière.

9

Même si je marche dans un ravin d'ombre et de mort,
je ne crains aucun mal, car tu es avec moi ;
ton bâton, ton appui, voilà qui me rassure.

Psaumes 23:4

Un camion de meubles, plus gros que tous les camions que j'avais jamais vus, suivit l'allée avec lenteur pour s'immobiliser non loin des portes d'entrée.

Nous étions une centaine à l'extérieur des bâtiments, en train de regarder, bouche bée. Le gabarit du véhicule en impressionnait plus d'un – pour ceux qui, comme moi, étaient originaires d'une petite ville, la France n'en finissait plus de les surprendre avec les nouveautés qu'elle mettait à leur disposition, telles que nos baignoires et les salles de bains de la taille d'une maison tout entière.

Une fois le camion à l'arrêt, quelques garçons, parmi les plus âgés, ouvrirent les portes de la remorque, à l'intérieur de laquelle ils se hissèrent.

J'aperçus des chemises et des vestes, qui se balançaient sur des cintres accrochés à des portants. Il y avait aussi des boîtes volumineuses, empilées jusqu'au plafond, que nos camarades avaient déjà commencé à ouvrir, puis à trier.

Une heure plus tard environ, ils descendirent du camion pour nous indiquer qu'ils avaient réuni les habits par tailles. À nous, maintenant, d'évaluer la nôtre, puis, par groupes de quatre, de grimper tour à tour dans le camion pour y récupérer de quoi se vêtir de neuf – il se trouvait là, entre autres, des sous-vêtements, des chaussettes et des paires de chaussures.

Les garçons qui se tenaient le plus près du camion se mirent à se bousculer, chacun dans l'espoir de passer le premier. Tandis qu'ils se querellaient, je me glissai parmi eux insidieusement, avançant peu à peu, jusqu'à me retrouver dans le deuxième groupe.

Avec mes vêtements neufs dans les bras, je pénétrai dans le bâtiment principal, dont je grimpai l'escalier quatre à quatre en direction des toilettes.

Je verrouillai la porte puis, lentement, j'ôtai mon uniforme des Jeunesses hitlériennes.

J'esquissai un geste pour remplir d'eau la baignoire, mais je m'aperçus que j'ignorais comment m'y prendre. Chez nous, ma mère me lavait dans une grande bassine en fer-blanc, avec de l'eau qu'elle venait de chauffer sur la cuisinière après être allée la tirer au puits. Nous n'étions pas équipés de ce que Salek m'avait dit être des réservoirs d'eau chaude, nous n'avions pas non plus de robinets ni de conduites d'eau à l'intérieur de notre maison.

Je pris un caleçon en laine gris foncé, je l'enfilai sans hâte, avant de passer à la chemise à manches courtes en coton. Je me peignai ensuite avec les doigts, crachant pour humecter mes cheveux.

Enfin, avec beaucoup de prudence, effrayé à l'avance par ce que j'allais découvrir, je me regardai dans la glace.

Je sursautai et me retournai aussitôt, persuadé que quelqu'un se trouvait dans la pièce avec moi.

Lorsque je compris qu'il s'agissait de mon propre reflet, je m'attardai sur mon visage.

J'étais vieux. Vieux comme l'avait dit Lulek au rabbin Schachter. Je n'étais plus l'enfant aux joues rebondies, aux cheveux duveteux. Des pattes-d'oie se dessinaient à mes tempes, des taches d'un brun foncé se donnaient à voir sur ma figure, là où le contenu de la boîte de viande m'avait brûlé. Par endroits, mes cheveux ne poussaient pas, soit à cause de la malnutrition, soit parce que les nazis m'avaient trop souvent tondu, sous prétexte de m'éviter d'attraper des poux. Jakow nous avait assuré, à Abe et à moi, qu'on fabriquait avec nos cheveux du feutre industriel. Quant à Ilse Koch, l'épouse du commandant de Buchenwald, elle utilisait les cheveux, la peau, les dents et les os des détenus pour faire confectionner des lampes et des abat-jour, ainsi que des œuvres d'art qu'elle accrochait aux murs de sa maison. Jakow avait ajouté que, dans le camp, on la surnommait « la Sorcière de Buchenwald ».

Je passai mes doigts sur mes joues. La dernière fois que je m'étais regardé dans une glace, nous vivions dans le ghetto. Ma mère m'avait coupé les cheveux avec les ciseaux de couture de mon père, qu'elle était parvenue à récupérer dans sa boutique avant que les nazis ne la ferment. Elle m'avait alors tendu un miroir fêlé pour me faire admirer son travail.

J'avais dix ans.

À force de scruter ma figure, ses rides, ses plis dont elle était dépourvue naguère, je fus obligé d'admettre que je ne la reconnaissais pas. Je ne retrouvais rien, dans mes traits, qui fût susceptible de m'évoquer ma mère, mon père, Chaim, Motel, Moishe, Abram ou Leah.

J'avais oublié leurs visages, mais j'en savais encore assez pour être certain de ne pas leur ressembler.

J'étais devenu un étranger pour moi-même.

***

Un mois s'était écoulé. On avait levé la quarantaine que, de toute façon, la plupart d'entre nous ne respectaient pas.

Pour aller demander au photographe de faire notre portrait, Salek, Abe, Joe, Marek et moi demandâmes de l'argent à une employée de l'OSE que tout le monde appelait Nini. Plusieurs pensionnaires avaient le béguin pour elle. Nini avait des cheveux noirs, plus indisciplinés encore que ceux de Mme Minc, et de grands yeux rêveurs. Salek expliqua à Nini que Ralph distribuerait nos photos dans les camps de réfugiés en Allemagne, avec l'espoir que quelqu'un nous reconnaîtrait.

Nini nous observait avec méfiance. Le nom de Ralph la fit tressaillir, comme s'il s'agissait de quelqu'un qu'elle n'appréciait pas beaucoup. Elle finit néanmoins par ouvrir une boîte, dont elle fit surgir un peu d'argent, qu'elle nous distribua. Alors que nous nous apprêtions à partir, elle nous demanda d'attendre. Sur une feuille de papier à lettres de l'OSE, elle rédigea une note en français, qu'elle remit à Salek.

— Le photographe ne parle pas yiddish. Je le connais. Donne-lui ça pour qu'il comprenne ce dont vous avez besoin.

Nous nous rendîmes en ville sur les vélos que nous y avions volés, le cœur battant et la cervelle en ébullition. J'avais l'intention de demander à Ralph la permission de l'accompagner en Allemagne, puis peut-être en Russie, dans le but d'y retrouver Chaim. Il fallait à tout prix que notre passage chez le photographe fût court, sinon je risquais de manquer Ralph, qui s'apprêtait à partir.

Parvenus à la fontaine près du centre-ville, nous sautâmes à bas de nos bicyclettes, que nous abandonnâmes à même le sol, au contraire des habitants, qui appuyaient les leurs contre les murs. Le plan dessiné par Ralph nous permit de nous rendre aisément chez le photographe.

Nous passâmes toute la matinée assis sur des tabourets, pendant que l'artisan nous prenait en photo, à la suite de quoi il nous fallut encore patienter plusieurs heures avant d'obtenir nos tirages.

De retour à la fontaine, nous trempâmes nos mains et nos pieds dans le glouglou de l'eau fraîche, car il faisait très chaud – notre installation en France m'avait permis de découvrir que le temps s'y révélait plus humide que chez nous, et plus brûlant que nos après-midi les plus chauds de juillet.

Je regardai autour de moi. C'était quelques jours après le 14 juillet, dont Mme Minc nous avait expliqué l'importance. Pour l'occasion, on nous avait offert des pâtisseries, ainsi que des croissants au petit déjeuner, et des macarons aux couleurs du drapeau français le soir, au dessert. Ensuite, des chanteurs venus de Paris avaient interprété des chants révolutionnaires. Possiblement inspirés par cette prestation, certains d'entre nous s'étaient levés pour entonner des chansons du folklore juif, parmi lesquelles celle de Mordechaï Gebirtig, « Ça flambe », qu'ils disaient avoir apprise à Buchenwald.

Je regardai autour de moi le village d'Écouis, sa vaste église qui, me semblait-il, en matérialisait le centre. Ici aussi on avait fêté le 14 juillet, des rubans rouge, blanc et bleu ornaient les fenêtres et les balcons, et sur le côté des bâtiments, des drapeaux français flottaient dans la brise. L'espace d'un instant, je tâchai d'imaginer les lieux tels qu'ils étaient sous l'occupation allemande. Comme à Skarżysko-Kamienna, c'était sans doute les drapeaux et les bannières nazis qu'on avait alors hissés.

Lorsque nous revînmes chez le photographe pour récupérer nos tirages, Ralph s'y trouvait, en train de discuter en français avec le commerçant. Dès que celui-ci m'eut remis mes clichés, j'étudiai mon visage, comme je l'avais fait plus tôt devant la glace. Avant de quitter Buchenwald, nous avions tous dû nous entretenir avec un représentant de l'armée américaine. Durant cette conversation, on m'interrogea sur la raison de ma présence dans ce camp. Parce que je suis juif, avais-je répondu. Mon interlocuteur me demanda ensuite mon nom. Je penchai la tête sans cesser de le regarder. Je cherchais qui j'étais. Je finis par lui débiter mon matricule, 117098, qu'on m'avait attribué le jour où j'avais commencé à travailler à HASAG et qu'on m'avait obligé à apprendre par cœur. Il figurait d'ailleurs sur mes papiers d'identité. Dans certains camps, mon matricule apparaissait également sur l'insigne que je devais porter avec l'étoile jaune.

« 117098 », répétai-je à plusieurs reprises. Puis, grâce aux encouragements du rabbin Marcus, qui servait d'interprète auprès de mon interlocuteur, je prononçai mon prénom hébreu, Rachmil. J'avais oublié Romek, mon prénom polonais.

Chez le photographe. Romek est au deuxième rang à droite; Abe est assis au centre du premier rang.

En quittant la boutique du photographe, je demandai à Ralph si le français était difficile à apprendre.

— Pas particulièrement. J'apprends vite, ajouta-t-il avec un air suffisant. Par ailleurs, la langue ne revêt aucune importance aux yeux des communistes, enchaîna-t-il en yiddish. Les langues ne font que diviser les gens, comme la religion. Il y a beaucoup de communistes à Paris, dit-il, en polonais cette fois. Ils se réunissent dans des bistrots. Si ça te dit, je pourrai t'emmener là-bas un de ces jours. Ce sont eux qui m'ont enseigné des rudiments de français, avant de me conseiller de ne plus rien apprendre d'autre, car un jour viendrait où il ne resterait plus qu'une langue unique, grâce à quoi nous serons tous égaux.

***

De retour au sanatorium, Elie et tous ceux qui, parmi nous, désiraient renouer avec la pratique de notre religion, avaient préparé la table de shabbat. Il y avait là du vin casher, qui est un vin doux, du pain azyme, des bougies, des allumettes, ainsi que la *'hallah*, un pain traditionnel proche de la brioche mais sans beurre. Avant shabbat, les Intellectuels émirent le souhait de dire un kaddish, une prière pour les morts. Le lendemain, un quart des garçons environ partiraient en autocar pour Marseille, où ils monteraient ensuite à bord d'un bateau qui les mènerait en Palestine.

On se pressait autour des Intellectuels. Je crus comprendre que tout le monde ne voyait pas d'un bon œil le retour de nos rituels.

Comme j'observais la scène de loin, je me rappelai le dernier shabbat que j'avais passé avec ma famille en Pologne, dans notre maison. À l'époque circulaient des rumeurs selon lesquelles les nazis étaient en train de créer un quartier juif, vers lequel ils déplaceraient ensuite l'ensemble des juifs. C'était un shabbat triste, car mes frères et ma sœur avaient déjà compris que notre avenir s'assombrissait, mais notre père, de son côté, se forçait à sourire en répétant sans répit que tout irait bien. Il ne faisait pas de doute à mes yeux que mes aînés n'y croyaient pas une seconde, et cela me brisa le cœur car, jusque-là, notre père s'était toujours montré infaillible, il était notre roc, sur lequel nous nous appuyions tous. Ce soir-là, je discernai du mensonge dans le regard de nos parents, si bien que rien de ce qu'ils nous disaient ne parvenait à bout du frisson glacial qui me parcourait. Nos parents voulaient que ce shabbat soit à la fois spécial et pareil à tous ceux que nous avions célébrés jusqu'alors, dirent-ils, malgré les rues inondées de sang juif. Notre père dit la prière de sanctification du shabbat, il bénit le vin, le pain... Pendant ce temps, les traits de son visage demeuraient tendus.

— Je crois en l'humanité, dit-il enfin.

Ce soir-là, Chaim ne joua pas de violon, comme il avait l'habitude de le faire lors de nos dîners du vendredi.

J'observais la salle à manger. Parmi les adolescents qui avaient entouré plus tôt les Intellectuels, certains juraient à voix basse. Une poignée d'entre eux soufflèrent que Dieu n'existait pas.

L'un des Intellectuels annonça que le kaddish de ce soir-là était pour les millions de juifs dont les journaux et les radios rapportaient la mort.

— Non, non, non..., commençai-je à murmurer.

Durant le shabbat, mes parents et d'autres adultes du même âge récitaient souvent le kaddish pour les défunts. Mais cette fois, il était question d'une telle quantité de morts... Alors que je voulais croire... que j'avais besoin de croire, au contraire, que de très nombreux juifs étaient encore en vie.

Je reculai lentement, heurtant un jeune homme qui me cracha aussitôt que je n'avais qu'à regarder où j'allais. Je quittai le bâtiment en courant. À l'extérieur, je croisai une partie des garçons qui s'apprêtaient à partir pour la Palestine. Ils se tenaient par les bras pour danser la *hora*. Ils rayonnaient. Ils étaient heureux.

À bout de souffle, je continuai à courir en murmurant qu'il fallait que je retrouve mon père. La Palestine ne m'intéressait pas. Moi, je voulais simplement rejoindre ma famille.

Il fallait que je me rende auprès de Leah qui, peut-être, saurait ce qu'étaient devenus nos parents, Chaim, Nathan… Golda, Moishe et Motel…

***

Comme je contournais un pin, Ralph m'appela.

Je m'arrêtai si brusquement que je trébuchai, sans pour autant perdre l'équilibre.

Plié en deux, hors d'haleine, je me dirigeai vers lui. Assis sous le saule, Ralph fumait.

Toujours essoufflé, je réussis cependant à lui dire qu'il me tardait que l'OSE me procure une pièce d'identité ou un billet de train. Il fallait à tout prix que j'aille voir ma sœur à Feldafing.

— Pouvez-vous m'aider ? dis-je.

— Tu as de l'argent ? me demanda Ralph avec froideur, assuré déjà de ma réponse.

Il éteignit sa cigarette sur l'écorce de l'arbre.

— Non.

Ralph soupira.

— Est-ce que tu sais au moins comment te rendre à Feldafing ?

Je secouai la tête.

Il se mit à rire.

— Je peux t'emmener à la gare, si tu veux, pour te montrer ton itinéraire. Du moins, si les trains circulent.

Ralph faisait partie de ces gens, je l'avais compris assez vite, qui aimaient qu'on ait besoin d'eux. J'en avais croisé plusieurs dans les camps. En étant utiles aux autres, ils avaient assuré leur propre survie.

Je le remerciai dans un souffle.

Pendant que nous marchions, Ralph m'expliqua que je devais prendre un train à Écouis jusqu'à Paris, puis en prendre un autre pour Munich. Arrivés à la gare, on nous apprit que le prochain train pour Paris partait une heure plus tard. Nous nous assîmes sur un banc, sous l'arbre où j'avais vomi à mon arrivée à Écouis. Ralph s'assura que j'étais à présent capable de réciter par cœur les différents tronçons du trajet qui me mènerait à Feldafing. Ensuite, il fouilla dans un sac marin noir posé à côté de lui. Il en sortit un uniforme.

— C'est une tenue de sous-lieutenant de l'armée française, m'informa-t-il en me remettant l'uniforme.

Le pantalon et la veste étaient marron, à quoi il fallait ajouter un épais ceinturon en cuir et une casquette. Des rubans cousus sur le revers de la veste indiquaient le grade du dernier soldat à avoir porté cet uniforme.

Je haussai les épaules en tendant la veste devant moi.

— C'est pour quoi faire ?

— Tu vas porter cette tenue, qui te permettra de voyager gratuitement.

Je ricanai.

— Qui pourrait croire que je suis un soldat français ?

— Fais-moi confiance. Tout se passera bien.

— Mais tout le monde comprendra immédiatement que je porte l'uniforme d'un mort, protestai-je. Et des vêtements de mort, j'en ai déjà bien assez porté comme ça.

Ralph se mit à rire.

— L'homme à qui appartenait cet uniforme est toujours vivant, affirma-t-il. Et là-dedans, je peux t'assurer que tu seras en sécurité.

Je le remerciai sur un ton indécis et pris les vêtements sous mon bras.

Ralph me toisa.

— Tiens, emporte aussi mon sac à dos, dit-il en le vidant sur le sol.

Je découvris d'autres pièces d'uniformes de l'armée française, des bérets et des livres, dont l'un d'eux ne m'était pas étranger.

— Et moi qui vous croyais contre la religion, dis-je en désignant le *mahzor*, un livre de prières juives utilisé lors des grandes fêtes, Roch Hachana et Yom Kippour.

— Tu porteras le sac à l'épaule, me conseilla Ralph, ignorant ma remarque. De cette façon, tu ressembleras à un soldat de retour de la guerre.

— Mais…, commençai-je avant de m'interrompre.

J'avalai ma salive avec peine.

— Ralph…

J'ignorais si je pouvais lui faire confiance. Risquait-il de prévenir Mme Minc, le professeur ou Nini qui, j'en avais la certitude, m'empêcheraient de partir s'ils découvraient mes véritables intentions ?

— Ralph… Je ne reviendrai pas. Une fois à Feldafing, je me rendrai en Russie. Il n'est pas question pour moi de me séparer à nouveau de ma sœur. Ce qui signifie que je ne pourrai sans doute pas vous rendre vos affaires.

Ralph me dévisagea attentivement, comme s'il tentait de lire dans mes pensées, ce qui me mit mal à l'aise. Enfin, il me sourit en hochant la tête.

— Pour rejoindre le mouvement communiste, dit-il.

Il ne s'agissait pas d'une question.

— Ça se pourrait, répondis-je en haussant les épaules.

— Je te retrouverai à Feldafing, dit Ralph, tandis que je fourrais mon uniforme dans le sac marin, avant de me lever, en quête de toilettes où me changer.

— D'Écouis jusqu'à la gare de l'Est à Paris, puis direction l'Allemagne, d'abord Munich, puis Starnberg, situé un peu au sud-ouest, récitai-je d'un trait.

***

J'aurais pu me passer d'uniforme et de pièce d'identité.

La plupart des passagers étaient juifs, parmi lesquels se trouvaient des enfants plus jeunes que moi, qui voyageaient seuls.

Lorsque le contrôleur se présenta, je commençai à m'exprimer en polonais, puis en yiddish, en lui désignant mon uniforme. Il haussa les épaules et sourit pour me faire comprendre qu'il savait que cet accoutrement ne m'appartenait pas. Un survivant des camps, qui parlait français, traduit au contrôleur mes propos : j'allais retrouver ma sœur dans un camp de personnes déplacées en Allemagne.

— Que Dieu soit avec toi, mon garçon, dit le contrôleur en me tendant un papier.

Je secouai la tête pour lui indiquer que je ne le comprenais pas.

Une passagère d'un certain âge me traduit ses mots, ajoutant, après avoir examiné le billet que le contrôleur venait de me remettre, qu'il me permettrait de me rendre à Feldafing, puis de faire le voyage de retour.

Je me tournai vers l'homme, que je remerciai.

Durant le trajet entre Paris et l'Allemagne, des employés des chemins de fer français nous distribuèrent du fromage, du pain, des tomates, des pêches et du lait. Comme je n'avais pas faim, je donnai ma part à la voyageuse qui avait traduit pour moi les propos du contrôleur. Une fillette l'accompagnait. Lorsque celle-ci se fut endormie, elle m'expliqua qu'il s'agissait de la petite-fille de sa sœur. N'ayant aucune trace des autres membres de leur famille, les autorités supposaient qu'ils étaient tous morts.

***

Lorsque le train entra en Allemagne, la panique me saisit.

Le ciel était à peu près le même qu'en France, les herbes aussi, de longues herbes balancées par la brise. Je gardais cependant l'impression qu'un rideau d'acier séparait les deux pays, et voilà que je me retrouvais du mauvais côté. Je me rappelai alors l'Allemagne que j'avais découverte lorsqu'on m'avait conduit de Skarżysko-Kamienna au camp de Częstochowa, puis à celui de Buchenwald. À l'époque, les gares sur notre trajet grouillaient de monde, elles étaient bruyantes, remplies de bergers allemands qui aboyaient et de nazis tirant des coups de feu en l'air. Et, sans répit, on hurlait des ordres. Parfois, j'entendais l'eau jaillir d'un tuyau d'arrosage, ce qui signifiait que quelqu'un était en train d'asperger les wagons à bestiaux. Alors, je relevais la tête, puis je tirais la langue pour recueillir les gouttelettes qui passaient par les trous du bois. La plupart du temps, il s'agissait de l'unique fois de la journée où j'avais l'occasion de me désaltérer un peu.

À présent, l'Allemagne se taisait.

À mesure que le train avançait, le paysage s'assombrissait, en partie parce que les forêts se faisaient de plus en plus denses, mais aussi à cause des carcasses de tanks incendiés, à cause des dégâts considérables subis par les villages que nous traversions, dont certains se résumaient aux ossatures en pierre de leurs maisons.

— Qu'est-ce qui m'a pris ? dis-je à voix basse. J'ai commis une erreur en revenant ici.

En France, même si je m'en tenais à distance, la vie avait repris ses droits. À l'inverse, les restes calcinés que je découvrais en Allemagne me ramenaient aux cadavres entassés dans les camps.

Je me souvins tout à coup de quelque chose que ma mère me disait parfois : « Nous redoutons ce que nous désirons le plus. »

Je voulais rentrer chez moi, et tant pis si le mot « maison », au lieu d'un endroit bien défini, ne signifiait plus maintenant que mes retrouvailles avec les membres de ma famille.

Je m'avisai dans un haut-le-corps que mes rêves ne me paraissaient faciles à réaliser que lorsqu'ils demeuraient dans l'ombre.

***

Je passai deux jours dans le train. Je n'avais pas d'argent, mais les employés chargés de pousser les chariots de wagon en wagon donnaient à manger gratuitement aux enfants juifs. On m'offrit ainsi du pain et du beurre, parfois un sandwich aux tomates et une pomme.

J'atteignis Feldafing à la tombée du jour.

Le camp me parut se déployer peu à peu autour de moi, à la façon d'une ville qui, d'abord clairsemée, s'étoffe au fil du temps. À côté de bâtiments en brique rouge se donnaient à voir des tentes rondes entre lesquelles on allait et venait. La plupart des gens que je croisais me dévisageaient, posant sur moi un regard hagard et triste. Un vieil homme chauve, dont le rachitisme avait déformé l'une de ses mains, ainsi que ses deux jambes, me désigna un bâtiment en m'assurant qu'il s'y trouvait des bureaux.

Les employés ne chômaient pas, ils classaient de la paperasse, parlaient au téléphone et tapaient à la machine. Je demeurai longtemps sur le seuil, invisible semblait-il, jusqu'à ce que j'interpelle quelqu'un. Une employée se dirigea vers moi. Plus petite que moi, elle avait, à la commissure des lèvres, un grain de beauté qui tremblait quand elle parlait. Elle m'expliqua en yiddish qu'ils étaient submergés. Le camp comptait déjà plusieurs milliers de personnes et, chaque jour, d'autres se présentaient à ses portes. On n'avait plus le temps d'enregistrer l'identité des nouveaux arrivants, ni l'endroit où ils avaient vécu avant la guerre. Les survivants juifs des camps de la mort, m'indiqua-t-elle encore, dormaient partout où ils pouvaient trouver un lit en attendant l'arrivée de nouvelles tentes. Ici, il n'était pas rare de dormir à trois ou quatre dans un seul lit de camp, comme nous l'avions fait dans nos baraquements. Cependant, les couvertures étaient propres et l'on avait de l'eau fraîche à disposition. Quant à la nourriture, certes peu abondante, elle était expédiée par diverses organisations humanitaires. L'employée me suggéra de prendre à droite en quittant le bâtiment, puis de suivre la voie principale durant une dizaine de minutes, jusqu'à une ancienne usine de collants, où de nombreuses jeunes Polonaises s'étaient regroupées. Si ma sœur ne s'y trouvait pas, sans doute quelqu'un serait-il en mesure de me dire où elle était.

Je marchai lentement, pour permettre au décor de s'installer peu à peu autour de moi. On préparait les repas au-dessus des feux, je croisais des visages émaciés dont la tristesse, une fois de plus, me renvoyait aux camps. J'avais l'impression d'être dans un film, de traverser une ville fantôme, dont les spectres qui la peuplaient n'étaient autres que nous tous, les survivants.

Je finis par distinguer le long bâtiment dont l'employée de bureau m'avait parlé. Ce parallélépipède rectangle m'évoqua aussitôt HASAG, l'usine de munitions. Je frissonnai.

J'ouvris la porte en acier.

Il faisait sombre à l'intérieur, éclairé par une poignée de bougies et de lampes à pétrole.

— Je cherche Leah, appelai-je.

Ma voix résonnait contre les murs de ciment de l'entrée.

Je m'avançai. Plusieurs femmes, en me voyant, s'interrompirent pour s'approcher de moi. Elles me touchèrent, en criant qu'il se trouvait à présent un homme parmi elles.

Je scrutais leurs visages les uns après les autres, à la recherche de celui de Leah.

Je continuai mon exploration du bâtiment dans toute sa longueur. On avait tendu des cordes à linge d'un mur à l'autre, sur lesquelles séchaient des couvertures et des robes. Il y avait encore des matelas posés à même le sol et des commodes en bois servaient à séparer les lieux en semblants de pièces.

Enfin, j'atteignis le fond du bâtiment. Il ne me restait plus qu'un groupe de femmes à interroger au sujet de Leah. Elles se partageaient un grand matelas, sur lequel certaines s'étaient assises, d'autres allongées. Comme je m'approchais d'elles, au contraire de celles que j'avais déjà croisées, elles me considérèrent avec curiosité, les yeux écarquillés.

L'une d'elles assena un coup de coude à sa compagne, allongée à plat ventre. Celle-ci se retourna puis, après m'avoir dévisagé brièvement, elle se redressa.

Je la reconnus immédiatement. Leah. Ma Leah.

Elle gardait une figure large et, malgré sa minceur, une silhouette robuste, comme celle de notre père dans mon souvenir. De même, son nez m'était familier – si j'avais réussi alors à me rappeler les visages de Chaim et de Moishe, ils auraient eu un nez semblable au sien.

Elle se leva, tremblante, pour se diriger vers moi, avec lenteur et circonspection, à la façon des acrobates qui marchaient sur une corde raide dans les cirques ambulants qui s'arrêtaient quelquefois à Skarżysko-Kamienna.

— Romek, murmura-t-elle d'une voix rauque. Romek. J'étais persuadée qu'on t'avait tué.

Sa voix aussi, je la reconnus, cette voix qui me chantait naguère des chansons folkloriques en yiddish et me racontait des histoires.

Lorsque je plongeai mes yeux dans ceux de Leah, je les reconnus également : ils ressemblaient à ceux de notre mère.

10

Leah, ses compagnes et moi, à l'extérieur du bâtiment, étions assis devant un feu, enveloppés dans des couvertures en laine rêche, et nous parlions à voix basse en contemplant les étoiles. Leah, derrière moi, avait étendu ses longues jambes contre les miennes. Elle me caressait le dos, me frottait les mains et me massait les épaules.

La température nocturne continuant à baisser, les autres femmes regagnèrent le bâtiment. Il ne restait plus à présent que ma sœur et moi. Elle me berçait, comme quand j'étais petit, elle me chantait des chansons en yiddish, la bouche si près de mon oreille que je sentais son souffle humide sur ma peau. Elle s'occupait de moi comme elle l'aurait fait d'un bébé, et cela ne me dérangeait pas.

Je finis par m'endormir entre ses bras au son de « Oyfn Pripetchik[1] ». Sa voix était plus grave qu'avant notre séparation, à tel point que je peinais maintenant à la distinguer de celle de notre mère.

Dans le fourneau brûle un petit feu,
Et il fait bon dans la maison.
Et le maître enseigne aux petits enfants
L'alphabet [*hébreu*].

1. « Du fourneau », en français.

— J'ignore où ils sont, déclara Leah le lendemain matin, tandis que nous mangions les restes de *tcholent*[1].

Ce matin-là, elle avait la voix rauque, peut-être parce que nous nous étions tous les deux endormis à la belle étoile, sous la *houppa*[2] de la Voie lactée, et qu'en Allemagne, l'aube pouvait se révéler humide et fraîche.

— Je croyais que tu étais avec maman et Golda, dis-je d'une voix étranglée.

Cette conversation, je ne voulais pas l'avoir. Je ne voulais rien savoir. Je plaquai mes mains contre mes oreilles, comme il m'arrivait parfois de le faire dans le ghetto, lorsque je ne supportais plus les cris, les pleurs, les gémissements des mères, les pères en train de déplorer le manque d'argent, le manque de pain, les longues files d'attente pour récupérer les rations. Les fils estimaient que nous aurions dû quitter la Pologne quand nous en avions eu l'occasion.

— Tu te souviens de la sélection ? m'interrogea ma sœur. Au moment où on a démantelé le quartier juif. Que les nazis nous ont indiqué, les uns après les autres, de rejoindre telle file ou telle autre. Tu te rappelles ?

Je ne me souvenais pas, pour la simple et bonne raison qu'à l'époque, je travaillais déjà à l'usine de munitions. Chaim m'avait trouvé un poste, après quoi il était retourné à la grange où il nous avait cachés, Nathan et moi. Il était revenu d'abord pour Nathan. Moi, j'étais

---

1. Le *tcholent* est un plat typique de la cuisine juive ashkénaze, composé d'orge perlé, de pommes de terre, de viande et de haricots.

2. Une *houppa* est un dais traditionnellement utilisé lors de la cérémonie juive du mariage. Elle est constituée d'un drap, d'une étoffe, parfois d'un châle de prière, étendu ou soutenu par quatre piliers.

demeuré assis toute une journée et une nuit entière dans cette grange, seul, à écouter les oiseaux de nuit et les soupirs des vaches. Lorsque Chaim était enfin revenu pour moi, il m'avait conduit dans le ghetto pour que je puisse dire au revoir à ma mère. Ensuite, direction HASAG.

Les yeux dans le vide, Leah se mit à hocher la tête, comme si elle se rappelait maintenant qu'en effet, je n'étais pas là, de même que papa et Abram, qui travaillaient alors à HASAG depuis quelques mois.

— Un officier SS a demandé à Golda si elle voulait rester avec maman ou avec moi, articula enfin Leah. Maman et moi n'étions pas dans la même file. On s'apprêtait à m'envoyer travailler avec les ouvrières de HASAG. Je travaillais tout près de toi, tu sais, mais pas assez près pour que nous ayons pu nous croiser.

Leah ferma les yeux, comme si elle tentait d'effacer les images devant elle.

— Maman, elle, se trouvait dans la file des très petits enfants, des personnes âgées et des malades. Elle était seule. Golda a refusé de l'abandonner, poursuivit Leah d'une voix tendue. Elle est partie avec maman. Les nazis les ont fait monter dans un train.

À voir le visage pincé de ma sœur, le tremblement de sa lèvre inférieure, je compris qu'elle n'avait pas terminé son récit.

— J'ai rencontré quelqu'un qui en savait beaucoup sur ces trains, enchaîna-t-elle après un long silence. Ici, à Feldafing.

Sa voix était empreinte de tristesse.

Je fermai les yeux à mon tour.

— Cette personne m'a appris que maman et Golda avaient été emmenées à Treblinka. Treblinka, répéta Leah. Jamais le moindre wagon de ravitaillement ne s'est rendu à Treblinka. On n'y envoyait que des gens, des tas de gens. Ces trains revenaient toujours à vide. Il s'agissait d'un camp de la mort, Romek.

À Buchenwald, Jakow m'avait parlé de Treblinka. Le camp se situait près de la rivière Bug, où nos parents nous emmenaient pendant les vacances d'été. À Treblinka, m'avait appris Jakow, les juifs se retrouvaient dans des chambres à gaz, après quoi on brûlait leurs cadavres sur des fours à ciel ouvert.

— Et Nathan ? dis-je entre mes dents. Il est où, Nathan ? Et les autres ?

— Nathan ne se trouvait pas avec Golda et maman. Je suppose que Chaim l'a laissé chez un agriculteur.

Je me revis caché dans la grange, sous le foin, en train de donner des caramels à Nathan pour le faire taire. Au contraire de moi, il ne mesurait pas l'importance de rester silencieux. Il n'avait qu'envie de jouer, de rire, de pleurer. Il ne ressemblait pas aux petits enfants qui, comme nous, vivaient dans le ghetto, car ceux-là avaient senti que quelque chose de grave se passait, les circonstances avaient fait d'eux des adultes dans des corps de bambins, toujours sombres, comme si leurs voix s'étaient envolées.

Je frémis en me rappelant que, juste avant la création du ghetto, papa m'avait envoyé dans une famille d'agriculteurs. Les Brankowski. Si c'était là aussi qu'on avait installé Nathan, lui si plein de vie, si bavard, si curieux, mais parfois si têtu, j'étais prêt à parier que cela s'était très mal passé.

***

Quelques jours après le dernier shabbat que nous avions célébré chez nous, Chaim m'emmena vivre chez les Brankowski.

Notre père, m'avait-il expliqué, avait payé M. Brankowski avec ce qui restait sur le compte bancaire familial pour qu'il m'accueille.

— Là-bas, tu seras en sécurité, me dit-il en cours de route. Ils ont les cheveux bruns, comme nous. Tu te rends compte de la chance qu'on a eue de dénicher une famille polonaise avec des cheveux bruns ?

Dans un premier temps, je ne compris pas ce que Chaim voulait dire. Mais il ne tarda pas à éclairer ma lanterne : on allait me faire passer pour l'un des cousins des enfants Brankowski.

C'est dans leur ferme que je ressentis pour la première fois cette sensation de chute.

Je me réveillais la nuit, surpris, sans savoir au juste où j'étais, comme si on venait de me déposer dans un lieu où je n'étais pas censé me trouver. Un creux sombre et frais, pareil aux affleurements rocheux du fleuve Kamienna où je me cachais quand je jouais à « cherche-et-trouve », avec les vers qui s'enfouissaient dans la boue du talus, avec les escargots.

Au début, ce sentiment s'estompait au petit déjeuner, fait de bouillie et de lait. Mais les trois enfants Brankowski me transperçaient de leurs regards, rompant de loin en loin leur silence à coups de murmures et de petits rires. Dès lors, mes moments de flottement se firent de plus en plus longs.

Tous les matins et tous les soirs, Mme Brankowski et sa fille aînée m'enseignaient les stations du chemin de croix des catholiques et s'assuraient que je connaissais le Notre Père. Elles me rappelaient en outre de ne jamais donner mon prénom yiddish, Rachmil. Je n'étais plus que Romek.

— Quelles que soient les circonstances, me disaient M. et Mme Brankowski, ne dis jamais que tu es juif, ne le laisse même pas supposer. Ne parle jamais yiddish. Le mieux, c'est d'oublier complètement le yiddish. À partir de maintenant, tu ne t'exprimeras plus qu'en polonais.

Un soir, j'entendis Mme Brankowski dire à son mari que j'avais « une bonne tête », ce qui signifiait que je pouvais passer sans problème pour un chrétien polonais. Que je ne ressemblais pas à un juif. Un autre soir, le couple se plaignit de ce que mon père ne leur avait pas donné assez d'argent pour me nourrir, sans parler de la nouvelle carte d'identité dont j'avais besoin, une carte que chaque Polonais se devait de porter sur lui. Cette carte, enchaîna Mme Brankowski, attesterait que j'étais un chrétien, pas un juif, et que j'étais bel et bien l'un de leurs neveux, venu de Varsovie.

Je n'allais pas à l'école. Chaque matin, les Brankowski m'envoyaient m'occuper de leurs vaches. Hélas, j'étais un petit citadin, fils d'un mercier. Je ne connaissais rien aux animaux. Jusqu'alors, je n'avais fréquenté que les chevaux de nos voisins, qui tiraient leurs charrettes et les aidaient à labourer leurs champs. Mon père les leur empruntait en été pour nous emmener au chalet pour les vacances.

Dans ces champs arides qui devinrent boueux aux premières neiges, je conduisais les vaches suivant la course du soleil, ainsi que me l'avait demandé M. Brankowski.

À la fin de chaque journée, j'avais mal aux jambes d'avoir si longtemps marché, les bras et les mains ankylosés à force de traire les vaches. Mon ventre gargouillait, gonflant peu à peu parce que je ne mangeais pas à ma faim – mes repas se résumaient à de la bouillie fade et les restes de la famille Brankowski, y compris des os, que je suçais dans le petit débarras où je dormais. Il s'agissait de la pièce la plus éloignée du feu et du poêle à charbon. Il y faisait toujours froid, mais pas aussi froid que dans les baraquements que je devais connaître plus tard dans les camps.

À la ferme, je n'avais, pour unique compagnie qu'une petite grive qui se perchait souvent sur le rebord extérieur de la fenêtre de mon cagibi. Golda m'avait dit un jour que la nature nous délivrait des messages.

— Ouvre ton cœur, m'avait-elle soufflé tandis que nous marchions vers la boulangerie juive où maman achetait du pain sans levain, la 'hallah, *des* rugelach[1] *et des petits pains à l'oignon. Ferme les yeux, et tu verras la magie autour de toi.*

Une autre fois, Golda et moi vîmes un cerf. Golda m'assura que c'était de bon augure. Cela voulait dire qu'elle aurait un enfant. Elle se caressa le ventre en murmurant une prière. Une semaine plus tard, elle apprit qu'elle était enceinte de Nathan. Une autre fois encore, nous vîmes un véritable cortège de grenouilles traverser en sautant le chemin que nous avions emprunté, pour rejoindre un ruisseau.

— Un nouveau départ, déclara Golda avec un large sourire.

La grive me chantait sa jolie chanson. Le creux en moi continuait à s'élargir, car je pensais à ma mère, qui n'était pas avec moi.

Un jour, peu de temps après Noël, que la famille Brankowski avait célébré, tandis que lacs et cours d'eau n'étaient pas encore pris par la glace, je quittai la ferme. J'errai durant une journée entière, avant de tomber sur le fleuve Kamienna. Dès lors, j'en suivis le lit, jusqu'à la ville. Je ne pouvais pas aller plus loin, à moins de traverser le fleuve à la nage.

Avant la création du ghetto, mais après l'arrivée des Allemands, Abram et moi fûmes un jour pourchassés par la police juive. Les Allemands avaient imposé un couvre-feu pour les juifs, qui n'avaient plus le droit de quitter leur domicile après une certaine heure. Ce jour-là, trois policiers s'étaient élancés dans notre direction, avec l'intention

---

1. Les *rugelach* sont des petits croissants briochés, nappés de sirop de sucre et fourrés au chocolat.

de nous intercepter. Nous avions couru, à l'arrière des immeubles, dans les ruelles, jusqu'à atteindre le fleuve. Les sifflets des agents se rapprochaient dangereusement.

— Suis-moi, m'avait lancé Abram en plongeant dans l'eau.

Je ne savais pas nager.

— Pagaie avec tes bras comme les chiens le font avec leurs pattes, m'avait crié mon frère.

Comme cette nuit-là, je sautai dans l'eau, au beau milieu des rapides, où je me mis à battre des bras, avec une telle vigueur que je parvins à rejoindre la rive opposée. Je me traînai sur la terre ferme, trempé. Je tremblais de froid, je claquais des dents et j'avais les orteils gelés, à tel point que j'étais certain d'avoir les pieds pleins d'engelures. De nouveau, je me mis à marcher au hasard, jusqu'à ce que quelqu'un m'indique le chemin de notre immeuble à l'intérieur du ghetto.

Lorsque mon père me vit, j'eus l'impression que ses yeux devenaient tout rouges. Il s'approcha de moi, fumant comme les bouilloires dont ma mère se servait pour préparer le thé. Pour la première fois de ma vie, il me saisit dans ses bras puissants, m'installa à plat ventre sur ses genoux, puis me fessa jusqu'à ce que mes cris se changent en gémissements. Il me fallut près d'une semaine pour pouvoir à nouveau m'asseoir sans avoir mal.

C'est à ce moment-là que mon père se retourna contre moi et, pour la première fois, je me dis qu'il ne m'aimait plus.

***

— Lorsque le ghetto a été créé, de nombreux agriculteurs polonais qui avaient accueilli des enfants juifs ont été contraints de les livrer aux nazis, m'expliqua Leah. Les nazis leur donnaient du sucre et de la farine pour les récompenser. S'il ne remettait pas le petit juif aux autorités, le fermier risquait la mort, ainsi que celle de sa famille. Des voisins s'empressaient d'informer les nazis qu'un enfant venait de s'installer chez telle ou telle personne. Les nazis n'étaient pas assez nombreux en Pologne pour surveiller convenablement les juifs dans les ghettos, les agriculteurs polonais leur prêtaient main-forte. Mais ce n'est pas leur faute, Romek. Si Chaim a emmené Nathan dans une ferme, j'ai peur qu'il n'ait pas survécu, conclut-elle.

— Certains agriculteurs ont défié les nazis, me dépêchai-je d'intervenir – je voulais à tout prix croire que Nathan s'en était tiré.

Jakow m'avait assuré qu'en Pologne existait un réseau clandestin de personnes désireuses de cacher des enfants juifs.

Je rapportai à Leah tout ce qu'il m'avait dit, à savoir que, selon des rumeurs parvenues jusque dans le camp de Buchenwald, des Polonais avaient caché plusieurs centaines, voire plusieurs milliers d'hommes, de femmes et d'enfants juifs, y compris dans les cages des animaux du zoo de Varsovie. Les maçons avaient ajouté qu'on avait même réussi à faire sortir du ghetto de Varsovie de nombreux enfants pour les placer chez des familles polonaises ou dans des orphelinats.

— Pourquoi pas, commenta Leah. Mais si Nathan est vivant, nous risquons de nous retrouver face à une difficulté de taille : Nathan ignore qui il est. À l'automne 1942, il n'avait que trois ans. En admettant qu'il soit encore parmi nous, le fait est que, depuis trois ans, les gens qui l'ont recueilli lui ont répété qu'il était chrétien. Peut-être même l'ont-ils fait baptiser. La famille dans laquelle il vit ne révélera peut-être jamais sa véritable identité, surtout s'ils sont persuadés que nous sommes tous morts. Cet enfant est devenu le leur à part entière.

— Quand nous retrouverons Chaim, il nous dira où il a emmené Nathan. Ensuite, il ne nous restera plus qu'à le récupérer. Nous lui expliquerons qui il est réellement.

Leah ferma les yeux.

La peur m'envahit.

— Il est où, Chaim ? demandai-je avec lenteur. En Russie, n'est-ce pas ? Comme il était dans l'armée, il est parti là-bas avec d'autres soldats polonais pour s'entraîner et se battre, hein ?

— Il a été abattu, murmura ma sœur.

La chute. À nouveau. Une fois de plus, je tombais…

— Lui aussi a été envoyé à Treblinka, enchaîna Leah. Mais pas dans le même train que Golda et maman. Tu l'as dit toi-même, Romek, notre frère était un soldat. Ce qui signifie qu'il n'a jamais été en sécurité en Pologne. Les nazis ont tué autant de soldats polonais qu'ils le pouvaient, parce qu'ils craignaient qu'ils se soulèvent et finissent par les vaincre. Nous aurions dû obliger Chaim à quitter le pays dès l'arrivée des nazis. Mais il n'était pas question pour lui d'abandonner sa famille.

Je fermai les yeux à mon tour. Durant la semaine que j'avais passée dans mon lit à Écouis, pratiquement incapable de me mettre debout, le professeur m'avait parlé d'un peintre français du nom de Jean-Léon Gérôme. Cet artiste avait réalisé deux œuvres conjointes, dont l'une s'intitulait *La Vérité sortant du puits*[1]. Le professeur m'avait révélé la signification de cette toile : la Vérité avait été dupée.

---

1. Le titre de l'œuvre, datant de 1896, a été inspiré par une phrase de Démocrite selon laquelle nous ne savons rien, puisque la vérité se trouve au fond du puits.

— Les mensonges, les ambitions démesurées des hommes, leur avidité…, avait-il dit. À cause de tout cela, la vérité a préféré rester cachée au fond d'un puits.

Les menteurs et les acteurs avaient gagné.

La vérité. On l'avait perdue. La vérité était morte.

Mon rêve de retrouvailles était en train de voler en éclats.

Je n'avais plus rien à quoi me cramponner.

***

— Et maintenant? demandai-je à Leah.

Nous marchions bras dessus bras dessous. Je me trouvais à Feldafing depuis presque une semaine. Quand nous n'étions pas en train d'évoquer le sort des membres de notre famille, ma sœur ravivait en moi des souvenirs que j'avais oubliés. Nous allions au cinéma du camp. Le soir, autour des feux, nous écoutions des conteurs, ainsi que des musiciens qui avaient survécu aux camps de la mort en donnant des concerts pour les nazis. Le reste du temps, nous nous contentions de marcher. Simplement de marcher.

— Il faut que je te présente quelqu'un, m'annonça Leah. J'ai fait la connaissance d'un jeune homme, Romek. Il s'appelle Abram, comme notre frère.

À la façon dont il la regardait, à sa façon de l'effleurer de la main, à la douceur dans sa voix lorsqu'il s'adressa à nous, je compris qu'Abram était amoureux de ma sœur, comme Chaim avait été amoureux de Golda. Comme notre père avait aimé notre mère.

Il me demanda si je m'intéressais à l'astronomie, parce que l'astronomie le passionnait. Je répondis dans un souffle que je n'y connaissais pas grand-chose.

Contrairement aux membres de ma famille, Abram n'était pas grand. En revanche, il avait les mêmes cheveux très noirs que nous. Une mâchoire carrée. Il était originaire de Łódź et, comme Chaim, avait servi dans l'armée polonaise. Mais lui était allé jusqu'en Russie. Il avait ensuite retrouvé la Pologne avec l'Armée rouge. C'est à ce moment-là qu'il avait rencontré Leah.

Il me demanda encore si j'avais vu *Le Dictateur*, le film de Charlie Chaplin. Abram avait très envie de le visionner, mais il ne passait pas encore au cinéma du camp. Je ne l'avais pas vu non plus. En France, je n'avais vu aucun film.

Ce vendredi-là, à Feldafing, Abram célébra le shabbat. Nous nous étions assis tous les trois, Leah entre nous deux.

Tandis qu'un rabbin du camp disait les prières, Abram se pencha par-dessus Leah pour me murmurer qu'on lui avait assuré que *Le Dictateur* comptait parmi les meilleurs films jamais réalisés. Peut-être, ajouta-t-il, pourrions-nous le voir tous les trois à Paris.

Je glissai mes mains sous mes cuisses, pour les empêcher de se plaquer contre mes oreilles. J'en avais assez d'entendre Abram. Je ne voulais plus l'entendre. Leah se mettait en quatre pour m'inclure dans sa vie, me ramener parmi les vivants. J'aurais aimé ne pas la décevoir. Mais, dans le même temps, je brûlais de ne l'avoir que pour moi. Je n'avais pas la moindre envie de regagner la France. Je voulais rester avec elle.

— Dans *Le Dictateur*, ajouta ma sœur avec un sourire, Charlot imite Hitler. Tout le monde en parle dans le camp.

Je serrai les poings. Pour la première fois depuis mon départ d'Écouis, j'aurais aimé me battre, frapper, blesser.

Je chuchotai à Leah que j'avais besoin d'air frais.

***

Comme nous nous dirigions à nouveau vers l'usine, elle m'annonça qu'Abram et elle allaient s'installer en Palestine.

Je n'avais pratiquement plus d'énergie, mon réservoir était à sec. J'aurais voulu me dissoudre dans le sol, ne plus faire qu'un avec la terre. L'unique membre de ma famille encore vivant, autrement dit l'unique partie de mon rêve à être devenue réalité, à tel point que je pouvais à présent la toucher... Voilà qu'elle m'informait qu'elle allait épouser Abram et emménager en Palestine avec lui.

Je brûlais de lui jeter au visage que nous étions censés rester ensemble et, ensemble, partir à la recherche des autres membres de notre famille.

Leah avait passé son bras sous celui d'Abram, à moins que ce fût Abram qui avait passé son bras sous celui de ma sœur.

Golda m'avait un jour expliqué que, quand deux amoureux marchaient côte à côte, leurs pas s'harmonisaient spontanément, ils ne faisaient plus qu'un.

Ma vue avait beau s'être brouillée parce que j'avais les larmes aux yeux, il ne faisait pas de doute que Leah et Abram ne faisaient qu'un. De la bile remonta dans le fond de ma gorge.

— J'ai reçu des nouvelles de Mme Minc, continua Leah. Elle a fait parvenir un télégramme aux autorités du camp. Elle souhaite que tu retournes en France et, comme elle, je pense que ce serait mieux pour toi.

Je me figeai sous le coup de la surprise.

— Tu... Ça veut dire que tu ne vas pas venir avec moi ? balbutiai-je.

Leah déglutit avec peine.

— L'OSE s'est installée au château de Ferrières pour l'été. Mme Minc m'a envoyé un itinéraire, que tu n'auras plus qu'à suivre pour te rendre là-bas.

— Et pourquoi je ne partirais pas avec toi en Palestine ?

Je tapai du pied et croisai les bras sur ma poitrine.

— Ce sera dur en Palestine, répondit ma sœur avec douceur en me caressant l'épaule. Abram et moi allons travailler dans une ferme. Il n'y a pas d'entreprises, là-bas. Nous ne savons tout simplement pas à quoi nous attendre. Abram et moi devons nous installer d'abord et ensuite, seulement, tu pourras nous rejoindre. En France, grâce à l'OSE, tu vas pouvoir aller à l'école, te refaire une santé, t'impliquer dans quelque chose de concret, tu seras en sécurité, tu mangeras à ta faim et tu auras des amis. Tu te rappelles quand Motel fabriquait ses radios ? Tu adorais tripoter les fils. Tu pourrais choisir des études en rapport avec ça. Ensuite, nous pourrons être de nouveau rassemblés.

Comme je commençai à secouer la tête, ma sœur m'interrompit.

— C'est ce que maman voudrait. Romek, tu te souviens quand papa parlait de l'histoire de nos prophètes ?

Je secouai la tête et me bouchai les oreilles. Je ne me le rappelais pas, ou je m'y refusais.

— Papa nous disait que, dans les moments les plus sombres de notre histoire, nos héros avaient toujours eu, auprès d'eux, des individus qui les aidaient, qui les soutenaient, continua Leah. Tous les prophètes bénéficiaient de quelque chose ou de quelqu'un susceptibles de les guider. Suis ton chemin, Romek, et tu verras que des personnes comme celles-là apparaîtront pour te conduire vers la place qui est la tienne. Ouvre-toi à ces gens, écoute-les, suis-les. Ce sont eux qui te ramèneront chez toi, dans le chez-toi que tu gardes dans ton cœur. Je fais partie d'eux, et pour ce qui est des ténèbres que tu es en train de traverser, je t'assure que ce sont les employés de l'OSE qui sont les plus à même de te venir en aide.

Je te retrouverai où que tu sois et, cette fois, nous serons réunis. Je te le promets. Tu me fais confiance, Romek?

Je me mordis l'intérieur d'une joue pour m'empêcher de lui répondre que je n'avais confiance en personne.

Ma sœur prit mes mains dans les siennes pour les poser ensuite sur mon cœur. Je sentis son pouls.

— Je sais déjà qu'à chacun de tes pas, tu auras envie de te retourner, me dit-elle – elle se tenait tout près de moi, elle chuchotait doucement à mon oreille. Mais sois fort. Va de l'avant. Mets un pied devant l'autre, jusqu'à ce que l'amour redevienne ton guide. Suis-le, fie-toi à son odeur, à un parfum qui te rappellera la maison, un parfum qui te mènera là où tu n'es encore jamais allé. Tu verras, des gens apparaîtront un par un, des lieux se donneront à voir, qui n'étaient jusqu'alors que des rumeurs. Ils seront les torches qui éclaireront ton chemin.

11

À HASAG, le dimanche, Abram et moi avions l'occasion de passer un peu de temps avec notre père.

Il n'en restait pas moins que, le dimanche, même s'il s'agissait d'un jour férié, les SS, comme les autres jours, nous ordonnaient de former des rangs sur la place d'appel de l'usine. Les SS se rapprochaient très près de nous, exigeant parfois de l'un des ouvriers qu'il ouvre la bouche, pour examiner l'état de ses dents et de ses gencives, afin de s'assurer qu'il était en bonne santé. Les nazis se déplaçaient autour de nous comme des serpents, les pantalons rentrés dans leurs hautes bottes noires, à la recherche de ceux dont l'épuisement faisait plier l'échine, de ceux que secouait la fièvre ou d'autres maux. D'un signe de tête, ou d'un geste du bras, les officiers SS dirigeaient les uns vers la gauche, les autres vers la droite. D'un côté, la vie. De l'autre, la mort. Peu leur importaient les pertes, puisque d'autres esclaves qu'on avait prélevés dans un ghetto quelconque étaient déjà en route pour HASAG.

Ce dimanche-là, les SS ordonnèrent à Abram et notre père de se placer à gauche. Ils m'envoyèrent à droite.

Mes compagnons d'infortune avaient le dos courbé, ou bien ils toussaient, ou bien encore ils avaient la respiration sifflante, d'autres avaient le teint jaune à force de manipuler de l'acide picrique. Je me trouvais du mauvais côté.

Sans réfléchir, je me précipitai vers un soldat qui n'avait pas vu quelle file on m'avait ordonné de rejoindre. Je désignai de la main, avec insistance, la file dans laquelle se trouvait mon père. Je secouai la tête en répétant « non » en allemand.

Le SS me regarda, la moustache frémissante, comme s'il était prêt à éclater de rire.

Je levai mes mains jointes devant moi, comme le font les chrétiens lorsqu'ils s'apprêtent à prier, après quoi je désignai la file où se tenaient les malades. « Oui, oui, oui », dis-je alors en allemand.

Le regard de l'homme s'éclaira.

Ensuite, je lui montrai à nouveau mon père, dont les yeux écarquillés évoquaient des lanternes au cœur d'une nuit sans lune. Je feignais de ne pas vouloir rejoindre la même file que lui, préférant l'autre rangée d'hommes.

Après avoir pincé les lèvres, le SS me gifla en m'ordonnant d'aller à gauche.

J'avais parié qu'il se ferait une joie de m'expédier précisément là où je ne voulais pas me rendre. J'avais gagné mon pari.

Un jour de plus à vivre...

***

Dans le train de retour pour la France, je me calai sur un siège d'angle, près de la fenêtre, de manière à mettre la plus grande distance possible entre moi et les deux familles juives avec lesquelles je partageais le compartiment. Je ne souhaitais parler à personne.

Durant la majeure partie du voyage, je fis semblant de dormir, mais en réalité, malgré mes yeux clos, je ne parvenais pas à trouver le sommeil. Mille pensées se bousculaient dans mon esprit, je pensais à Leah, à Treblinka, à Chaim et Nathan, à HASAG, à Abram... Combien de fois avais-je frôlé la mort ? Et pourtant, j'avais survécu, moi, le bébé de la famille, celui qui avait le moins de chances de s'en sortir. Pourquoi ?

J'écoutais les conversations autour de moi. Les bruits à chaque arrêt, les talons claquant sur le ciment, les rires des enfants, le sifflet du train, son cliquetis...

Jamais je ne m'étais tellement senti à l'écart de la vie.

Plus le train approchait de Paris, plus mon angoisse augmentait, j'avais envie de descendre, de partir. De disparaître.

Comme la locomotive ralentissait en arrivant dans une gare, je rassemblai mes quelques affaires. Mais alors que je m'apprêtais à descendre, mon regard croisa celui d'une jeune fille assise non loin de moi. Elle pouvait avoir à peu près mon âge et me fixait. Elle avait des cheveux d'un roux doré et des yeux bleus, qui parurent soudain verts lorsqu'un lampadaire, devant lequel passait le train, éclaira le wagon. Son nez était semé de taches de rousseur. Dans ce monde sombre et gris, je songeai, l'espace d'un instant, qu'elle incarnait la lumière des étoiles. Je me laissai tomber sur mon siège.

Elle tenait la main d'un homme plus âgé assis à côté d'elle. Ils se blottissaient l'un contre l'autre comme s'ils craignaient de se perdre. Je me rappelai la nuit où Chaim m'avait emmené à HASAG. J'avais serré la taille de ma mère en la suppliant de ne pas me laisser partir.

— Ne t'inquiète pas, m'avait-elle répondu avec amour. Nous nous reverrons bientôt. Mais pour le moment, il faut que tu suives ton frère. Il t'a trouvé un travail.

La jeune fille m'adressa un sourire timide, accompagné d'un signe de tête, avant de se caler à nouveau contre le bras de l'homme.

Je connaissais cette fille.

Mais d'où ? Je n'en avais pas la moindre idée.

Peut-être l'avais-je vue en rêve. Toujours est-il que son apparition me décida à me rendre au château de Ferrières.

***

Avant mon départ de Feldafing, Abram, le compagnon de Leah, m'avait informé que la famille du baron James de Rothschild qui possédait le château de Ferrières comptait parmi les plus riches d'Europe. Les Rothschild avaient fait fortune dans la banque. Le château avait été construit dans les années 1850 et, pendant l'Occupation, les Allemands l'avaient réquisitionné. Ils avaient fait main basse sur les œuvres d'art, les statues et les meubles précieux.

Moi que la taille du bâtiment principal à Écouis avait soufflé, je restai bouche bée face au château de Ferrières, véritable Massada[1] français, immense, grandiose, entouré de pelouses entretenues avec soin, d'arbres, de rosiers en pleine floraison, ainsi que de statues. Depuis l'intérieur, l'éclairage jetait des feux aux fenêtres, tels des bijoux et de l'or. Entrer dans cette propriété revenait, pour moi, à pénétrer de plain-pied dans l'histoire, que Jakow nous avait racontée, de la princesse qu'on avait retrouvée, après sa disparition, dans un palais en or, au cœur d'une forteresse faite de perles.

Quel dommage que Jakow ne puisse pas être ici, me dis-je.

***

Je posai mon sac sur les marches du perron.

Je me retournai, les bras grands ouverts, enivré par le parfum des parterres de fleurs – durant de longues années, je n'avais plus connu que la puanteur des cadavres en décomposition, l'odeur de nos corps négligés, de nos corps malades et de nos excréments. Je contemplai les longs rectangles des jardins. Malgré les contes que m'avait racontés Jakow, jamais je n'étais

1. Forteresse juive élevée sur un piton rocheux, sur la rive occidentale de la mer Morte, par le roi asmonéen Alexandre Jannée (103-76 av. J.-C.), Massada a vu se dérouler la dernière bataille des Zélotes (et des Sicaires) lors de la révolte juive contre Rome.

parvenu, moi, le petit garçon modeste de Skarżysko-Kamienna, à imaginer un royaume aussi fastueux que celui que j'avais maintenant devant les yeux.

Je ne bougeais plus, l'oreille tendue vers le bruit de l'eau dans les nombreuses fontaines. Portées par une douce brise estivale, des voix ne tardèrent pas à attirer mon attention. Je me dirigeai vers elles après avoir repris mon sac, contournant l'une des tours d'angle du château, pour découvrir soudain un bâtiment d'un seul étage et tout en longueur, à ce point semblable aux baraquements que nous avions connus dans les camps que j'en eus le souffle coupé.

La porte était ouverte, par laquelle s'échappaient de la fumée de cigarette, ainsi que la voix de Ralph, plus puissante que celles de mes camarades.

Installé sur une chaise digne d'un trône, en bois sculpté, avec un dossier plus haut que lui, il parlait encore de Staline, du communisme, du fait que la propriété, y compris le château de Ferrières, n'appartenait à personne, qu'au contraire, tout le monde devait en avoir l'usage. Ralph était pareil aux membres de la résistance intérieure à Buchenwald, qui devaient peut-être bien leur survie à leurs convictions, car c'était elles qui les avaient à chaque instant encouragés à lutter, à résister aux nazis par tous les moyens possibles. Ralph avait assurément plus d'énergie que moi. Je n'avais, pour unique moteur, que des rêves qui s'évanouissaient les uns après les autres, tandis que Ralph puisait ses forces dans ces certitudes.

— Pourquoi nous a-t-on installés dans les quartiers des domestiques ? lança un des garçons.

— Oui, pourquoi ? enchérirent d'autres jeunes hommes autour de lui et, ce disant, ils brandissaient leur poing.

— C'est ici qu'on loge? murmurai-je à l'oreille du garçon le plus proche de moi.

Il hocha la tête, avant de m'informer qu'il était interdit aux garçons de Buchenwald de pénétrer à l'intérieur du château. En revanche, nous avions le droit de circuler à notre guise sur le domaine.

— Ce sont des employés de l'OSE qui nous apportent nos repas dans le quartier des domestiques, ajouta le garçon.

— Abolissons la propriété privée! criait à présent Ralph entre deux copieuses bouffées de cigarette. Les Rothschild ont fui la France nazie pour se réfugier en Angleterre. Ils ont abandonné les autres juifs d'Europe à leur sort. Parce qu'à leurs yeux, ces juifs-là, dont nous faisons partie, ne sont guère plus que les parents pauvres de leur famille. Ils ne se soucient que de leur richesse, siffla Ralph, que son auditoire entier approuva. La propriété privée, a dit Karl Marx, n'est qu'une affaire d'égoïsme et de désir d'exercer un pouvoir sur les autres.

— À bas les Rothschild! se mirent à scander les garçons, dont les voix tonitruantes, que les murs réverbéraient, faisaient bourdonner mes oreilles.

Certains, parmi les plus proches de Ralph, traînèrent alors les lits superposés vers le centre de la salle, où ils les dépouillèrent de leurs matelas, que d'autres jeunes hommes se mirent à lacérer. Et tous, comme s'il s'était agi d'un mantra, de répéter ces mots à pleins poumons:

— Staline! Staline! À notre Père!

Depuis son trône, Ralph contemplait la scène avec satisfaction et suffisance. Le Hongrois dont, depuis longtemps Abe et moi étions les têtes de Turcs, était en train de rouler un journal. Ralph lui ayant lancé son briquet en argent, le Hongrois mit le feu au journal qu'il avait jeté sous un lit. Un autre révolté alimenta la première flamme avec le tissu d'un matelas.

Le feu se propagea à toute vitesse. Bientôt, le bois crépitait et les flammes s'apprêtaient déjà à lécher les rideaux.

À mesure que la fumée envahissait le bâtiment, ses occupants se précipitèrent à l'extérieur mais, pendant ce temps, d'autres, un chiffon sur la bouche pour éviter d'inhaler la fumée, nourrissaient l'incendie en jetant dans les flammes des plumes qu'ils avaient récupérées dans des oreillers éventrés, du papier journal, des magazines et divers objets inflammables. Bientôt, la salle était pareille à un tableau gigantesque de rouges, d'orange, de bleus et de violet. Et nous, les garçons de Buchenwald, sans plus nous soucier de nos différences, nous nous tenions bras dessus bras dessous en contemplant la catastrophe que nous avions provoquée.

***

J'ignorais où logeaient exactement les domestiques, mais le fait est qu'on les vit soudain se ruer en direction du bâtiment avec des seaux et des tuyaux d'arrosage.

Lorsque enfin l'incendie fut entièrement maîtrisé, on constata que la structure de l'édifice était intacte. En revanche, on déplorait de nombreux dégâts à l'intérieur, raison pour laquelle on nous indiqua que nous allions devoir dormir dehors. On nous remit les couvertures sauvées du désastre. Nous demeurions silencieux pour la plupart. Nous étions allés trop loin.

Le lendemain matin, toujours muets, nous nous rendîmes discrètement au petit déjeuner.

Je ne vis Ralph nulle part. Il était parti.

Mme Minc, Nini, le professeur et les autres membres du personnel de l'OSE faisaient les cent pas devant nous, incapables, semblait-il, de prendre une décision concernant la conduite à tenir. Ils finirent par nous demander de les suivre. Ainsi guidèrent-ils notre procession de spectres le long des allées du domaine. Derrière nous se dressait le château de diamants et de perles, géant d'or et de courroux, qui nous lançait des regards furibonds.

Nous nous assîmes en tailleur sur l'herbe humide de rosée, tandis que les membres de l'OSE continuaient à discuter à voix basse, la mine grave. Mme Minc fronçait le nez en secouant la tête – à l'évidence, elle désapprouvait la position de ses collègues. Assis non loin de moi se trouvaient les Intellectuels. Elie s'adressa à l'un de ses amis :

— Je les plains. Ils croient qu'ils vont réussir à faire notre éducation, mais les plus jeunes d'entre nous en savent déjà davantage qu'eux sur le monde, la futilité de l'existence et le triomphe cruel de la mort.

Une femme, qui avait rejoint l'équipe de l'OSE peu avant mon départ pour Feldafing, s'avança soudain pour nous annoncer d'une voix forte qu'on allait nous séparer. Abe se pencha vers moi pour me murmurer que cette femme se prénommait Judith et qu'elle venait de l'antenne helvétique de l'OSE. Les garçons désireux de manger casher, d'assister à des cérémonies pieuses et de poursuivre leurs études religieuses se rendraient au château de Vaucelles, à Taverny, enchaîna Judith. Elle lut ensuite leurs noms – dont ceux des Intellectuels, ce qui ne m'étonna pas.

Les autres, du moins les garçons âgés de quatorze à seize ans, prendraient la direction du Vésinet.

Judith nous indiqua qu'à notre arrivée au Vésinet, nous participerions à des Maccabiades[1] :

---

1. Les Maccabiades sont des rencontres sportives juives organisées tous les quatre ans en Israël par la Maccabi World Union, à l'image

— Nous espérons, ainsi, régler les différends entre vous. Peut-être que grâce au sport, vous parviendrez à mettre de côté ce qui vous divise pour enfin vous unir et commencer à avancer dans votre vie. Nous croyons en vous tous, en chacun d'entre vous.

***

Quelques jours plus tard, Abe, Salek, Marek, Joe et moi gravissions l'escalier du perron de la vaste maison du Vésinet, la nôtre à présent. Nous y choisîmes une chambre au deuxième étage, plus petite que celle d'Écouis, mais équipée des mêmes lits superposés en bois.

Salek qui, bien sûr, avait pris des renseignements avant notre arrivée, nous apprit que le Vésinet comptait parmi les villes les plus cossues de la banlieue parisienne. Mme Minc, qui nous avait suivis, tandis que Nini et Judith encadraient maintenant les Intellectuels, ajouta que cette ville se situait à une dizaine de kilomètres de la capitale.

Comme celui du château d'Écouis, l'intérieur de notre maison du Vésinet avait connu des jours meilleurs – papiers peints aux tons passés, tapis pelés... Les boiseries rendaient l'atmosphère étouffante.

---

des Jeux olympiques. La première édition de cette compétition a eu lieu en 1932, en Palestine. Il existe aussi des Maccabiades continentales en Amérique, en Europe et en Océanie. Les Maccabiades doivent leur nom aux Macchabées, en l'honneur des révoltes de Bar Kokhba déclenchées à partir de 132 av. J.-C. Les juifs de la province romaine de Judée, avec à leur tête Shimon bar Kokhba, s'étaient soulevés contre l'Empire romain, tout près de construire une nouvelle ville sur les ruines de Jérusalem et d'ériger un temple au dieu romain Jupiter sur le mont du Temple.

Nous étions une cinquantaine de garçons de Buchenwald à nous être installés au Vésinet, polonais pour la plupart – la brute hongroise, hélas, nous avait suivis jusque-là. Cinquante orphelins, juifs français que l'OSE avait contribué à sauver, nous avaient accueillis. En effet, l'OSE avait caché de nombreux enfants juifs durant l'Occupation, pour la plupart dans le sud de la France, dans des fermes et des orphelinats chrétiens.

Notre premier dîner, un festin de bienvenue, se composait de ragoût de bœuf et de poulet rôti accompagnés de pommes de terre au beurre. Au terme du repas, ceux qui savaient jouer d'un instrument de musique se produisirent. On comptait un violoncelliste dans nos rangs, et l'un des jeunes Français s'assit au piano pour exécuter un morceau, de Chopin nous dit-il, puis un blues. Le blues, nous apprit-il encore, trouvait ses origines parmi les esclaves noirs du sud profond des États-Unis, ainsi que dans les Caraïbes.

À la fin de la représentation, Abe nous invita à le suivre dans les jardins.

Il nous mena jusqu'à un parterre de roses, près duquel il nous demanda de nous asseoir.

— J'ai quelque chose à vous dire, commença-t-il.

Je secouai aussitôt la tête en marmonnant un « non ».

Avant même que ses mots franchissent la barrière de ses lèvres, j'avais compris : Abe s'apprêtait à nous quitter.

— Je vais partir en Amérique, lâcha-t-il à voix basse.

— Où exactement ? lui demandai-je en m'efforçant de ravaler la boule que j'avais soudain au fond de la gorge.

— New York. Chez un oncle. Le frère de mon père...

Il venait de s'exprimer avec lenteur, mais ensuite, il se précipita brusquement, comme s'il estimait nous devoir une explication.

— Mon oncle a pris contact avec l'OSE. Il me cherchait… À vrai dire, il s'est mis en quête de tous les membres de notre famille dès qu'il a appris ce qui se passait en Europe. Il nous cherche depuis le début.

En se frottant les yeux, Abe se souilla le visage de terre.

Nous nous taisions tous les cinq, mais il ne faisait pas le moindre doute qu'en notre for intérieur, nous étions en train de hurler.

J'avais brièvement croisé Abe, d'un an mon aîné, avant de quitter Częstochowa pour Buchenwald. Comme moi, Abe comptait parmi les esclaves de HASAG, mais lui travaillait dans l'usine de Kielce, en Pologne, en qualité d'opérateur. À treize ans, la direction l'avait promu contremaître. Comme je l'ai déjà raconté, notre amitié était née pour de bon le jour où j'avais eu le visage partiellement brûlé. Dès lors, nous ne nous étions plus quittés.

Né à Łódź le 10 juin 1930, Abe avait un frère, Morris, plus jeune de deux ans. Toute la famille était parvenue à s'enfuir du ghetto de Łódź pour s'installer dans le studio de l'une des grands-mères d'Abe, dans la ville de Nowy Korczyn. Pour subvenir aux besoins de la maisonnée, son père s'adonnait au marché noir, Abe lui prêtant main-forte.

En octobre 1942, les Allemands avaient purgé Nowy Korczyn de tous ses juifs. Abe, son frère, sa grand-mère et sa mère, accompagnés de quinze autres personnes, avaient pris la fuite mais, hélas, les nazis n'avaient pas tardé à leur mettre le grappin dessus. On envoya Abe et sa mère travailler à HASAG. Au tout début, Abe occupait le poste d'aide-électricien. Mais, comme moi, il avait les doigts agiles et, bien qu'il ne fût pas bien grand, il se révélait costaud et prompt à exécuter ses tâches.

Par ailleurs, et sur ce point nous ne nous ressemblions pas, Abe possédait une volonté de fer, qui lui permit de grimper rapidement les échelons, car il ne craignait pas d'avoir d'autres ouvriers sous ses ordres.

Puis les Allemands l'envoyèrent à Przedbórz pour y creuser des fossés antichars. Enfin, il se mit à travailler dans l'usine HASAG de Częstochowa.

À Buchenwald, Jakow nous avait ordonné, à Abe et à moi, de ne jamais quitter notre baraquement, ce qui ne nous empêchait pas de nous éclipser en cachette pour aller nous promener dans le camp. Un jour de neige, nous découvrîmes un tas de pommes de terre. Un tas énorme, à croire qu'un camion gigantesque venait de vider sa marchandise sur le sol. J'ignore la raison pour laquelle on n'avait pas immédiatement stocké ces pommes de terre dans un entrepôt ou une cuisine, toujours est-il que deux gardes SS veillaient sur elles, marchant devant le monticule, chacun dans un sens opposé à celui de l'autre.

Je me cachai, avec Abe, parmi des fûts métalliques rangés contre le mur d'un baraquement, pour compter combien de temps il fallait aux gardes pour disparaître brièvement entre deux passages.

— Si on court vite, murmurai-je à Abe, c'est faisable.

Mais qui de nous deux courait le plus vite ? Nous discutâmes un moment à mi-voix, en négligeant volontairement le fait que, si nous échouions, les gardes nous abattraient. Soudain, lassé de nos arguties, Abe détala sans prévenir. Il revint avec trois pommes de terre.

De retour dans le Block 8, Abe et moi retirâmes l'une des ampoules du plafond, avant de transpercer l'une des pommes de terre avec un morceau de fil électrique, dont nous attachâmes une extrémité à la douille. Lorsque nous rallumâmes la lumière, la pomme de terre était cuite. Ce soir-là, nos pommes de terre furent à nos yeux des tartes au citron, des ragoûts à la viande juteuse. À chaque bouchée, nous faisions semblant d'être de retour chez nous, face à des tables croulant sous des mets délicieux.

Je revins soudain à l'instant présent.

— Je prendrai le bateau à Cherbourg pour me rendre aux États-Unis, était en train d'expliquer Abe. Là-bas, il y aura Ellis Island… J'ai peur, Romek.

— De quoi as-tu peur ? lui demandai-je en clignant des yeux pour me concentrer.

— Que se passera-t-il si… Et si je ne retrouvais pas ma famille ? Si je m'installe en Amérique, comment pourront-ils me trouver ?

— Et moi ? l'interrogeai-je malgré moi. Comment ferai-je pour te retrouver ?

Toujours assis près du parterre de roses, je regardai Abe en me demandant ce qu'il me restait encore à perdre…

12

Dans les jours qui précédèrent la libération de Buchenwald, des bombardements eurent lieu tout autour du camp.

Les bombes américaines, qu'à plusieurs reprises Abe et moi avions entendu siffler dans leur chute, tombaient si près que nos baraquements tremblaient à chaque explosion.

J'étais d'avis que nous devions nous enfuir avant qu'une bombe nous anéantisse. L'idée de mourir à quelques jours de revivre m'était insupportable.

La veille de la libération, Jakow nous informa que les nazis avaient raflé cent cinquante jeunes juifs dans le camp pour les jeter ensuite à bord d'un train pour nulle part. Ils n'avaient plus qu'une idée en tête : faire disparaître les preuves de leurs crimes. Jakow insistait : nous étions plus en sécurité à l'intérieur de notre baraquement que dehors.

Néanmoins, à l'aube, lorsque le silence se révélait le plus profond, Abe finit par accepter de fuir avec moi. Comment aurions-nous pu savoir qu'on s'apprêtait à briser nos chaînes quelques heures plus tard ? Il était temps pour nous de tenter notre chance. Et tant pis si les gardes, dans les miradors, ne dormaient pas. Tant pis s'ils avaient l'habitude de s'entraîner au tir en abattant les détenus qui, la nuit, quittaient brièvement leur baraquement pour fumer ou uriner.

Une fois dehors, nous nous hâtâmes de salir nos visages et nos pyjamas avec de la terre, cherchant à les rendre moins visibles pour passer inaperçus dans la pénombre. Tandis que nous progressions presque sur la pointe des pieds, j'aperçus une fleur. Une fleur blanche qui poussait dans la boue.

— Je crois que nous sommes morts, murmurai-je à Abe.

Les faibles lumières du mirador me permettaient de voir mon souffle dans l'air pendant que je parlais. Abe, lui aussi, surveillait sa respiration.

— On est au paradis ? me souffla-t-il.

Nous restâmes immobiles, figés dans le silence, un silence plus effrayant, plus terrifiant que notre peur d'être touchés par une bombe américaine. Je susurrai à Abe que je regrettais les profonds ronflements de Jakow, ainsi que la voix apaisante du Grand Willy quand il nous appelait le matin…

***

Au milieu de l'après-midi du 11 avril 1945, Abe et moi nous recroquevillâmes sous l'un des cadres de lit en bois, sans savoir, une fois de plus, si nous étions morts ou vivants. Dehors résonnaient des bruits de pas précipités, des chants et des acclamations. À un moment donné, Jakow cria à travers le bâtiment que l'ensemble des garçons pouvaient à présent sortir en toute sécurité. Les membres de la résistance intérieure avaient pris le dessus dans le camp ; les SS étaient partis. L'horloge au-dessus de l'entrée indiquait 15 h 15, l'heure exacte de notre libération.

Tout ce à quoi je pensais à ce moment-là, c'était que pendant des années, je m'étais éveillé chaque matin dans un cauchemar. La vie m'était désormais offerte. J'avais survécu. Mais qu'est-ce que la vie ? Je me le demandais en observant les jeeps américaines pénétrer dans le camp. Qu'est-ce qui donne un sens à la vie quand on est réduit à un simple numéro ?

— Je m'appelle 117098, dis-je au soldat américain lorsqu'il me demanda mon nom.

C'était tout ce que j'avais été pendant trois ans. J'étais 117098. Même la vue d'une fleur blanche poussant dans la boue – l'espoir émergeant de l'obscurité – m'avait terrifié. Car cette fleur symbolisait la liberté, alors que je n'avais connu que la captivité.

***

Un matin de la fin août, après que les assiettes et la nourriture du petit déjeuner eurent été débarrassées, on nous répartit en équipes pour les Maccabiades. Un membre de l'OSE nous expliqua qu'elles avaient été constituées en fonction de nos tailles, mais qu'on avait également tenu à séparer ceux qui se connaissaient déjà, afin qu'ils fassent de nouvelles rencontres. Abe, Salek, Marek, Joe et moi étions tous dans des équipes différentes. La brute hongroise faisait partie de mon équipe. Il me brailla dessus pendant qu'on nous distribuait des shorts et des maillots de corps blancs. Comme nous prenions la direction de nos chambres pour s'y changer, le Hongrois me flanqua un coup de coude dans l'escalier. C'en était fini de la gentillesse dont il avait fait preuve un jour à Écouis.

Dehors, sur la pelouse du manoir, nous nous assîmes en équipes. La première chose à faire, annonça-t-on, était de trouver un nom pour chaque groupe. Blottis les uns contre les autres, les membres de mon équipe et moi n'échangions pas le moindre mot. Nous nous toisions avec méfiance. Finalement, un garçon de Varsovie annonça le nom choisi. Nous haussâmes tous les épaules. Aucun de nous ne s'en souciait. Nous dûmes ensuite écrire le nom de notre équipe sur une grande pancarte, dont le garçon de Varsovie s'empara pour la brandir alors que nous défilions sur un terrain de football voisin pour la cérémonie d'ouverture des Maccabiades.

Un membre de l'OSE ouvrit officiellement les jeux en évoquant les règles d'équité, de camaraderie et d'esprit sportif que nous devions tous suivre. En participant, notre but ne devait pas se résumer à la victoire, nous devions surtout nous soutenir mutuellement. Les épreuves sportives seraient la course, le saut, le football, on ferait aussi de la luge sur le flanc herbeux d'une petite colline, on sauterait d'arbre en arbre à l'aide de cordes. Il y aurait également des épreuves collectives.

La course à pied me plut beaucoup et j'atteignis les demi-finales d'une des courses de demi-fond – je perdis contre Abe, qui me devança sans peine. Il ne s'arrêta pas en si bon chemin, gagnant également les deux épreuves de courte distance.

Mon équipe ne brilla pas sur le terrain de football. Nous n'étions pas unis. Chacun cherchait à s'emparer du ballon, puis à courir seul, au lieu de faire des passes. Le groupe adverse se conduisait à peu près de la même façon. Non contents de huer leurs adversaires, tous les footballeurs s'en prenaient aussi aux joueurs de leur propre équipe. Deux minutes avant la fin de la rencontre, le score demeurait nul des deux côtés. C'est alors que le Hongrois se tourna vers moi pour me faire part de sa colère. Par bonheur, son esprit de compétition l'emporta ce jour-là sur le plaisir qu'il prenait à tabasser les Polonais. À présent, il avançait vers le but adverse avec le ballon et, une fraction de seconde avant d'être intercepté, il le passa au garçon de Varsovie, qui me le passa ensuite. Je me trouvais juste devant l'un des poteaux. Je donnai un coup de pied et marquai le but. Nous gagnâmes le match. Lorsque le coup de sifflet retentit, nous nous congratulâmes, avant de serrer nos adversaires dans nos bras. Quelque chose, à cet instant précis, vola en éclats : notre haine, peut-être. Nous commençâmes à penser que, peut-être, il y avait en nous une part de l'autre.

Un groupe de garçons participant aux Maccabiades organisées par l'OSE.

Des relais suivirent, dont l'un comportant des courses à trois étapes. Le Hongrois et moi unîmes nos forces et gagnâmes.

Lors d'une course de relais, nous finîmes par nous écrouler les uns sur les autres en riant, car le témoin nous échappait systématiquement au moment de le passer au coureur suivant. Nos rires se firent contagieux, si bien que, bientôt, on s'esclaffait au sein de toutes les équipes. L'entraide devenait générale.

Au football, mon équipe fut éliminée en quarts de finale. Assis au bord du terrain, nous applaudissions tous les buts marqués, soupirant à chaque passe manquée.

À la fin de la deuxième journée, avant la cérémonie de clôture, nous nous prîmes tous par les bras pour danser la *hora*. Puis, avec gravité, nous chantâmes la chanson de Buchenwald[1] :

1. En décembre 1938, le *Lagerführer* Arthur Rödl, chef du camp de Buchenwald, décide de doter le camp d'un chant, promettant

Quand le jour se lève et que le soleil rit,
Les colonnes marchent vers leur peine quotidienne,
Dans le matin morne.
Noire est la forêt et rouge est le ciel.
Dans notre sac nous n'avons qu'un bout de pain sec,
Et au cœur, au cœur, des angoisses.
Ô Buchenwald, je ne peux pas t'oublier
Car tu es ma destinée.
Qui te quitte alors seulement peut juger
Comme la liberté est merveilleuse !
Ô Buchenwald, nous ne nous lamentons ni nous plaignons,
Et quel que soit notre futur,
Nous voulons malgré tout dire oui à la vie,
Car le jour viendra
Où nous serons libres !

***

Pour le dernier soir qu'Abe allait passer avec nous, Mme Minc demanda aux cuisiniers de préparer des *pierogi*[1] et pour le dessert, des pâtisseries au miel qui, selon Abe, avait le même goût que celles de sa maman, ce qui lui fit monter les larmes aux yeux. Parmi les jeunes Polonais, ceux qui savaient chanter ou jouer d'un instrument, interprétèrent pour l'occasion des chansons folkloriques de notre pays. C'est alors que mon esprit se

---

même une récompense que les gagnants ne toucheront jamais. Le *Buchenwaldlied* est composé en trois jours par Hermann Leopoldi sur un texte de Fritz Löhner-Beda, librettiste de Franz Lehár. Destiné à encourager la volonté de résister, le chant plaît tant à Rödl qu'il en ordonne d'exténuantes répétitions collectives dans le camp, accompagnées par l'orchestre des détenus. Certains prisonniers témoigneront cependant avoir chanté cet hymne avec une volonté de résistance.

1. Raviolis polonais farcis de viande, de fromage ou de fruits.

mit à vagabonder, et je me rappelai l'époque où Jakow prenait un accordéon ou un violon, une flûte parfois, pour jouer, lui aussi, ces chansons. Avant qu'on nous eût demandé de rejoindre nos chambres, les jeunes Polonais chantèrent encore *Boże, coś Polskę*, un hymne religieux.

Abe et moi restâmes éveillés. Assis sur des chaises dans la salle à manger, nous parlâmes de Buchenwald en buvant du thé.

— Tu te souviens des colis de la Croix-Rouge ? me demanda-t-il soudain.

Bien sûr que je m'en souvenais.

Le réseau clandestin du camp s'était arrangé pour que les colis de la Croix-Rouge destinés aux prisonniers politiques soient plutôt distribués aux détenus les plus jeunes. Dès qu'ils surent qu'ils étaient pour des enfants – dont certains n'avaient que sept ans –, les adultes concernés, pourtant faméliques, se firent une joie de remettre ces colis contenant de la viande en conserve, des bonbons, des chaussettes chaudes et des pulls tricotés à la main. Lorsque Abe et moi reçûmes les nôtres, nous les ouvrîmes avec empressement, jetant le contenu sur le lit. Parmi les articles, il y avait des bandages et des cache-oreilles, mais nous cherchâmes autre chose : du chocolat. Nous n'avions plus mangé de chocolat ni de dessert depuis l'invasion de la Pologne par l'Allemagne. Avec précaution, nous déballâmes les barres de chocolat enveloppées dans du papier doré et les disposâmes devant nous. Après avoir admiré le chocolat pendant un moment, nous léchâmes les barres comme s'il s'était agi de crème glacée – nous n'osions pas les croquer, à cause de nos gencives douloureuses et de nos dents déchaussées et gâtées du fait de la malnutrition.

Je n'avais pas envie que Abe s'en aille, mais je savais qu'il devait partir.

13

Je m'éveillai en retard.

Jetant un bref coup d'œil autour de moi, je constatai que la literie d'Abe avait disparu, ainsi que la vieille valise en cuir marron dans laquelle il avait rangé ses maigres affaires, y compris des photos prises à Écouis.

Je bondis hors de mon lit, paniqué. Sans prendre la peine de lacer mes chaussures, je dévalai l'escalier, courant ensuite à toute allure vers la salle à manger. Il ne s'y trouvait pas. Mme Minc m'informa qu'il était parti, mais que, si je me dépêchais, je pourrais le rejoindre à la gare.

Les muscles de mes jambes ne tardèrent pas à me faire mal et je sentais une ampoule se former à l'arrière d'un de mes talons, mais j'atteignis enfin la gare, à bout de souffle.

Il était tôt, une foule compacte envahissait les quais, hommes et femmes s'en allaient travailler.

Je me frayai un chemin parmi eux, mais je ne trouvais toujours pas Abe. Je sautai pour tenter de voir par-dessus les têtes, puis je me mis à crier son nom. Un train arriva, qui engloutit presque instantanément la foule. Je me retrouvai seul sur le quai.

Mes épaules s'affaissèrent et je soupirai. Il me manquait déjà. Je ne le reverrais peut-être plus jamais.

— Romek !

Je levai les yeux. Abe se trouvait sur le quai opposé, le professeur à côté de lui. Ils me firent signe de les rejoindre.

Comme je descendais du quai pour traverser les voies, un conducteur de train m'attrapa par le col pour me hisser à nouveau sur le quai. Il me désigna la sortie d'un geste. Je lui expliquai, en yiddish, que je devais rejoindre mon ami, que je lui montrai. Le conducteur me répondit quelques mots en français, les narines épatées et les yeux fous.

— Il ne faut pas que tu traverses la voie, cria le professeur. Tu risques de t'électrocuter. Nous allons t'attendre.

Lorsque enfin je retrouvai Abe, j'étais éreinté. Abe tomba dans mes bras.

— Le professeur m'a dit que tu pouvais m'accompagner, dit-il en s'écartant.

Je scrutai son visage. Ses joues, comme les miennes, étaient trempées de larmes.

— Ce sera peut-être le dernier voyage que nous ferons ensemble.

Abe devait prendre un bateau à Cherbourg, dont le port était à nouveau en service, après avoir été détruit lors de l'invasion alliée. Il nous fallut environ une semaine pour l'atteindre. Je n'avais jamais vu la mer ni l'océan, jamais je n'avais senti cette odeur d'algue ni la brise fraîche et salée du littoral. La lumière de la côte normande me parut plus légère qu'ailleurs, le ciel plus haut, les voix des oiseaux plus lointaines, comme si elles montaient vers le paradis, à l'inverse de la pluie, qui tombait vers la terre.

Le navire était si grand que, debout auprès de lui, il m'était impossible de voir sa poupe ni sa proue. Jadis, j'avais fabriqué des bateaux en papier que je faisais naviguer sur le fleuve Kamienna. Aucun d'entre eux ne pouvait décemment rivaliser avec celui-là. Des passagers, dont de nombreux soldats américains en uniforme, étaient déjà montés à bord. Ils se penchaient par-dessus les rambardes du pont en faisant des signes de la main.

Pour moi, l'Amérique, c'était John Wayne, dont j'avais vu les films à Skarżysko-Kamienna, sous-titrés en polonais. Je ne parvenais pas à me représenter la ville de New York, dont Abe m'affirmait qu'elle était aussi vaste que Paris, plus vaste peut-être, plantée d'immeubles plus hauts que la tour Eiffel, la tête dans les nuages.

À côté de moi, Abe ouvrit sa valise en cuir pour en sortir l'une des chemises qu'il avait choisies dans le camion, à Écouis. Il me la tendit.

— C'est la première chose que j'aie jamais possédée, me dit-il en me remettant la chemise. La première depuis que j'avais quitté Łódź. Je tiens à t'en faire cadeau.

Je frémis, car je n'avais rien à lui offrir en échange.

— Sais-tu pourquoi j'ai bondi le premier pour aller chercher nos trois pommes de terre ? demanda-t-il alors.

— Parce que tu es têtu et que tu veux toujours avoir raison, le taquinai-je.

— Non, répondit-il, le visage à présent très sérieux. Parce que les nazis avaient envoyé mon petit frère dans les chambres à gaz, je le savais et je refusais de perdre un autre frère.

Je poussai un cri. Moi aussi, je tenais Abe pour un frère.

— Contrairement à toi, reprit-il, je ne rêvais pas que j'allais un jour rentrer chez moi, auprès de ma famille. Je n'avais pas le moindre rêve pour me soutenir. Je n'avais aucun moyen de savoir si mon père était encore en vie. Mais ton rêve m'a donné la force de continuer. C'est grâce à lui, et donc grâce à toi, que j'ai survécu.

— Nous, les garçons de Buchenwald, nous avions sans doute tous quelque chose au plus profond de nous qui nous a permis de tenir bon, commentai-je en prenant Abe dans mes bras. Nous avions besoin de trouver la force de survivre.

Mes yeux ne lâchaient plus Abe qui, maintenant, montait sur la passerelle. Il finit par n'être plus qu'un point minuscule, puis il se fondit parmi les soldats américains. Je fis cependant de grands gestes, jusqu'à ce que mes bras me fassent mal. Bientôt, la trompe nous indiqua que le navire s'apprêtait à partir. Le professeur et moi étions toujours là, contemplant le gigantesque bâtiment en train de s'éloigner du port en direction de la Manche, puis de l'océan.

***

Chaque jour, nous, les garçons du Vésinet, apprenions la mort de membres de nos familles, d'amis, de voisins. La plupart de ces tristes nouvelles, annoncées par des personnes en visite au centre, n'étaient que des rumeurs, mais comme aux actualités que nous écoutions à la radio chaque soir, on révélait, un peu plus colossale tous les jours, l'ampleur de ce que les nazis avaient fait subir aux juifs d'Europe, nous étions à peu près sûrs que ces informations étaient vraies. Lorsqu'un décès était découvert dans les archives nazies recueillies dans les camps de concentration et qu'on commençait à déchiffrer, Mme Minc appelait le garçon concerné dans son bureau pour l'informer le plus doucement possible. Chaque fois qu'elle venait nous voir pour articuler le nom de l'un de nous, tous les autres poussaient en silence un soupir de soulagement. Puis nous pleurions avec ceux qui avaient officiellement perdu leur mère, leur sœur, leur frère, leur papa…, et nous tâchions de les consoler. Nous étions tous anxieux, car nous savions qu'un jour ou l'autre, notre tour viendrait. Dans le même temps, chacun se cramponnait à l'espoir insensé d'avoir été miraculeusement épargné par l'horreur.

Joe, Marek et Salek étudiaient à présent, sous la houlette d'enseignants venus tout exprès pour nous au Vésinet. Je suppose qu'apprendre était pour eux une façon d'oublier la tension quotidienne dans laquelle nous vivions. Ils prenaient des leçons de français et de mathématiques, avec pour objectif, une fois qu'ils maîtriseraient suffisamment la langue et auraient refait leur retard scolaire, la fréquentation d'une école française. L'après-midi, des assistants sociaux s'entretenaient avec nous. Divisés en petits groupes, assis en demi-cercle sur des chaises en bois rigides et grinçantes, nous les écoutions nous parler de diverses formations professionnelles, de la possibilité, pour nous, de nous installer pour de bon en France ou dans d'autres pays dont on nous donna la liste. Ces assistants sociaux étaient censés nous encourager, s'entretenir avec nous de notre avenir. Mais la plupart d'entre eux n'en faisaient rien. Nous demeurions là en silence, à tressaillir sur nos sièges, jusqu'à ce que l'un de nous, n'y tenant plus, se mette à parler des ghettos ou des camps de la mort. Nous en avions besoin. Nous voulions tous partager ce que nous avions vécu.

Contrairement à Joe, Marek et Salek, je n'aimais pas l'école. En classe, mon esprit vagabondait. Un jour, je me mis ainsi à penser à deux de mes camarades d'école en Pologne, Halinka et Wiesiek, la sœur et le frère, nés à un an d'intervalle. Ils étaient aussi nos voisins, ils habitaient à quelques maisons de la nôtre, dans la rue du 3-Mai. À Noël, je me rendais chez eux pour chanter des chants de Noël et habiller leur sapin avec des guirlandes de friandises et de petits sujets en pâte sablée, des anges, des étoiles, que leur mère faisait. À Pâques, nous décorions des œufs dans leur cuisine, en bleu vif, en rouge et en violet. Lors des fêtes juives, Halinka et Wiesiek venaient chez moi pour manger du *tcholent*, écouter nos prières et les récits de mon père.

Un jour, au printemps 1938, juste avant Pâques, alors que nous rentrions de l'école, bras dessus bras dessous, comme nous en avions l'habitude, Halinka, Wiesiek et quelques autres enfants de ma classe me précipitèrent en bas d'une petite colline. Ils m'assénèrent des coups de pied dans le ventre, tirèrent mes cheveux, me giflèrent et me crachèrent au visage. Ces enfants, qui étaient mes camarades de classe, mes amis, qui n'avaient jamais fait preuve de violence à mon égard, venaient soudain de se métamorphoser. Ils finirent par s'en aller. Couvert de sang et d'ecchymoses, je pleurai. Je rentrai chez moi en boitillant. Ma mère me prit dans ses bras et Chaim m'emmena chez le médecin, qui m'informa que j'avais le bras cassé.

J'avais deviné sans peine la raison pour laquelle mes camarades de classe s'étaient ainsi déchaînés contre moi. J'étais juif. J'étais différent d'eux. Plusieurs fois par semaine, notre institutrice, femme austère qui souriait rarement, demandait aux garçons juifs de quitter la classe. Nous courions dans le couloir en chaussettes pour le plaisir de glisser sur le plancher poli, pendant que les enfants catholiques suivaient leur cours de religion. Une fois, je m'assis près de la porte pour écouter. Les élèves étaient en train d'apprendre une prière dans laquelle il était question de perfides juifs.

***

« Dieu tout-puissant et éternel, qui n'exclus pas même la perfidie juive de Ta miséricorde, exauce nos prières que nous T'adressons pour l'aveuglement de ce peuple, afin qu'ayant reconnu la lumière de Ta vérité qui est le Christ, ils sortent de leurs ténèbres. »

À l'approche du Vendredi Saint, on demanda aux enfants chrétiens de prier pour notre conversion au christianisme.

Lorsque l'école reprit après Pâques, Halinka et Wiesiek vinrent à notre porte pour que nous nous rendions ensemble à l'école. Ils se comportèrent comme si rien ne s'était passé. Ce fut le début de l'effondrement de mon monde, de mon enfance innocente, où les gens, y compris les enfants, étaient capables à présent de changer du tout au tout en l'espace d'une journée. Ce fut à la même époque que, pour la première fois, je me crus différent des autres. Dès lors, je ne fis plus confiance à quiconque, sinon aux membres de ma famille… en lesquels, hélas, je ne tardai pas à perdre foi aussi.

Puis arrivèrent Jakow et le Grand Willy. Et Abe.

Je continuais à penser à lui. Avait-il atteint l'Amérique sans encombre ? S'entendait-il bien avec son oncle ? Mangeait-il à sa faim ?

Un jour, après la classe, Marek, qui avait deviné mon désarroi, me proposa de nous rendre à Paris pour tenter d'y retrouver Ralph et ses amis communistes. J'avais toujours considéré Marek comme un simple suiveur. Jamais il ne s'exprimait le premier, et il donnait très rarement son avis. Il se contentait d'être systématiquement d'accord avec Salek.

Ralph ne s'était plus montré depuis le début d'incendie qui s'était produit au château de Ferrières. Avait-il rejoint Gustav qui, pour sa part, du moins si l'on en croyait la rumeur, avait filé à Berlin, où il s'apprêtait à ouvrir un bar et lever des fonds pour aider les garçons de Buchenwald à se mettre à leur compte, le jour où ils s'en sentiraient capables.

Marek, lui, me rappela les boîtes de jazz où Ralph, nous avait-il dit, retrouvait ses camarades.

— Qui sait, conclut-il, peut-être est-il toujours en France.

À tous les garçons de Buchenwald on avait remis des épinglettes de vétérans de l'armée française, afin que nous puissions prendre le train sans rien payer. Nous pouvions aussi fréquenter gratuitement les salles de concert, les clubs et les cinémas. Marek et moi portions les nôtres sur le col de nos chemises.

La gare se situait à quelques pâtés de maisons et, pour nous y rendre, nous n'avions d'autre choix que de traverser un quartier semi-résidentiel avant de parvenir à la partie centrale de la ville.

Tandis que nous marchions, je contemplais les demeures à plusieurs étages, avec leurs larges portes en bois peint et leurs vastes fenêtres, dont plusieurs, en partie détruites durant la guerre, avaient été réparées avec du ruban adhésif et du carton. À proximité de la gare se trouvaient encore, sur des panneaux et sur des réverbères, quelques fragments d'affiches de propagande informant les juifs français que certains quartiers de la ville leur étaient interdits.

Dans le train, les Parisiennes arboraient des tailleurs aux jupes ajustées, leur rouge à lèvres se voyait de loin et quant à leurs chapeaux, sans doute mon père les aurait-il admirés pour le travail qu'ils avaient demandé à l'artisan. Je me sentis bientôt littéralement enveloppé par les parfums et l'eau de Cologne des femmes et des hommes – la lavande et le lilas firent remonter un souvenir à ma mémoire, lorsque j'allais en cueillir dans les champs avec Golda. Elle avait confectionné des sacs en tissu qu'elle emplissait de sa collecte. Une fois les végétaux séchés, elle en glissait des brins dans nos taies d'oreiller.

Les Parisiens, vêtus de costumes, avaient en outre, autour du cou, des foulards de soie. Tous, ou presque, avaient les cheveux lissés en arrière, comme ceux de Ralph. Mais par-delà leurs tenues à la mode et leur prestance, ce qui les rendait étrangers à mon univers était leurs sourires. La légèreté qui se dégageait d'eux. Ils se comportaient comme mes parents le faisaient en bavardant avec nos voisins lorsqu'ils les rencontraient dans la rue du 3-Mai, ou comme le boucher quand il taquinait Chaim à cause de sa grande taille, ou comme le boulanger quand il s'extasiait à propos des fêtes juives.

Marek et moi nous serrâmes l'un contre l'autre. Je le soupçonnais de ne pas se sentir à sa place non plus. Je me rappelai soudain quelque chose qu'Elie avait dit avant de nous quitter pour Taverny, à propos des garçons de Buchenwald : « Nous aspirons à rester fidèles aux morts. »

***

Dans les rues de Paris, les gens marchaient vite.

Ils allaient d'un pas léger. Je me sentais perdu au beau milieu de cette agitation. En revanche, Marek semblait savoir où il allait, me guidant dans les rues en pente de Montmartre, un quartier dont il m'apprit qu'il grouillait d'artistes – de célèbres peintres et musiciens y vivaient. Alors que les poils de mes bras se hérissaient, que des gouttes de sueur coulaient le long de mon dos et que mes yeux s'emplissaient de larmes, Marek me guidait toujours, comme lors d'un parcours d'obstacles, à travers les foules parisiennes, les rues pavées et les ruelles tortueuses, jusqu'à ce que nous nous arrêtions devant la porte d'un bâtiment.

Comme il me demandait de le suivre, il descendit quelques marches de pierre menant à une pièce sombre, éclairée par de petites bougies posées sur des tables basses.

— C'est un club de jazz, chuchota Marek, au cas où je n'aurais pas été capable de m'en rendre compte moi-même.

D'un piano s'échappait un morceau chaotique au rythme effréné – rien à voir avec les symphonies de Beethoven que mon père écoutait sur notre phonographe ni la musique classique que les musiciens étaient venus jouer pour nous à Écouis. Soudain, une voix féminine se mit à chanter. Aiguë mais claire, comme du cristal.

Tandis que Marek et moi nous faufilions à travers la pièce, entre des hommes et des femmes qui fumaient des cigarettes en buvant dans des verres transparents, j'éprouvais une sensation inédite. Enfin, je vis la chanteuse et le pianiste. Elle chantait en français, dont je ne comprenais que quelques mots. Mais sa voix, ainsi que le genre de musique, suffirent à éveiller quelque chose en moi, à tel point que j'avais l'impression de saisir le moindre mot qu'elle prononçait. J'étais au bord des larmes. Ralph avait raison. Les langues nous séparaient. Mais le jazz, tel qu'il me transporta ce jour-là, me permit de vivre un moment rare, durant lequel la langue n'avait plus d'importance.

La chanteuse noire était vêtue d'une longue robe crème sans manches, ornée de broches scintillantes. Je me figeai, fixai les diamants, qui soudain me rappelèrent les boucles d'oreilles en argent de ma mère, puis les photographies de famille qu'elle avait cousues dans la doublure de la veste que je portais à HASAG. Les nazis, avant de déplacer les familles juives dans le ghetto, s'étaient rendus dans leurs maisons, pour y rafler tout ce qui avait de la valeur. Chez nous, ce furent les verres en cristal de ma mère qu'ils emportèrent avec eux, les cuillers en argent, notre plus belle vaisselle et les coupes de kiddouch[1] en argent. Toutefois, mes parents avaient cousu des zlotys, des photographies et les quelques bijoux de ma mère dans les doublures de nos manteaux. Il y avait une photo de moi bébé, une de mes parents, une troisième de notre famille au grand complet, prise par le photographe de Skarżysko-Kamienna quelques mois avant que les Allemands n'envahissent la Pologne. Il y en avait une de Chaim dans son uniforme de soldat polonais.

À côté de la chanteuse, le pianiste noir, sur son tabouret, faisait courir ses doigts sur le clavier avec une telle légèreté qu'ils paraissaient plutôt flotter au-dessus des touches, comme s'il faisait semblant de jouer.

Je me souvins alors de Buchenwald. Quelques jours après la libération, le 183e bataillon de combat du génie de l'armée américaine arriva, entièrement composé de soldats noirs. À Buchenwald, tout le monde était blanc. Jakow nous avait expliqué qu'on maltraitait les Noirs, qu'en Amérique existaient des lois qui avaient pour but de les séparer de la majeure partie de la société, tout comme les nazis l'avaient fait pour nous, les juifs. Cependant, ces hommes combattaient pour leur pays, résolus à mettre un terme à la guerre et à libérer les opprimés comme eux.

Et voilà que j'étais en train de contempler un pianiste noir qui jouait comme si l'esprit même de la musique se mouvait en lui, ainsi qu'une chanteuse noire dont la

---

1. Le kiddouch (mot hébreu, littéralement « sanctification ») est une bénédiction récitée sur le vin ou le jus de raisin pour sanctifier le shabbat ou la fête juive.

voix me faisait l'effet d'illuminer les toiles d'araignées poussiéreuses qui se cachaient en moi.

Marek s'assit à l'une des tables près de la scène. Il me fit signe de le rejoindre, puis tapota le siège vacant à côté de lui. En m'approchant, j'observai le dos de l'homme assis à la table avec Marek : cette veste en tweed qu'il ne retirait jamais, même au plus chaud de l'été, ces cheveux bouclant légèrement autour des oreilles… Le professeur Manfred. Il fumait une cigarette, tapait du pied et balançait la tête au rythme de la musique. Lorsque je m'approchai de la table, je vis qu'il avait les yeux fermés et le menton légèrement levé.

Le professeur avait l'air paisible. Je sus alors que lui aussi comprenait la musique.

Romek au côté du professeur Manfred (à gauche).

14

Lorsque les lumières du club de jazz s'allumèrent, je regardai les clients se diriger vers la sortie pour laisser place à ceux qui désiraient assister à la représentation du soir.

Bientôt, il ne resta plus que Marek, le professeur, le personnel et moi.

Je compris alors ce qui se tramait. Marek m'avait amené ici en toute connaissance de cause. Je lui assenai un coup de pied sous la table en posant sur lui un œil interrogateur. Pour quelle raison le professeur se trouvait-il ici ?

Marek rougit, marmonna qu'il devait aller aux toilettes et me laissa seul avec le professeur.

— Il fallait que je te parle, dit enfin ce dernier.

Je l'ignorai, laissant plutôt mon regard vagabonder à travers la salle.

Dans la pénombre initiale, j'avais trouvé à cet endroit quelque chose de surnaturel, il aurait pu s'agir d'une grotte magique sous la mer. À présent, les lieux paraissaient passablement décrépits. Je notai, entre autres, des lézardes au plafond. Il manquait des ampoules aux lustres et d'autres avaient grillé. Le sol était plein de rayures.

Le professeur se pencha et saisit mon poignet.

— Romek, je sais que tu penses qu'aucun des membres de l'OSE n'est capable d'imaginer ce que tu as traversé, dit-il, se penchant vers moi. Qu'il est ridicule de notre part de nous soucier de ces sujets, que nous ne sommes pas en mesure de t'atteindre là où tu vis maintenant, mais tu as tort.

Je continuais à regarder ailleurs. Il n'était pas question, pour moi, de me laisser émouvoir. Je tressaillis, prêt à retirer mon poignet que le professeur serrait, mais quelque chose m'en empêcha. J'enfonçai plutôt mes ongles dans les paumes de mes mains.

— Que pourriez-vous bien savoir ? dis-je à mi-voix sur un ton cassant.

Je scrutais les visages des employés du club, en quête de signes qui auraient pu m'indiquer que l'un ou l'autre d'entre eux était communiste. Et, mieux encore, si Ralph se montrait tout à coup ? Ralph, la clé de mon avenir.

Je brûlais de parler de Staline au professeur, tout en me demandant à quoi on reconnaissait au juste un communiste.

Je n'en avais côtoyé qu'à Buchenwald, vêtus de leurs pyjamas, sur lesquels on avait cousu leurs insignes rouges. À quoi ressembleraient-ils une fois qu'ils auraient repris du poids. Ils portaient en outre des vêtements ordinaires. Ressemblaient-ils tous à Ralph ?

Je pris ma décision, là, sur-le-champ. J'allais rejoindre les communistes et regagner l'Europe de l'Est. J'y retrouverais les garçons de Buchenwald qui avaient déjà rejoint les mouvements communistes en Russie, en Hongrie et en Roumanie.

— En juillet 1942, la police française est entrée dans l'immeuble où je vivais avec ma femme et ma fille qui, si elle était encore en vie, aurait à peu près le même âge que toi, était en train de me dire le professeur. Derrière les agents de police se tenait notre concierge, un homme d'un certain âge, qui offrait souvent des caramels à ma fille. Tu m'écoutes, Romek ?

Sans cesser de balayer la pièce du regard, je grommelai que oui.

— En 1940, les Allemands ont ordonné aux juifs de s'inscrire auprès de leur commissariat local. Avant cela, la France n'exigeait pas que ses citoyens déclarent leur religion. L'un des policiers, qui tenait une liste de noms, a lu le mien à voix haute, celui de ma femme, puis de ma fille. Il nous a dit ensuite que nous avions quelques minutes pour faire nos bagages. Ma femme s'est mise à pleurer. J'ai supplié l'agent de police de nous indiquer où nous allions. Je savais que depuis que les Allemands avaient pris Paris, les juifs n'y étaient plus en sécurité. Des panneaux étaient apparus presque immédiatement, indiquant aux juifs qu'ils n'étaient plus autorisés à fréquenter les parcs publics, certaines rues... Bientôt, nous n'avions plus le droit de sortir de nos habitations, sauf à certaines heures, durant lesquelles nous pouvions acheter de quoi manger. À ceci près que nous ne pouvions nous rendre dans les magasins qu'en fin de journée : il ne restait presque plus rien. Des rumeurs venues d'Allemagne évoquaient des camps réservés aux juifs, des rafles, des commerces détruits parce que leurs propriétaires étaient israélites, la privation de tous leurs droits. Mais je n'avais aucune idée...

Sa voix s'éteignit. Il ôta ses lunettes embuées pour en nettoyer les verres avec un mouchoir.

— On nous a ordonné tous les trois de monter dans un autobus qui attendait dehors, un autobus parisien typique, uniquement rempli de juifs à présent – j'en connaissais certains, soit parce que nous fréquentions la même synagogue, soit parce que nous travaillions dans la même université.

Après un bref silence, le professeur enchaîna.

— On nous a emmenés au Vélodrome d'Hiver. Nous y sommes restés plusieurs mois, dans des conditions déplorables. Finalement, on nous a expédiés à Auschwitz-Birkenau. J'étais à Auschwitz. J'y travaillais.

Ma femme et notre fille, elles, se sont retrouvées à Birkenau, où elles sont mortes dans les chambres à gaz.

Je me retournai finalement et regardai le professeur. Il avait retiré sa veste en tweed et remonté une manche de sa chemise. Sur son bras était tatoué un matricule. Le matricule qu'on lui avait attribué à Auschwitz.

D'une voix étouffée, je lui racontai dans quelles circonstances j'avais obtenu mon propre matricule. Cela s'était passé la nuit où Chaim m'avait emmené travailler à HASAG. Un soldat lituanien à la solde des nazis m'avait remis un morceau de papier sur lequel, m'avait-il informé, était écrit mon nouveau nom. Il s'agissait du matricule 117098.

Tandis que je continuais à observer le professeur, je remarquai ce qui, jusqu'alors, n'avait pas retenu mon attention : ses épaules affaissées, ses yeux fatigués, ses bajoues tombantes. Son col de chemise élimé me sauta pour la première fois au visage, ainsi que les pièces râpées cousues sur sa veste de tweed. Je me rappelai le ghetto, une mèche de cheveux gris qui s'échappait soudain du fichu de ma mère, les cernes sous ses yeux qui finissaient par se voir en dépit du mal qu'elle se donnait pour les cacher à l'aide de la poudre de Golda… Autant de détails qui, ce soir-là, me révélaient les vulnérabilités du professeur, que le reste du temps il cachait avec soin.

Marek revint avec trois sodas à l'orange dont le barman lui avait fait cadeau. J'essuyai les larmes sur mes joues puis, d'une main tremblante, j'avalai une copieuse gorgée de soda. Bientôt, le professeur reprenait la parole.

— Mes chers enfants… Nous tous, les survivants, sommes maintenant en mille morceaux. Il m'arrive certains jours de ne plus réussir à distinguer ce qui est réel de ce qui ne l'est pas. Mais si nous refusons de prendre notre chagrin à bras-le-corps pour enfin découvrir ce qui se cache derrière, nous sommes fichus, Romek.

Il ne s'adressait plus qu'à moi.

— Que voudraient pour toi tes parents ?

Il se pencha vers moi pour me parler encore, d'une voix si basse que je dus tendre l'oreille pour comprendre ce qu'il disait.

— Cette question, je te l'ai déjà posée, mais aujourd'hui, j'exige une réponse. Que voudraient pour toi tes parents ?

Je me taisais.

Le professeur se rassit sur sa chaise, but un peu, puis alluma une autre cigarette.

Je fermai les yeux. Les images des camps m'assaillaient. Les hommes, à Buchenwald, qu'on emmenait pour leur injecter des produits chimiques ou des médicaments en phase d'expérimentation, et qui regagnaient leurs baraquements perdus, hébétés, mourants. Je voyais encore les *Muselmänner*[1], ces fantômes du camp, ceux qui se jetaient contre les clôtures électriques ou, simplement, cessaient de travailler, sachant pertinemment qu'on allait les fusiller. Je voyais des hommes déchiquetés par les chiens. Je renouais avec la sensation des douches froides que j'avais été contraint de prendre en hiver, après quoi on nous ordonnait de nous aligner dehors pour l'appel, parfois nus. 117098, c'était ce que j'étais devenu. 117098. Et pour survivre, il m'avait fallu oublier tout le reste, n'être plus que ce numéro, faire ce qu'on me demandait, et rien d'autre.

1. *Muselmann* (*Muselmänner* au pluriel) désigne, dans la langue des camps de concentration, un déporté tellement affaibli que sa mort est imminente.

— Que voudraient pour toi tes parents ? s'obstina le professeur.

Je me souvins d'un dîner. Mon père me faisait réviser mes mathématiques. À l'école, nous venions juste de commencer à apprendre les tables de multiplication. J'étais doué. Hélas, tout ce que j'avais eu l'occasion de compter depuis le ghetto, c'était le nombre de camps dans lesquels j'avais été détenu. Six. J'avais également compté des SS, des membres de la Gestapo, des soldats d'autres pays. J'avais compté le nombre de coups de feu, afin de compter les morts… Au début de la guerre, les soldats tiraient sans cesse, sans se soucier de savoir si leurs balles tuaient, mutilaient ou manquaient leurs cibles. Mais vers la fin de la guerre, Jakow nous ayant expliqué que les munitions s'épuisaient, les Allemands ne tiraient plus que pour tuer. Je comptais les mots qu'on utilisait pour nous décrire, nous, les juifs. *Untermenschen* (sous-hommes). Nous étions des *Untermenschen*. Je prenais soudain conscience que j'avais fini par croire ce qu'on me disait. Je n'étais qu'un rat, de la nourriture pour les vers. Tant que j'étais capable de travailler, mon cœur pouvait continuer à battre.

— Tu es le bébé de notre famille, disait ma mère. Tu peux faire tout ce que tu voudras dans ce monde, et tout ce que tu feras nous rendra fiers.

— J'aime les chiffres, murmurai-je enfin au professeur. J'étais bon en mathématiques.

Assis dans un train qui nous ramenait au Vésinet, Marek, le professeur et moi gardions le silence. Dans un rêve éveillé, je voyais des feuilles tomber ; je me voyais en train de jouer à chat avec Moishe le long du fleuve, de taper dans un ballon de football que Chaim avait fabriqué avec de la ficelle et du tissu qu'il avait récupéré à la boutique de notre père. J'entendais ce dernier lire l'histoire de Moïse dans la Haggadah[1], sa voix profonde qui, pareille à un vent puissant, traversait notre petite maison. Je le sentais me serrer contre lui, à la synagogue, tandis qu'il m'enveloppait dans son *talit*. Je humais l'odeur de ma mère, celle de la farine et des fleurs sauvages qu'elle cueillait pour les mettre ensuite dans un vase qui avait appartenu à sa mère.

Lorsque nous descendîmes du train, il faisait nuit. Les jours raccourcissaient. L'automne approchait. Comme nous marchions en direction du manoir, seule la lumière des réverbères nous éclairait, ainsi que celle, ici et là, des fenêtres dont on n'avait pas encore tiré les rideaux.

À Skarżysko-Kamienna, parce qu'elles étaient moins nombreuses qu'ici, les maisons se trouvaient aussi plus éloignées les unes des autres : il me suffisait de sortir sur le seuil pour pouvoir contempler un ciel nocturne qui s'étendait d'un bout à l'autre de l'horizon.

Je m'avisai soudain que je n'avais regardé le ciel qu'une seule fois depuis l'arrivée des Allemands en Pologne, le jour où l'on m'avait hissé sur le plateau de la camionnette dans l'intention d'aller m'abattre dans la forêt toute proche.

En chemin vers le manoir, j'éprouvai l'envie d'admirer le ciel.

Nous étions presque arrivés. Je m'aventurai sur la pelouse d'une maison, puis m'y couchai sur le dos. Je scrutai les étoiles. Elles n'étaient pas nombreuses, beaucoup moins nombreuses qu'à Skarżysko les soirs

1. La Haggadah est un texte juif qui énonce l'ordre du Séder de la Pâque, une cérémonie qui commémore la délivrance des juifs de leur esclavage en Égypte.

dégagés. Les lumières de Paris étendaient un voile céleste qui masquait la plupart des étoiles, ainsi que la Voie lactée tout entière.

J'entendis soudain la voix de ma mère souffler à mon oreille. « Sans la nuit, il n'y aurait pas de matin », m'avait-elle expliqué après que les Allemands avaient interdit aux écoliers juifs de fréquenter l'école communale. « Marche toujours vers la lumière », m'avait-elle aussi conseillé.

Pourquoi avais-je oublié tout ça ? murmurai-je avec l'espoir que la plus brillante des étoiles m'entendrait.

Je pris brusquement conscience que ces étoiles n'avaient jamais cessé d'étinceler, même lorsque nous étions dans les camps, phares qui nous indiquaient la direction de nos foyers.

« Les étoiles…, dis-je encore à mi-voix. Voilà bien quelque chose que les nazis n'ont pas réussi à anéantir. »

15

Dans mon rêve, je me retrouvais avec les partisans.

Les jeunes partisans allumèrent un feu qui, en cette fin d'hiver, n'aurait pas dû se propager comme il le fit, saisissant les branches squelettiques et fragiles des arbres au-dessus. Il aurait dû s'éteindre rapidement dans l'air humide et la neige fondante.

Ce soir-là, les partisans étaient plus ivres encore que d'habitude, ils avaient l'élocution difficile. Ils posaient sur moi un regard vitreux qui disait tout le dégoût que je leur inspirais – ce même dégoût que je discernais dans les yeux des SS et des gardes à HASAG.

— Danse, petit juif, m'ordonna l'adolescent aux cheveux jaunes.

Il tira avec son pistolet, frôlant mon épaule.

Au-dessus de nous, des branches incendiées, crépitantes, firent pleuvoir bientôt des étincelles sur nos têtes, ce qui détourna l'attention des jeunes hommes.

Je n'y réfléchis pas à deux fois. Tandis qu'ils levaient les yeux, je me mis à courir en remerciant le feu.

Glissant dans la boue, sur la glace, je zigzaguai entre les arbres, sautai par-dessus des bûches et des rochers, traversai, toujours en courant, des ruisseaux peu profonds – leurs eaux étaient terriblement froides.

De retour aux abords de l'usine, je me recroquevillai dans des buissons épineux jusqu'au matin, jusqu'à l'heure où les gardes se relayaient et que la clôture électrique était désactivée durant quelques minutes.

Je creusai la terre de mes ongles, ainsi qu'avec un bâton, pour parvenir à me glisser sous la clôture.

De retour.

J'étais de retour. À l'intérieur.

De nouveau prisonnier des Allemands.

***

Avais-je retrouvé un nouvel enthousiasme pour la vie ? Non. Je m'étais contenté d'adopter une routine.

Je cessai enfin de manger avec mes doigts pour renouer avec les couverts – je comptais parmi les derniers du centre à m'y mettre. Je m'aperçus d'abord que j'avais oublié la façon dont on tenait une fourchette, la façon dont on coupait sa viande avec un couteau. Salek me montra comment faire. Lorsqu'ils étaient arrivés à Buchenwald, les soldats américains nous avaient distribué des sardines et du pain, des haricots, du chocolat. À peine Abe et moi avions reçu notre ration que nous nous étions jetés dessus, jusqu'à ce que Jakow surgisse pour nous ordonner de recracher ce que nous commencions déjà à engloutir. Il s'était ensuite emparé de notre nourriture en nous disant qu'il allait nous la donner lentement, morceau par morceau. Si nous mangions trop vite ou si nous mangions trop, nous avait-il expliqué, nous risquions de tomber malades. Il fallait d'abord réhabituer notre organisme. Il avait raison : parmi ceux qui n'avaient pas profité de ses conseils, quelques-uns moururent, la plupart furent malades. Les garçons de Buchenwald vomissaient à qui mieux mieux.

Nous avions fini par prendre trois repas par jour, comme avant, à ceci près que nous enfournions à présent d'énormes poignées de nourriture, que nous avalions tout rond. Au Vésinet, Salek me réapprit donc à prendre de petites bouchées, puis à les mâcher, comme il l'aurait fait pour un bébé.

La plupart de mes vêtements étaient couverts de taches de gras, car j'avais pris l'habitude de m'essuyer les mains dessus, aussi me trouva-t-on de nouvelles tenues. Je mis mes vieilles guenilles dans un baril métallique que les jardiniers utilisaient pour brûler les feuilles mortes. Je regardai ces habits que je portais depuis Buchenwald partir en fumée, avec le souvenir des poux et des puces qui y avaient naguère élu domicile.

Je dormais maintenant dans de vrais pyjamas et, tous les jeudis, j'envoyais mes vêtements à la blanchisserie. J'étais allé jusqu'à renouer avec les sous-vêtements, que je changeais chaque jour.

Lorsque nous vivions dans le ghetto, ma mère faisait de son mieux pour que nous restions propres. Elle lavait nos habits dans l'eau du puits – du moins quand elle en avait obtenu une quantité suffisante –, qu'elle faisait bouillir les jours où nous trouvions du bois pour alimenter le poêle. Elle faisait ensuite sécher le linge à une corde, sur le balcon. En hiver, le froid raidissait les pantalons, comme si les jambes de leurs propriétaires se trouvaient encore dedans.

À Buchenwald, Jakow nous obligeait à prendre des bains. Il nous forçait à le suivre, en file indienne, jusqu'aux douches, où régnait un froid glacial. Avec le même savon que nous utilisions pour nous laver, Jakow nous demandait ensuite de laver aussi nos vêtements. Nus, nous faisions alors les cent pas, même en hiver, en attendant que notre tenue sèche. Nous frissonnions tant et plus, en claquant des dents, tandis que Jakow, pour tenter de nous distraire un peu, reprenait son récit consacré à la princesse ou nous racontait d'autres histoires populaires.

Tout comme j'avais réappris à manger, je dus réapprendre à me laver, y compris les cheveux. Je n'avais jamais pris de bain auparavant, du moins pas dans une baignoire de taille normale. Je passais un temps considérable dans l'eau chaude, si bien que mes camarades finissaient par tambouriner contre la porte pour pouvoir en profiter à leur tour. La première fois que je pris un bain, je dus me laver et reremplir la baignoire à trois reprises pour me débarrasser une bonne fois pour toutes de ma saleté. Je regardais l'eau tourbillonner autour de la bonde, d'abord noire de plusieurs années d'une crasse qui me collait au corps à la façon du glaçage sur certains gâteaux de ma mère, puis d'une teinte entre le gris et le brun clair et, enfin, limpide. J'utilisai également une brosse à ongles. Après chaque bain, je me regardais dans le miroir. Je fixais longuement mon reflet, j'étudiais la forme de mon nez, ma mâchoire carrée, mes ridules, ce qui restait de mes brûlures... Je tentais de retrouver les membres de ma famille sur mes traits. « Qui suis-je ? » chuchotais-je. Près d'un an s'était écoulé depuis la libération de Buchenwald, mais je continuais à n'être que le 117098. Romek ne venait qu'en seconde position.

— Notre identité, voilà ce que les nazis nous ont pris, déclara un soir Salek. Ils nous ont volé ce que nous étions. Et ce que nous sommes maintenant.

Nous étions en train de discuter dans notre dortoir, toutes lumières éteintes – nous n'avions plus besoin de veilleuses, car, enfin, nous avions acquis l'assurance qu'un jour succéderait toujours à la nuit et que nos cauchemars n'étaient pas réels.

— Ils nous ont pris notre humanité, grommela Marek.

J'acquiesçai.

— Notre confiance dans les autres, notre foi dans la vie, nos souvenirs..., dit Joe avec un soupir. Tout a disparu.

Le soir, nous nous disputions tous les quatre pour des places devant la radio. Je m'accrochais aux bonnes nouvelles : les forces alliées, ainsi que des civils découvraient des groupes de juifs encore en vie, cachés dans des cryptes sous les églises, dans des tunnels, dans des cavernes et des systèmes d'égouts sous les villes et les villages. On en trouva même dans des gorges au plus profond de certaines forêts, ce qui me remémora mon aventure avec les partisans polonais – à l'évidence, il existait des francs-tireurs bienveillants.

***

Le professeur Manfred devint mon mentor.

À chacun de nous, on avait assigné un guide, quelqu'un que nous appréciions. La plupart des autres garçons, qui désormais fréquentaient une école française, avaient un tuteur choisi parmi les enseignants.

De mon côté, avant de commencer l'école, je passai un test pour savoir dans quelle classe on allait me mettre. Ce fut à cette occasion qu'enfin je commençai à prêter plus d'attention aux cours, conscient de mon retard. Le professeur et moi nous rencontrions souvent en tête à tête dans des cafés puis, lorsque le temps se fit plus chaud, au printemps 1946, les parcs devinrent nos salles de classe. À ce moment-là, je lisais des bandes dessinées en français, dont *Les Aventures de Tintin*. Le professeur et moi allâmes aussi voir des films français.

À intervalles réguliers, des garçons de Buchenwald nous quittaient pour s'installer chez de très lointains parents – une poignée d'entre eux retrouvaient, en Europe, des membres de leur famille qui avaient survécu au massacre de masse mis sur pied par les nazis.

Pour le premier anniversaire de la libération de Buchenwald, on nous annonça que nous pourrions organiser une fête, car beaucoup d'entre nous considéraient le 11 avril comme notre second anniversaire. Mme Minc demanda aux cuisiniers de préparer d'énormes gâteaux au chocolat. Cependant, la plupart d'entre nous faisait grise mine, personne n'éprouvant l'envie de fêter cet événement.

Quelques jours plus tard, à Pâques, alors que nous étions assis sur un banc dans le jardin des Tuileries, le professeur me proposa de lire l'histoire de l'exode de Moïse d'Égypte. Il me remit un exemplaire usé de la Haggadah, avec une reliure de cuir, qui, m'apprit-il, était dans sa famille depuis plusieurs générations.

En feuilletant les pages, Buchenwald et le rabbin Hershel Schachter me vinrent à l'esprit. Peu de temps après notre libération, l'aumônier du 8e corps de l'armée américaine organisa un shabbat, transformant le cinéma de Buchenwald en synagogue. Certains d'entre nous, m'informa plus tard Abe, dont les Intellectuels, s'assirent à l'avant et participèrent activement. Pour ma part, et je n'étais pas le seul, je n'assistai pas à l'événement. Peu de temps après, le rabbin distribua des livres de prières. Depuis combien d'années ne nous avait-on plus fait de cadeaux ? Je serrai mon exemplaire très fort. *Il était à moi*, me dis-je. *Rien qu'à moi.* Les animaux, à l'inverse, ne possèdent rien. Je ne suis donc plus un animal. Hélas, Baruch Goldberg, l'un des maçons juifs qui, dans le Block 66, jouaient le rôle d'enseignants, ne tarda pas à nous les reprendre. Il en jeta certains contre un mur, en s'adressant à nous sur un ton rageur :

— Vous avez accepté ces livres, vous êtes tout près de vous mettre à prier… Alors que votre famille est partie en fumée par les cheminées des camps ? Où était Dieu, à ce moment-là ?

Mes yeux errèrent de la Haggadah aux garçons, puis au professeur, tandis que je hochais doucement la tête.

— Je ne suis pas prêt, murmurai-je, me remémorant Ralph et les communistes à Buchenwald, convaincus que nous étions tous égaux et que la religion ne faisait que nous séparer. Si je n'avais pas été juif, confiai-je au professeur, je serais en ce moment même chez moi, en Pologne, avec ma famille.

***

Un jour, en fin d'après-midi, en revenant d'un café avec le professeur, j'aperçus la fille aux cheveux roux que j'avais vue dans le train en rentrant de Feldafing.

Mon cœur fit un bond et je clignai des yeux, pensant d'abord qu'il s'agissait d'un mirage. Comment était-il possible qu'elle se trouvât là ?

Mais en m'approchant, je vis que c'était bien elle. Elle était en train de travailler au jardin où je m'étais allongé pour regarder les étoiles.

Ce jardin se résumait à un fouillis de mauvaises herbes et de buissons envahissants. La jeune fille et une femme plus âgée jetaient des feuilles mortes dans une poubelle métallique. Comme je passai devant elle, la jeune femme leva les yeux. Nos regards se croisèrent. Timide, je détournai aussitôt la tête. Lorsque je revins vers elle, je constatai qu'elle continuait à me fixer. Je vis passer sur son visage ce que je crus être un sourire. Elle m'avait reconnu aussi.

À mesure que le printemps cédait la place aux nuances d'or et de bleu de l'été, je pris l'habitude de quitter le professeur après nos travaux pour le plaisir de passer devant la maison de la jeune fille. Elle se trouvait souvent dans son jardin, qui se métamorphosait peu à peu – elle y plantait des fleurs sauvages, des jonquilles, des marguerites et des œillets. Parfois, à l'aide d'une petite loupe, elle en observait les pétales. À la fin du mois de juillet, l'endroit évoquait une palette de peintre où se côtoyaient le rose, le jaune, le violet profond et le bleu.

Un soir, après le dîner, je fis une promenade à la recherche de la jeune fille. Elle était toujours dans son jardin, vêtue d'une robe blanche aux manches bouffantes et de bottes en caoutchouc.

Rassemblant mon courage, je décidai de m'approcher d'elle. Mais, d'abord plein de confiance, je ne tardai pas à sentir ma timidité reprendre le dessus.

Je restai dans la rue en la regardant. Mon cerveau avait beau m'ordonner de rebrousser chemin, mes jambes, elles, refusaient catégoriquement de bouger. Comme cela s'était déjà produit dans le train, j'eus l'impression de connaître la jeune fille depuis longtemps. Elle finit par me voir et me fit signe de m'approcher. Je pris soudainement conscience du genre de spectacle que je lui imposais : pauvre petit juif maigrichon, vêtu de loques, petit juif à la mine triste et effrayée. Les expressions que les nazis aimaient nous jeter à la figure, « nourriture pour les vers » et « les cochons sont plus utiles que vous », se mirent à ricocher à l'intérieur de ma boîte crânienne. Je continuais à avancer, mais avec l'assurance que la jeune fille n'éprouverait que dégoût en me découvrant de près.

J'aurais pu à présent la toucher, et je m'aperçus qu'elle portait au cou une petite étoile de David en argent. Elle rougit et cacha l'étoile sous son chemisier.

— Je ne suis pas censée la montrer à tout le monde, souffla-t-elle en français.

Elle paraissait soudain nerveuse, les traits de son visage s'étaient tendus et son regard agité ne connaissait plus de repos.

— Elle appartenait à ma mère.

Elle avait donc une histoire, elle aussi. Comme à moi, les nazis lui avaient jeté leurs insultes à la figure.

Mon français était assez bon pour que nous puissions avoir une conversation. Elle me dit qu'elle s'appelait Aurore.

— Moi, c'est Romek, réussis-je à articuler, luttant contre l'envie de lui donner plutôt mon matricule de détenu.

— Romek, répéta-t-elle. C'est un joli prénom. Je ne l'avais encore jamais entendu.

— C'est polonais. Mon prénom hébreu est Rachmil.

Elle me montra ce qu'elle était en train de faire. Avec sa loupe, elle observait les abeilles qui nichaient dans le sol. Elle me montra les nids en forme de dôme élaboré. Je pouvais voir les abeilles creuser à l'intérieur.

***

— Vous arrive-t-il d'avoir l'impression de perdre la tête ? demandai-je au professeur quelques jours plus tard, au terme d'une leçon sur les verbes et les conjugaisons en français.

Nous dégustions des glaces, la mienne était à la menthe.

Le professeur venait de me dire que mes progrès allaient bon train. À ce rythme-là, je serais sans doute prêt pour entrer à l'école en septembre. Je lisais désormais des livres pour enfants en français, je connaissais les tables de multiplication, je me débrouillais plutôt bien avec les divisions et j'apprenais l'algèbre.

— Je n'arrive plus à me représenter leurs visages, enchaînai-je. Je ne sais plus à quoi ils ressemblaient.

— Les membres de ta famille ?

J'acquiesçai.

— Je sais, Romek. C'est la même chose pour moi.

— La nuit où Chaim m'a emmené pour que je travaille à HASAG, il avait cousu des photos et des zlotys dans la doublure de mon manteau. Il m'avait dit que les photos m'aideraient à me souvenir, que l'argent et les bijoux me permettraient de soudoyer les gardes pour qu'ils me donnent un peu de nourriture supplémentaire ou une couverture. Chaque soir…

Je m'arrêtai net et penchai la tête. Mes souvenirs me submergeaient.

— Chaque soir, je regardais la photo de mes parents et celle où se trouvait le reste de ma famille. Quand les nazis nous ont emmenés vers l'ouest, en direction de l'Allemagne, j'avais toujours ma veste avec les photographies et l'argent à l'intérieur. Mais à Częstochowa, on m'a ordonné de me déshabiller et d'abandonner tous mes vêtements sur un tas. Ensuite, je suis passé à la douche.

Je me tus. Je revoyais au ralenti ce qui s'était passé ce jour-là. Tous les prisonniers avaient entendu parler de salles de douche dont la rumeur affirmait qu'on n'en sortait pas vivant. Que l'eau y était remplacée par du Zyklon-B, un gaz mortel. Ce jour-là, nous, les anciens esclaves de HASAG, nus, les pieds dans la boue, nous nous serrions les uns contre les autres en nous dirigeant vers la salle de douche, et plusieurs hommes récitèrent le kaddish, persuadés que nous allions tous mourir. Lorsque l'eau se mit à couler, la plupart d'entre eux se mirent à rire et, bien que cette eau fût glacée, ils levèrent la tête vers elle, aux lèvres un sourire, le dernier avant plusieurs mois, voire plusieurs années.

À la sortie des douches, les gardes nous ordonnèrent de nous rhabiller. Devant nous se dressaient des piles de pantalons et de chemises qui n'étaient pas les nôtres, ainsi que des pyjamas rayés. Quelqu'un à mes côtés murmura que les nazis étaient probablement en train de déchirer les doublures de nos habits pour faire main basse sur les bijoux et l'argent que nous étions nombreux à avoir dissimulés là. Le reste, ils le brûleraient. Ils allaient brûler mes photos…

— Je n'ai pas de photos de famille moi non plus, observa le professeur, dont la voix s'insinua dans mon rêve éveillé. Les Allemands, peut-être bien nos voisins, des gens en qui nous avions confiance, sont entrés dans les appartements et les maisons de tous ceux et celles qu'on avait emmenés de force au Vélodrome d'Hiver ou dans n'importe quel des centres de détention que les nazis avaient établis pour les juifs en France. Lorsque je suis rentré chez moi, tout y était sens dessus dessous. Je perçois la réalité de ma fille, ajouta-t-il d'une voix étouffée, et des larmes roulaient sur ses joues. Mais son visage, je n'arrive pas à le voir. Mon enfant se résume à une sensation.

— Mais pourtant je…, bégayai-je, ivre de colère à présent, et je me pinçai les cuisses de toutes mes forces pour avoir aussi mal à l'extérieur qu'à l'intérieur de moi. Je vois aisément les visages des partisans, je me les rappelle dans leurs moindres détails, les grains de beauté sur leurs joues ou dans leur cou. Je vois parfaitement le bec-de-lièvre de l'un d'eux.

Je vis soudain, avec autant de netteté, les yeux bleu-vert perçants et froids du SS qui avait tué un homme devant moi. Ce jour-là, nous, les ouvriers de HASAG, nous trouvions dans un train. Chaque fois que ce train s'arrêtait, on nous ordonnait d'en descendre pour creuser des fossés antichars, tranchées assez profondes et larges pour engloutir les véhicules ennemis. Un homme, de l'âge de mon père, travaillait avec moi. Il toussait beaucoup. Le blanc de ses yeux gonflés avait jauni. Il était malade et il le savait. Alors, il laissa tomber sa pelle.

— Bonne chance, mon garçon, me dit-il. Tu es tout seul, maintenant.

Les juifs qui cessaient de travailler savaient pertinemment ce qui les attendait. De temps à autre, un gardien plus bienveillant que les autres leur criait de reprendre leur tâche mais, la plupart du temps, cela allait plus vite. Ce jour-là, l'homme dont j'avais été brièvement le binôme, cet homme qui aurait pu être un rabbin, un boucher, un conteur, un grand-père... cet homme fut abattu devant moi. Il reçut une balle dans la tête, puis une autre en plein cœur. Je le regardai s'effondrer sur le sol, et les traits de son visage se tordirent un moment, puis il s'immobilisa, les yeux grands ouverts.

Ayant repris mes esprits, je me remis à pelleter avec vigueur. Je n'ignorais pas que ce genre de rébellion pouvait parfois énerver à ce point les gardes qu'il leur arrivait d'abattre quelqu'un d'autre, pour s'assurer que les survivants avaient bien compris le message et qu'ils se tiendraient à carreau.

Je sentis soudain le canon d'un fusil à l'arrière de ma tête. Un SS s'approcha et me chuchota de le suivre. Je m'exécutai. Je longeai la tranchée que mes camarades étaient en train de creuser, en urinant sur moi sous l'effet de la peur.

Lorsque nous fûmes hors de vue des autres prisonniers, le SS m'ordonna de m'arrêter. D'un sac à dos qu'il venait de poser sur le sol, il sortit une pomme, qu'il me tendit en souriant.

— Je me souviens du moindre détail de son visage, dis-je au professeur, ses pommettes saillantes, ses mèches de cheveux jaune paille dépassant de sous son casque, ses dents parfaitement blanches. Il pouvait avoir l'âge de Chaim. Mais ma mère, mes frères, Golda, Nathan… mon père, je n'arrive plus à les voir. Pas même Chaim.

Je fixai le vide. Mon cœur battait si vite que j'avais peur qu'il s'arrête. J'aurais voulu, à la fois, fondre en larmes et tout démolir.

— Je ne me rappelle que la haine, murmurai-je. Il n'y a pas de Dieu. S'il y en avait un, Il me permettrait de me souvenir de l'amour.

Le professeur et moi restâmes assis en silence, en regardant un colibri danser parmi les fleurs.

— Parfois, j'en viens à me demander si j'ai eu pour de bon une existence avant les camps de la mort, dis-je à voix basse. Les fragments de ma vie d'avant, quand ils remontent à la surface… c'est comme s'il s'agissait de simples rêves.

— J'éprouve la même chose, commenta le professeur au terme d'un long silence. Et je crois que cela vaut pour nous tous. Il n'empêche que, ma fille… Je sais que je ne l'ai pas inventée. Parce que je la discerne en toi.

16

Chacun de nous décide de s'instruire ou de rester ignorant,
d'être charitable ou cruel, généreux ou avare.
Personne ne nous oblige à quoi que ce soit.
Personne ne décide à notre place,
personne ne nous entraîne vers une voie
ou une autre. Nous sommes responsables
de ce que nous sommes.

Moïse Maïmonide (adaptation)

Côte à côte, mon frère Motel et moi tendions le cou pour regarder par la petite fenêtre de notre maison en écartant les rideaux de dentelle de notre mère.

Depuis plusieurs jours, nous entendions le vrombissement des avions de la Luftwaffe qui passaient au-dessus de nous. Plus loin, ils lâchaient des bombes. Les plus grandes villes étaient devenues des cibles. Chaim nous avait assuré que nous étions à l'abri à Skarżysko-Kamienna, grâce à l'usine de munitions : comme ils la convoitaient, les Allemands ne la bombarderaient pas.

Puis vinrent des chars et des camions, qui faisaient trembler les maisons. Suivaient des soldats à moto, eux-mêmes talonnés par des soldats à cheval. Enfin passaient des soldats à pied, coiffés de casques à pointe.

Je n'avais qu'une envie : sortir pour saluer l'armée allemande. J'avais dans les mains deux petits soldats de bois que Chaim et mon père avaient sculptés pour moi. Ils m'avaient fabriqué des armées entières en chêne. Je tenais à faire comprendre aux soldats allemands qu'un jour, je rentrerais dans l'armée, comme eux. À leur dire que je menais de grandes batailles à l'aide de pierres, de brindilles et de feuilles avec lesquelles je construisais mes forteresses. J'étais même allé jusqu'à creuser de petites tranchées à main nue.

Les soldats allemands seraient sans doute impressionnés de découvrir que Chaim m'avait enseigné certaines techniques de combat et partagé avec moi ce qu'il avait appris durant son programme d'entraînement au sein des forces terrestres polonaises. Je connaissais à présent les racines, les feuilles, les herbes et les fleurs comestibles, au cas où j'aurais à me cacher un jour dans une forêt, dont je connaissais aussi les végétaux toxiques. Chaim m'avait encore enseigné que la furtivité l'emportait sur la force.

Mais à l'arrivée des Allemands à Skarżysko-Kamienna, ma mère nous dit, à Motel et moi, de rester à l'intérieur. Dehors, c'était trop dangereux. Les chars risquaient de ne pas nous voir, surtout moi. J'étais si petit, ajouta-t-elle. Pour la première fois de ma vie, je compris à son regard que ma mère nous mentait. Elle nous taisait quelque chose.

Et ce fut à l'arrivée des Allemands que les mains de ma mère commencèrent à trembler, que son dos se mit à se courber et que ses cheveux se firent cassants et rêches, comme si elle s'était mise à vieillir d'un an chaque jour. Les Allemands investirent immédiatement les bâtiments gouvernementaux, hissèrent leurs drapeaux rouge sang à croix gammée. Ils nous déclarèrent qu'à partir de maintenant, nous étions sous leurs ordres. Un soir, Chaim informa notre mère que les envahisseurs venaient de placarder des affiches dans toute la ville, disant que les juifs étaient des criminels. Ils barricadèrent les magasins tenus par des juifs, ornant en outre la devanture du mot « jude » *peint en grosses lettres. Soudain, les juifs n'avaient plus le droit de marcher sur les trottoirs, de quitter leur maison après une certaine heure, de faire leurs courses dans certains magasins, de fréquenter les parcs, ainsi que les sentiers sinueux le long du fleuve Kamienna.*

Peu après l'arrivée des Allemands, deux soldats frappèrent à notre porte. Ils demandèrent à ma mère de leur préparer du thé. Les deux hommes, chacun de la taille de Chaim et guère plus âgés que lui, s'assirent à la grande table de mon père. D'une voix tremblante, ma mère leur proposa d'ajouter du vin de Kiddouch à leur thé.

— C'est délicieux, dit-elle. Il s'agit d'un vin doux. Très bon.

Les soldats se régalèrent, puis ils dégustèrent plusieurs de ses pâtisseries au miel.

Une fois les deux hommes partis, mon père poussa un soupir de soulagement et me dit :

— Tu vois, ces Allemands sont des gens civilisés. Ils ne cherchent pas à nous nuire.

Quelques jours plus tard, d'autres soldats arrivèrent, qui ne portaient pas tous le même uniforme, chacun incarnant un type de violence spécifique.

Les SS se révélèrent les pires de tous.

À peine étaient-ils arrivés à Skarżysko-Kamienna que les armes se mirent à parler.

Au début, j'ignorais d'où venaient ces détonations pareilles à des pétards. S'agissait-il d'une fête ? Je sautillai en suppliant ma mère de me permettre de quitter notre maison pour aller voir ce qui se passait.

Ma mère, qui s'effaçait chaque jour un peu plus, se repliant sur elle-même, refusa. Je n'avais même pas le droit de me rendre aux toilettes sans qu'un de mes frères aînés m'accompagne.

Les Allemands tuèrent le maire de Skarżysko-Kamienna. Ils interdirent les services religieux israélites. Ils envoyèrent les mères et les pères juifs, ainsi que toute personne en âge de travailler, s'échiner dans des fermes ou des usines dont ils s'étaient emparés avant de les remettre clé en main à des entreprises allemandes.

Dans toute la Pologne, des avocats, des médecins, des enseignants, des artistes, des musiciens, des journalistes, des politiciens et des hommes d'affaires furent assassinés. Chaim dit un jour à notre père que les Allemands avaient tué les gens instruits, autrement dit tous ceux qui auraient pu mettre sur pied des mouvements de résistance. Chaim ajouta que les nazis voulaient s'emparer de la Pologne selon le concept du Lebensraum[1]. *En d'autres termes, notre pays tout entier allait se résumer à une gigantesque terre agricole, une terre où les Allemands pourraient vivre et accroître leur population.*

Quant aux soldats de l'armée polonaise, toujours selon Chaim, ceux qui n'avaient pas trouvé la mort lors de l'invasion allemande s'étaient enfuis – certains vers la Russie, d'autres vers l'ouest, afin d'y rejoindre les forces alliées. Des avions de chasse polonais étaient en route pour l'Angleterre, où leurs pilotes se mettraient à la disposition de la Royal Air Force britannique. Un accord avait été signé entre la France, la Grande-Bretagne et la Pologne : si l'Allemagne envahissait la Pologne, Français et Britanniques viendraient à notre secours. Hélas, ajouta Chaim, personne ne s'était montré jusqu'ici. Le pays avait été abandonné par ses alliés. Nous étions seuls.

Ma mère nous remit des brassards qu'elle avait cousus suivant les ordres des Allemands : ces brassards, réservés aux

1. *Lebensraum* (« Espace vital ») : concept germanique forgé au XIXᵉ siècle pour justifier les visées expansionnistes allemandes à l'époque des colonisations, notamment vers l'Est. Terme repris à leur compte par les nazis qui en font l'un des fondements idéologiques de leurs politiques d'agressions militaires, de déplacement et d'anéantissement de populations.

juifs, étaient noir et blanc et ornés d'une étoile de David jaune. J'avais neuf ans. Tous les enfants de neuf ans et plus devaient porter ce brassard permettant aux soldats de savoir immédiatement qui nous étions.

Chaim avait appris, de source sûre, que les envahisseurs s'apprêtaient à chasser les juifs de leurs logements, si bien que, le jour où un soldat allemand nous annonça que nous devions déménager dans un lieu désormais nommé « quartier juif », ou « ghetto », nos bagages étaient déjà prêts. Ma mère s'en était occupée. Notre père, pour sa part, chargea le chariot avec nos couvertures et nos matelas, nos valises et nos photos de famille dans leurs cadres.

Nous empruntâmes des rues pavées, rougies par le sang de celles et ceux que les Allemands avaient abattus. Tout au long du trajet, mon père murmura sans relâche qu'il ne pouvait s'agir que d'une erreur. Tout cela était la faute d'une poignée d'hommes mauvais parmi les bons.

— Il sera bientôt mis un terme à cette folie, répétait-il. Les Allemands sont un peuple civilisé. Il suffit de penser à leurs musiciens, Bach, Beethoven, à leurs peintres, tel Hans Holbein. À leurs écrivains, comme Goethe.

J'appris plus tard, par la bouche de Jakow, que ce dernier était originaire de Francfort. Buchenwald, qui signifie « forêt de hêtres », se situait non loin des chênes sous lesquels Goethe allait s'asseoir pour écrire.

Je brûlais de hurler à mon père : « Regarde ! Regarde un peu ce que ces gens soi-disant civilisés ont fait ! »

***

Je commençai à rédiger mon histoire, en débutant par mon passage chez les partisans.

Lorsque mon père apprit que j'avais regagné furtivement le baraquement de HASAG après avoir faussé compagnie aux partisans, le moins qu'on puisse dire est qu'il ne m'accueillit pas à bras ouverts. Au contraire, comme le jour où j'avais fui la ferme des Brankowski, il me battit. Il me coucha sur ses genoux et me fessa.

Je me sentais perdu.

Incapable de comprendre ce qu'il attendait de moi.

J'avais l'impression qu'il avait oublié notre complicité d'antan, lorsqu'il glissait quelques zlotys dans ma poche pour que j'aille acheter une glace, des caramels ou des bâtons de menthe à la confiserie ; lorsqu'il me prenait sur ses genoux pendant qu'il bavardait avec des hommes de son âge ou racontait des histoires. Depuis notre arrivée dans le ghetto, il semblait vouloir m'éloigner de lui, de nous, de notre famille. J'étais inconsolable. Jusqu'alors, je m'étais tenu pour quelqu'un de bien, mais voilà que les nazis, eux, estimaient que j'étais infréquentable. Et je n'étais pas loin de penser que mon père était d'accord avec eux.

C'est ce que j'écrivis en premier.

Le professeur m'apprit que les premiers mots d'une histoire en disaient long sur ce que ressentait pour de bon celui qui les écrivait, quand bien même ce dernier n'en avait pas conscience. Le professeur me demanda si j'étais en colère contre mon père.

Refusant de m'engager dans une telle conversation, je déchirai les pages de mon cahier et recommençai.

Cette fois, j'évoquai le Yom Kippour de 1942. La veille de Hoshanna Rabba[1], dans l'après-midi, je quittai en catimini notre appartement du ghetto pendant que ma mère faisait la toilette de Nathan dans le tub en

1. Hoshanna Rabba désigne le septième et dernier jour de la fête juive de Souccot, au cours de laquelle on célèbre dans la joie l'assistance divine reçue par les enfants d'Israël lors de l'Exode et la récolte qui marque la fin du cycle agricole annuel.

métal dont elle se servait aussi pour ma propre toilette. Je voulais voir ce qui se passait dehors. Je n'avais pas quitté notre appartement depuis qu'Abram et moi avions été poursuivis par la police juive et que nous avions dû sauter dans le fleuve Kamienna pour échapper aux agents. Ce soir-là, mon père m'avait également corrigé, tandis que ma mère, les yeux pleins de larmes, me suppliait de ne plus jamais mettre le nez dehors, sauf pour me rendre au *heder*, dans le sous-sol de l'immeuble voisin.

Autour de moi, la mort semblait être partout, comme si l'ange Azraël marchait à nos côtés. Des gamins des rues vêtus de haillons infâmes tendaient des mains crasseuses, mendiant un morceau de pain. Faute de nourriture suffisante, les soupes populaires fermaient tôt chaque jour. Dès lors, ceux qui avaient mangé se battaient avec ceux qui n'avaient pas eu autant de chance et qui, à présent, réclamaient des restes. Dans les rues gisaient les cadavres d'hommes, de vieilles femmes et d'enfants qui n'avaient pas résisté à la famine – sur leurs visages, on déposait une feuille de journal en signe de respect, puisqu'il ne nous était plus permis d'enterrer nos morts selon la coutume juive.

J'arrivai sur la place principale au moment précis où plusieurs charrettes de paysans y faisaient halte. Non loin de moi, une femme marmonna que ces charrettes venaient de Shidlovze. Les juifs qui se trouvaient dedans étaient nus.

Je détournai le regard, tandis que les gardes les divisaient en deux files, un groupe allait se diriger vers HASAG, l'autre vers la gare. Je regardai les gardes maltraiter les malheureux de la seconde file, leur tirer les cheveux, les frapper avec leurs pistolets.

Un souvenir me revint. Quand j'étais tout petit, ma mère m'avait conseillé de toujours chercher le meilleur chez les gens, de distinguer ce qu'il y avait de bon à l'intérieur de tous ceux ou celles que j'aurais l'occasion de côtoyer. Je me sentis soudain indigne, car il m'était impossible de trouver quoi que ce fût de bon chez ces gardes, chez les nazis en général et les soldats qui, originaires d'autres pays que l'Allemagne, avaient rejoint leurs rangs.

Ces pages aussi, je finis par les déchirer.

***

Ce jour-là, le professeur et moi étions convenu de nous accorder une pause et de nous rendre à Paris dans l'après-midi, pour écouter des soldats jouer du jazz. En fin de matinée, je découvris un feuillet sur la porte de mon dortoir, indiquant que Mme Minc souhaitait me voir.

Je pris peur. Quelqu'un était mort. Telle était la nouvelle à laquelle je devais m'attendre.

Je me cramponnai à la rampe de l'escalier, le pas tout à coup incertain. J'eus l'impression de flotter jusqu'au bureau de Mme Minc, mais à peine en avais-je ouvert la porte que je me trouvai presque nez à nez avec une inconnue aux cheveux blonds bien coiffés, au visage souriant. Je soufflai. Jamais Mme Minc ne m'aurait annoncé une mauvaise nouvelle en présence d'un tiers. Je me ressaisis, très droit, les épaules en arrière, la tête haute, comme j'avais pris l'habitude de le faire au moment de l'appel à HASAG, puis à Buchenwald. Pourquoi avais-je agi de la sorte ? Parce que la prestance de l'inconnue m'avait donné à penser qu'il s'agissait d'une personne importante.

Elle m'adressa un sourire chaleureux, accueillant. Je me détendis un peu. Puis elle désigna, de la main, une chaise, à côté d'un homme aussi bien mis qu'elle.

— Je te présente Jane Renaud-Brandt[1], commença Mme Minc. L'une des bienfaitrices de l'OSE.

Comme j'ignorais ce qu'était une bienfaitrice, je me contentai de hocher la tête – *plus tard*, me dis-je, *je demanderais au professeur ce que voulait dire ce mot*. Dès mes débuts à HASAG, j'avais appris à écouter et à hocher la tête, à tout accepter, même si l'on m'aboyait des ordres dans une langue que je ne comprenais pas. Les protestations et les questions intempestives ne menaient qu'à la mort.

Le parfum musqué de la femme emplissait la pièce. Je réprimai une quinte de toux.

— Bonjour, dit Jane en m'invitant d'un geste à m'asseoir à côté d'elle.

Je finis par me rendre compte que je restais debout.

— Bonjour, murmurai-je en retour, et je m'assis enfin, avec lenteur.

— Tu es triste ? s'enquit Jane.

Je haussai les épaules.

— On m'a déjà parlé de toi, Romek, enchaîna-t-elle. Tu étudies le français, et l'on m'a fait savoir que tu te débrouillais très bien.

Je haussai de nouveau les épaules.

— Ta famille était polonaise, n'est-ce pas ?

Je confirmai d'un mouvement de tête.

---

1. Jane Myriam Félise Renaud était la fille du ferronnier d'art et industriel de l'armement français Edgard Brandt. En 1940, elle est titulaire du droit au bail d'un hôtel particulier situé dans le XVIe arrondissement de Paris, qui deviendra la résidence du général de Gaulle et de sa famille à la Libération jusqu'en 1946. En 1952, la propriété sera louée par la ville au duc et à la duchesse de Windsor. Un autre locataire, l'homme d'affaires égyptien, Mohamed Al-Fayed, renommera la bâtisse en « Villa Windsor ».

— J'ai deux fils de ton âge et une fille un peu plus jeune. Ils aimeraient te rencontrer. Accepterais-tu de venir un jour chez moi ?

Je levai les yeux. Elle me fixait.

— Moi ? repris-je, surpris.

Jane acquiesça.

— Mais je suis sale, et je... je ne suis pas sûr qu'ils m'apprécieraient, bégayai-je.

Comme lorsque j'avais rencontré Aurore pour la première fois, je pris à nouveau conscience de mon apparence, de qui j'étais, de ce que j'avais vécu. Comment pourrais-je seulement tenter de parler à quelqu'un qui n'avait pas expérimenté les mêmes choses que moi ?

— Je suis déjà venue ici, reprit Jane. Tu ne m'as pas vue, mais moi, je t'ai vu. Les autres jouaient au football, mais tu te tenais à l'écart et je t'ai trouvé si triste... Comme aujourd'hui. Peut-être Jean et moi parviendrions à te rendre un peu plus heureux.

— Nous sommes tous tristes, murmurai-je en baissant les yeux vers mes chaussures usées. C'est juste que certains d'entre nous sont plus doués que moi pour cacher leur tristesse.

— Ce jour-là, déclara Jane comme si elle ne m'avait pas entendu, j'ai eu envie de te connaître mieux, parce que j'étais prête à parier que tu étais un garçon très intelligent.

J'ouvris la bouche pour lui répondre que d'autres garçons de Buchenwald suivaient des cours de mathématiques et de sciences au lycée, que d'autres étaient déjà inscrits dans des écoles françaises. Elle se trompait, je n'étais pas intelligent du tout. Mais alors que les mots étaient sur le point de s'échapper de ma bouche, je jetai un coup d'œil à Mme Minc, qui secoua la tête, comme si elle avait deviné ce que je m'apprêtais à dire.

— J'aimerais que tu viennes passer un week-end chez moi, insista Jane. Je pourrais t'emmener à l'opéra, à un concert de musique classique. As-tu déjà assisté à un concert ?

— Seulement à ceux qu'on donnait à Écouis et ceux qu'on donne ici, murmurai-je.

Je pensais à mon père, qui aimait la musique de Beethoven. Régulièrement, la Sonate *« Au clair de lune »*, son morceau favori, emplissait notre maison, se glissant à la façon d'une brume sous la porte et dans les minuscules lézardes des murs, si bien qu'on pouvait entendre la musique jusque dans la rue.

— Nous pourrions également manger dans mes restaurants préférés, continua Jane.

— Je ne sais pas, dis-je en secouant doucement la tête.

J'avais peur. Je mourais de peur. Je commençais tout juste, petit pas par petit pas, à me sentir à l'aise avec Aurore, la seule personne qui, dans mon entourage, n'avait aucun lien avec Buchenwald. Que dirais-je aux enfants de Jane ? De quoi pourrions-nous parler ? Que penserait Jane de moi quand, en dépit de ses efforts, elle finirait par comprendre que je ne serais plus jamais heureux ?

Mme Minc se racla la gorge.

— Tu pourrais peut-être essayer, Romek ? Juste le temps d'un week-end. Et si tu n'as pas envie de renouveler l'expérience, personne ne t'obligera à le faire.

— Mme Minc pense que tu pourrais vraiment te plaire dans notre appartement, reprit Jane. Que la culture française pourrait t'intéresser. On m'a dit que tu aimais te rendre dans des clubs de jazz. Tu sais, le jazz a été introduit à Paris pendant la Première Guerre mondiale. Le jazz, durant l'Occupation, est devenu, pour les Parisiens, une façon discrète de s'opposer à l'oppression nazie. Les nazis avec leurs lignes droites, leur ordre, leur ponctualité et leur pureté de la race se trouvaient à l'antipode du jazz, au sein duquel se mêlent des traditions musicales issues du monde entier. Le jazz, c'est la liberté, la fougue, l'improvisation. Je serais ravie de t'emmener à des concerts, nous pourrions aller voir un spectacle de Joséphine Baker. Nous pourrions voir chanter Édith Piaf. Piaf, ce n'est certes pas du jazz, mais c'est une de mes amies.

Lorsque Jean se racla la gorge, je tressaillai, car j'avais oublié sa présence. Il sortit de sa poche de poitrine une barre de chocolat, qu'il m'offrit.

Je fixai l'emballage scintillant.

« Des hommes bons, il y en a encore un peu partout, Romek », m'avait assuré Jakow en m'enveloppant d'un pull immense.

C'était l'hiver et malgré tout, un homme, un autre prisonnier, qui pourtant mourait de froid comme moi, m'avait donné son pull de la Croix-Rouge pour que je me réchauffe.

« Là où il y a des monstres, avait ajouté Jakow, il y a aussi des anges qui nous prennent la main. N'oublie jamais ça. »

J'acceptai la proposition de Jane.

***

Après le départ de Jane et Jean, Mme Minc m'informa que l'OSE avait décidé de mettre en relation les garçons de Buchenwald avec d'autres jeunes juifs, français ceux-là, et qui vivaient à Paris.

Ces derniers, me dit-elle encore, nous aideraient à nous intégrer plus aisément. Elle souhaitait me mettre en contact avec un certain Jacques, qui avait un petit frère prénommé Henri. Tandis que Mme Minc m'expliquait que ces jeunes juifs français pourraient nous initier à la culture adolescente, mon esprit me fit remonter le temps jusqu'à mon emprisonnement à Częstochowa. Un matin, très tôt, juste avant de sortir pour l'appel, je regardai par une vitre poussiéreuse du baraquement et vis marcher un garçon dans un champ voisin du camp. Il pouvait avoir mon âge. Un seau en métal balançait au bout de son bras. Je le regardai puiser de l'eau au puits, puis repartir à travers le champ, en direction d'une maison d'où, par la cheminée, s'élevait une fumée pareille à de l'encre qu'on aurait estompée. *Quel genre de vie menait-il?* me dis-je. *S'apprêtait-il à prendre son petit déjeuner en famille? Savait-il seulement que des enfants de son âge se trouvaient à l'intérieur du camp, et qu'ils l'observaient? Allait-il à l'école? Il portait une écharpe en laine rouge que sa mère ou sa grand-mère lui avait sans doute tricotée.*

Une écharpe rouge.

Je me souvins alors d'avoir juré, ce jour-là, qu'une fois rentré chez moi, je demanderais à ma mère de me tricoter une écharpe en laine rouge.

— Je ne veux pas que tu te fasses trop d'illusions, entendis-je dire Mme Minc.

— Pardon?

De quoi parlait-elle? Je n'en avais pas la moindre idée.

— Tu ne m'écoutais pas, n'est-ce pas?

Je secouai la tête.

— Nous avons retrouvé un garçon, Romek. En Suisse… Il pourrait s'agir de ton frère Motel.

17

Tout ce qui me préoccupait lorsque Jacques, Henri et moi nous promenâmes dans un parc voisin, c'était Motel.

Motel ne désirait pas devenir tailleur comme notre père. Il ne souhaitait pas non plus entrer dans l'armée à la suite de Chaim. Motel ne semblait pas davantage avoir envie d'être un enfant. Pendant que Moishe et moi jouions au football, attrapions des grenouilles ou courions simplement dehors, Motel tordait des fils et réparait des appareils électroniques défectueux pour les voisins. Il voulait aller à l'université pour étudier l'ingénierie et savait qu'en tant que juif, il devrait être parmi les meilleurs à l'école, car la Pologne n'allouait que quelques places aux juifs dans chaque branche. Motel avait passé tout son temps libre à étudier, à la suite de quoi, non content d'être parmi les premiers, il était devenu le meilleur de son école et de toutes les écoles environnantes, jusqu'à Varsovie. Cet automne-là, lorsque les nazis envahirent la Pologne, Motel était sur le point de postuler pour entrer à l'université. Mais parmi les nouvelles règles édictées par les Allemands, il en était une qui interdisait aux juifs de fréquenter l'université.

Jacques et Henri parlaient des fanfares qui se produisaient dans le parc où ils souhaitaient m'emmener, ils évoquaient des bals qu'on donnait dans les salles des fêtes.

Les deux frères étaient plus grands que moi. Ils discutaient, ils se montraient amicaux et ouverts, mais au contraire de Salek, ils ne jouaient pas les Messieurs Je-sais-tout. À l'évidence, ils désiraient sincèrement apprendre à me connaître.

Jacques et Henri.

Ils me racontèrent à tour de rôle que leur père les avait placés dans un monastère chrétien durant l'Occupation. Ils avaient dû y feindre d'étudier dans le but de devenir moines. Leur mère s'était cachée, elle aussi, dans un village du sud. Leur père, lui, avait disparu, et une amie de leur famille qui comptait parmi les survivants de la Shoah pensait l'avoir vu à Auschwitz, au moment où on le transférait à Birkenau, ce qui, à très peu près, équivalait à la peine de mort.

Il y avait, chez ces deux garçons, quelque chose qui me paraissait familier, à tel point que, comme nous marchions sur le sentier longeant un cours d'eau étroit, j'eus brièvement l'impression de me promener en compagnie de deux de mes frères. Je frissonnai, car je n'avais éprouvé rien de tel auprès de Salek ou de Marek. Pas même avec Abe.

Jacques et Henri m'apprirent qu'à Paris, si l'on possédait une carte d'identité indiquant qu'on était juif, on pouvait aller au cinéma gratuitement. Tous deux étaient détenteurs d'une telle carte. Pour ma part, leur dis-je, l'insigne qu'on m'avait remis me permettait de fréquenter à titre gracieux les théâtres et les salles de concert. Ils avaient récemment vu *Madame Pimpernel*[1], ainsi qu'*Aveux spontanés*[2]. Ils aimaient les films de guerre parce qu'ils n'avaient pas su grand-chose de ce qui se passait à l'extérieur du monastère durant le temps qu'ils y avaient passé. Contrairement à moi, ils voulaient à tout prix connaître les événements survenus en Europe, apprendre comment on en était arrivé là et si une telle horreur risquait un jour de se reproduire. Puis Jacques évoqua la sortie d'un nouveau film de Tarzan. Je dressai l'oreille et tandis qu'il entreprenait l'escalade d'un portail métallique en se frappant la poitrine, puis en poussant le cri de l'homme-singe, je me surpris à leur proposer de voir ce film ensemble.

Flanqué des deux frères, je regagnais à présent le centre, lorsque Aurore parut au coin d'une rue. Elle se dirigeait droit vers nous. Aussitôt, mon estomac se noua et il me sembla que je cessais de respirer. Elle était accompagnée de deux amies, toutes trois portant leur uniforme scolaire. Le visage d'Aurore rougissait à mesure qu'elle se rapprochait de nous et, quand son regard croisa le mien, il parut s'illuminer.

---

1. *Madame Pimpernel*, aussi connu sous le titre de *Paris Underground*, est un film américain de Gregory Ratoff sorti en 1945. L'intrigue se déroule durant la Seconde Guerre mondiale.
2. *Aveux spontanés* est un film d'espionnage américain réalisé par Robert Parrish, sorti en 1952. Son intrigue se déroule durant la Guerre froide.

Notre émoi ne passa pas inaperçu. Dès que les jeunes filles se furent suffisamment éloignées pour ne plus nous entendre, Jacques et Henri me taquinèrent en décrétant que j'avais une petite amie. D'un geste de la main, je fis mine de les chasser – jamais personne ne m'aimerait, déclarai-je. Aurore n'était qu'une amie. Elle me faisait découvrir le monde des abeilles.

Mais ma réponse ne convainquit pas les deux garçons, qui me promirent de m'apprendre à danser le swing pour que je puisse inviter Aurore.

— Tu vas aussi avoir besoin de vêtements plus à la mode, dit Henri, qui s'arrêta pour m'observer.

— Ton pantalon est trop grand et ta chemise trop petite, intervint Jacques. Mais c'est facile à corriger. Pour le reste, tu as un joli visage, de beaux yeux. On voit que tu es en bonne santé. Pourquoi ne plairais-tu pas à une fille ?

— Il suffit de regarder de plus près mes cicatrices.

Je leur racontai l'histoire de la boîte de conserve brûlante.

Ils tentèrent de me rassurer en m'affirmant que mes cicatrices se voyaient à peine.

— Ta peau paraît plus foncée par endroits, c'est tout, ajouta Henri. De toute façon, les filles n'ont pas envie que tous les garçons sortent du même moule. Tes cicatrices te rendent unique, et aussi séduisant que des acteurs comme Lucien Baroux, Jean Marais ou Fernandel.

— Tu ne joues pas un rôle. Tu es toi. Pur et honnête. Comme Raimu.

— Tu représentes l'archétype de ce Monsieur Tout-le-monde en qui toutes les jeunes filles ont confiance, ajouta Jacques.

Je faillis m'étouffer en entendant cette description, moi qui ne me trouvais ni pur ni spécialement honnête.

De surcroît, j'étais conscient d'avoir perdu de nombreuses années, des années où j'aurais dû grandir auprès de filles, tomber amoureux de l'une d'elles, comme Chaim avec Golda. Ma dernière amitié féminine remontait à Halinka, et elle ne s'était pas bien passée. Je ne savais pas comment parler aux adolescentes, encore moins me comporter en leur compagnie, même si dans le manoir, il se trouvait plusieurs orphelines juives françaises, sœurs de garçons qui vivaient dans le bâtiment. À leur vue, je transpirais, je rougissais, avant de décamper.

— Tu vas venir chez nous, déclara Jacques. Pour que tu fasses la connaissance de notre mère. Tu pourrais peut-être en profiter pour récupérer des vêtements que nous avons déjà portés et qui ne nous vont plus.

Je pensai à ma mère, qui mettait de côté les habits de Motel et de Moishe quand ils étaient devenus trop petits pour eux. Elle les rapiéçait, en refaisait les coutures et remplaçait les boutons perdus. Une fois lavés et repassés, ils devenaient les miens.

Henri me demanda quelle musique j'appréciais. Je lui répondis que je n'étais pas un expert, que je ne connaissais que le jazz et la musique de Beethoven, parce que mon père l'aimait. Les deux frères, eux, admiraient les chanteurs français, parmi lesquels Charles Trenet. Lorsqu'ils mentionnèrent le nom d'Édith Piaf, je leur parlai de Jane. Son nom leur était familier et ils me dirent que s'il s'agissait de la Jane dont on parlait dans les rubriques mondaines des journaux, elle appartenait à une famille qui possédait une entreprise de machines à laver et une autre de munitions. Son père, ajouta Jacques, avait inventé le bazooka[1].

1. Rectificatif: le bazooka est une invention américaine.

Mais je n'avais plus envie de parler, de repenser à HASAG. Je me demandai soudain si c'était pour cette raison que Jane avait souhaité me rencontrer, pour m'envoyer ensuite travailler dans l'une de ses usines. Et si son invitation à me faire découvrir son appartement n'était qu'un piège ? Après tout, les nazis étaient capables de se montrer affables puis, soudain, d'abattre quelqu'un sans crier gare.

— On va te donner un coup de main, Romek, lança Henri en quittant le centre. On va t'aider avec Aurore.

Mais je ne pensais absolument pas à Aurore en ce moment précis. Je cherchais des moyens pour éviter de me rendre dans l'appartement de Jane.

***

Je devins un véritable fléau pour Mme Minc.

Plusieurs fois par jour, je me plantais devant son bureau, tapant nerveusement du pied, avant de me mettre à faire les cent pas dans le couloir pendant ce qui me paraissait des heures, jusqu'à en laisser des marques sur la moquette.

Dès que Mme Minc me voyait, elle soupirait et me disait qu'il n'y avait pas de nouvelles.

Elle me rappela que Motel vivait en Suisse, ce qui signifiait qu'elle avait dû d'abord envoyer des lettres à un membre de l'OSE sur place, qui, de son côté, devait ensuite confirmer l'identité de Motel en recoupant son histoire avec la mienne. Apparemment, la Suisse ne souhaitait pas faire entrer sur son sol des garçons plus âgés. Mais le rabbin Schachter était catégorique : on ne pouvait décemment pas les priver d'une chance de guérir. Par ailleurs, certains de ces adolescents avaient des frères plus jeunes qui, eux, avaient reçu un visa pour la Suisse, et il n'était pas question, pour le rabbin, de séparer les fratries. Raison pour laquelle il avait falsifié nombre de dates de naissance, afin de rajeunir ces garçons. La Suisse, ajouta Mme Minc, enverrait les informations par courrier postal. Cela prendrait peut-être plusieurs semaines, dit-elle encore. Elle m'encouragea à trouver de quoi me distraire en attendant.

Henri et Jacques m'invitèrent à dîner le vendredi suivant, pour shabbat. J'hésitai d'abord, leur répondant que je n'étais pas pratiquant. Mais ils m'assurèrent qu'il s'agirait d'un repas simple. Henri ajouta que sa mère désirait me présenter à l'une de ses amies, une juive polonaise qu'elle avait rencontrée durant l'Occupation, dans le sud de la France.

Les garçons habitaient une maison de plain-pied à Champagne[1], à l'est de Paris, dont la peinture extérieure s'écaillait.

Lorsque Henri ouvrit la porte d'entrée, je m'arrêtai net : ce fumet d'ail, d'oignon, de poulet et de bouquet garni… Ma mère mettait du romarin dans sa soupe de poulet. À l'intérieur, je reconnus immédiatement l'odeur du vieux bois, mélangée au parfum des fleurs sauvages. Là encore, cela me rappelait notre maison.

Jacques, derrière moi, me tapota doucement le dos :

— Ça va ?

Je poussai un long soupir, avant de me racler la gorge.

— Je… Je… Je viens, je…, bégayai-je.

Mais, déjà, une femme coiffée en chignon se précipitait dans ma direction. Elle portait un tablier sur sa jupe et son chemisier. Les bras ouverts, elle ne tarda pas à m'étreindre.

— Bienvenue, bienvenue, bienvenue, répéta-t-elle maintes fois en yiddish.

1. Il s'agit de Champagne-sur-Seine, en Seine-et-Marne.

Lorsque enfin elle se recula, elle me dit qu'elle s'appelait Rose. Je venais de faire connaissance avec la mère d'Henri et Jacques.

Au salon, où se trouvaient un canapé bleu usé et deux fauteuils assortis, Henri me présenta Hannah. Cette dernière était beaucoup plus âgée que je l'avais imaginé. Une grand-mère, à coup sûr. S'adressant à moi en polonais, elle me demanda d'où je venais. Je m'apprêtais à lui répondre lorsque Rose appela la vieille dame – elle avait besoin d'aide. Puis la maîtresse de maison se mit à dresser la table. *Ça alors*, me dis-je, le souffle coupé. Il s'agissait de la même table que celle autour de laquelle nous mangions à Skarżysko-Kamienna.

Tandis que les femmes décoraient cette table pour le shabbat, allumant des bougies et disposant des coupes pour le vin de Kiddouch, Henri, Jacques et moi nous assîmes par terre pour jouer aux osselets.

Lorsque Rose déposa le bol de soupe de poulet fumante sur la table, elle s'excusa du fait qu'en France, la plupart des gens avaient encore du mal à trouver de la viande.

— Il s'agit plutôt d'un simple bouillon, avec des carottes et quelques champignons que j'ai cueillis dans le jardin, déclara-t-elle. En revanche, j'ai ajouté du romarin et du poivre pour rehausser la saveur.

— Ma mère faisait sa soupe de poulet exactement de cette façon, laissai-je tomber sans réfléchir.

Hannah, qui apportait une casserole de pommes de terre bouillantes, me demanda à nouveau d'où j'étais originaire.

— De Pologne, répondis-je.

Je ne pensais alors qu'aux osselets, déterminé que j'étais à gagner cette partie.

— Ça, je le sais déjà, répliqua-t-elle en riant. Mais d'où exactement en Pologne ?

— Je vivais dans une petite ville. Vous ne la connaissez sûrement pas, ajoutai-je sans même tourner la tête vers elle.

Puis, me rappelant mes bonnes manières :

— Et vous, Rose, d'où venez-vous ?

— De Russie, répondit-elle en passant la tête à la porte de la cuisine.

— Mais vous, insista Hannah, dans quelle ville au juste viviez-vous ?

Elle n'avait aucune intention de lâcher l'affaire.

— Si ça se trouve, enchaîna-t-elle, je la connais, cette ville. Je pourrais bien vous surprendre.

Je levai les bras. Pour la première fois, je venais de battre Jacques et Henri.

— Skarżysko-Kamienna, répondis-je en me tournant vers Hannah.

Rose poussa un petit cri. Je la regardai. Chargée d'une pile d'assiettes, elle écarquilla les yeux et son visage pâlit.

— J'ai un frère qui habite à Skarżysko, articula-t-elle avec lenteur, la voix soudain mal assurée. Que faisait ton père… ? Et qu-quel…, comment… comment s'appelait-il ?

— Il était tailleur. Tailleur et mercier, répondis-je en me levant.

Je ne comprenais pas ce qui se passait.

— C'est lui qui a fabriqué cette table, déclara Rose – elle tremblait de la tête aux pieds.

Ce fut alors à moi d'écarquiller les yeux.

— Mon père se prénommait Chil, répondis-je, la voix vacillante à mon tour.

Rose laissa tomber les assiettes, avant de s'effondrer sur le sol à côté d'elles. J'eus le plus grand mal à ne pas m'évanouir dans la foulée.

Henri et Jacques se précipitèrent auprès de leur mère. Je ne bougeais plus d'un millimètre.

— Je l'aurais parié, intervint Hannah, manifestement contente d'elle. Il m'arrive de sentir certaines choses. Je devine parfois l'avenir. Je te montrerai un de ces jours.

Je compris brusquement pourquoi Jacques et Henri me semblaient si proches.

— Maman ! cria Henri. Réveille-toi !

Pendant ce temps, Jacques suppliait Hannah de faire venir un médecin.

La vieille dame s'esclaffa en assurant au garçon que c'était inutile.

— Rose vient de subir un choc, dit-elle. D'ici quelques instants, elle se sentira mieux.

Jacques courut chercher de l'eau. Lorsqu'il revint, sa mère battait des paupières.

— J'ai perdu connaissance, déclara-t-elle d'une voix étouffée.

Tandis qu'elle se relevait, les joues rouges et brillantes, elle déboutonna le col de son chemisier. Elle ne me lâchait pas des yeux.

— Qu'est-ce qui se passe, maman ? voulut savoir Jacques, dont le regard allait de sa mère à moi et de moi à sa mère. Tu connais Romek ?

— Oui, finit par répondre Rose. Oui. Il s'agit de mon neveu, dit-elle d'une voix à peine audible. Romek est ton cousin. Romek..., reprit-elle en tentant de se remettre debout en dépit de ses jambes en coton.

Ses deux fils l'aidèrent à se rendre jusqu'au canapé.

— Chil est mon frère. Romek, répéta-t-elle... Romek..., est ma chair et mon sang.

18

Je me souvenais, maintenant.

Je me souvenais de Rose.

Je pouvais avoir trois ou quatre ans. Elle était venue rendre visite à mon père. Elle avait séjourné un moment chez nous. Mes parents lui avaient prêté leur lit, ma mère dormant provisoirement avec Leah, mon père avec Chaim et Abram.

Rose détonnait avec ses tailleurs de laine et ses chemisiers en soie, ses perles et ses gants blancs. À Skarżysko-Kamienna, la plupart des mères portaient des jupes si longues que leurs ourlets balayaient le sol, ainsi que de gros pulls sur leurs chemisiers. La plupart des mères juives polonaises de Skarżysko-Kamienna avaient également des foulards, quand Rose, elle, exhibait des chapeaux à plumes et voilette. Les femmes de chez nous tressaient leurs longs cheveux ou les ramassaient en une sorte de chignon. Les cheveux de Rose tombaient librement sur ses épaules, en boucles qu'elle enroulait volontiers autour de ses doigts. Sans compter qu'elle mettait aussi du fard à joues et du rouge à lèvres. Je me rappelais maintenant avoir pensé qu'après Golda, elle était la plus belle femme que j'aie jamais vue.

Rose était plus mince à présent.

Plus tard, nous devions tous maigrir…

— Je ne t'aurais jamais reconnu, déclara Rose en serrant ma main dans la sienne.

J'avalai avec difficulté. Comment aurait-elle pu me reconnaître ? Moi-même, je ne me reconnaissais pas.

Rose se mit à rire, et je me souvins de ce rire qui avait empli notre maison à Skarżysko-Kamienna. Lorsque mon père avait quitté la Russie pour échapper aux pogroms, sa sœur n'était encore qu'une petite fille. Une fois adulte, elle s'était mariée, puis s'était installée en France avec son mari. Jamais elle n'avait vécu à Skarżysko-Kamienna.

Je me rappelais qu'à l'époque où elle était venue nous rendre visite en Pologne, Rose était un véritable feu follet. À présent, je détectais chez elle, au-delà des rires, de l'accablement et de l'inquiétude.

Assis en tailleur sur le sol, Henri et Jacques écoutaient leur mère parler de mon père, de leur enfance en Russie, des hivers froids, du morceau de bois qui leur servait de luge. Elle nous raconta que son frère et elle partageaient les mêmes chaussures parce que leurs parents n'avaient pas suffisamment d'argent pour en acheter deux paires.

Mes cousins se régalaient de ces anecdotes. Le visage illuminé, ils en demandaient toujours plus.

Pour moi, et pour Rose aussi, je le sentais, ces souvenirs représentaient bien davantage que de simples historiettes.

Nous venions de trouver, tous les deux, quelque chose à quoi nous raccrocher.

***

Je racontai à Rose et à ses garçons ce que je parvenais à me rappeler de ma vie d'avant, en omettant, bien sûr, ma colère à l'égard de mon père.

Les souvenirs revenaient en masse, presque comme si un barrage venait de céder.

Il ne s'agissait plus seulement de mes rêves. Il y avait aussi des odeurs, comme Leah l'avait anticipé. L'odeur des herbes aromatiques dont Rose s'était servie, mais ce pouvait être également le goût d'une pomme, et pourquoi pas le vrombissement d'un avion au-dessus de ma tête… Tout à coup, je remontais le temps. J'expliquai à Rose, puis au professeur, que je n'avais pas oublié mon passé, mais que je l'avais enfoui quelque part en moi.

Près d'un an et demi après la libération du camp de Buchenwald, mon cerveau, enfin, s'ouvrait à moi. Et, dans le même temps, une rage surgit, qui m'effraya.

De longues semaines s'écoulèrent sans la moindre nouvelle de Suisse, durant lesquelles je continuais mon apprentissage auprès du professeur, et, de loin en loin, je tentais de voir Aurore, puis à nouveau il me fallait apprendre encore. Entre-deux, il y avait les repas… Je n'en pouvais plus. Un jour, je m'éveillai avec de violents maux de tête, tremblant de la tête aux pieds.

Bientôt, j'en étais sûr, j'allais retomber dans ce drôle d'état second où je m'étais trouvé plongé après avoir appris qu'il ne m'était plus possible de retourner en Pologne. Un matin, je décrétai que tout était la faute de mon père.

Puis les nouvelles que j'attendais arrivèrent.

Le garçon en Suisse n'était pas Motel. Il se nommait Mosze Waichmann.

Dès lors, il me devint impossible de continuer à refouler la violence que je portais en moi. Je brûlais de frapper quelqu'un, de démolir quelque chose. Tandis que Mme Minc m'assurait, d'une voix apaisante, qu'elle allait chercher encore, qu'elle remuerait ciel et terre pour trouver d'autres membres de ma famille, je me mordais l'intérieur de la joue.

Ce soir-là, je ne pus rien avaler au dîner, après quoi je ne réussis pas à dormir.

Je me tournais et me retournais dans mon lit.

Le matin, lorsque j'entendis les premiers cris des hirondelles, je m'emparai du sac à dos que Ralph m'avait donné. J'y fourrai ma brosse à dents, mes sous-vêtements, des habits de rechange et la chemise qu'Abe m'avait offerte. Je m'apprêtai à quitter le centre.

Il fallait que je parte seul à la recherche de ma famille, c'était plus fort que moi.

***

J'étais en train de bourrer mes poches et mon sac de pain, de fromage, de fruits, de pêches au sirop et de noix lorsque le professeur tomba sur moi.

Il venait d'entrer dans le manoir par la porte arrière de la cuisine. Chargé d'une brassée de feuillets, il considéra mon sac avec suspicion.

— Tu vas quelque part ? demanda-t-il en haussant un sourcil.

Je fléchis aussitôt.

— C'est aujourd'hui que tu passes ton examen, Romek, dit le professeur avec un signe de tête en direction de ses papiers. Pour savoir dans quelle classe tu iras. Tu te souviens ? Tu es fin prêt. Je le sais. Je parie que tu pourras entrer au lycée dans quelques semaines !

J'avalai ma salive avec peine.

— Je… Je…, bégayai-je.

J'avais complètement oublié l'examen. Je n'avais rien révisé la veille.

Je ne savais pas quoi lui dire. Pendant près d'un an, cet homme était devenu comme un grand frère pour moi. Mais s'il y avait une chose que j'avais apprise dans les camps, c'était que, du jour au lendemain, un ami pouvait devenir un ennemi. Pour survivre, il ne fallait attendre personne. Si quelque chose me paraissait étrange, mon instinct prenait le dessus, comme c'est le cas chez les animaux, et je n'écoutais plus que lui. Ce jour-là, mon instinct me soufflait de partir. À moins que… ?

— Romek, quoi que tu aies l'intention de faire, ne le fais pas, reprit le professeur. Passe ton examen, insista-t-il. Est-ce que tu me fais confiance ?

— Je ne sais plus ce que signifie faire confiance, murmurai-je.

Je restai. Je flanchai à nouveau.

Des garçons passèrent en courant à côté de nous pour aller prendre leur petit déjeuner. Je délestai le professeur d'une partie de ses papiers.

— Nous pouvons manger ensemble, me proposa-t-il d'une voix douce. Prends un café. Ensuite, tu passeras ton examen. Attends demain pour décider ce que tu veux faire pour de bon. Nous en parlerons tous les deux. Tu n'es plus seul, ajouta-t-il en posant sa main libre sur mon épaule.

Je me démenai durant l'examen, que j'aurais dû trouver facile. Je maîtrisais bien le passé composé et les autres temps. J'étais maintenant capable de lire des romans policiers, ainsi que des livres de philosophes français, Voltaire entre autres.

De même, l'épreuve de mathématiques était à ma portée. Hélas, même les problèmes que j'avais déjà résolus mille fois me posaient question à présent. Ma vue se brouillait, je peinais.

Je ne pensais qu'à Motel. J'avais voulu croire si fort que c'était bien lui qui se trouvait en Suisse. Mon père m'avait dit un jour : « Fais confiance à Dieu, sois patient et ne perds jamais espoir. La vie est ainsi faite. »

Je n'avais plus d'espoir. Et d'ailleurs, pourquoi aurais-je dû en avoir ? Mon père avait été le premier à le perdre. C'est lui qui m'avait enseigné le découragement.

Pendant le dernier quart d'heure de l'examen, je fixai mon sac posé par terre à côté de moi.

Le professeur avait raison. Je ne pouvais pas quitter le manoir.

Leah m'avait écrit de Palestine. La vie là-bas se révélait très dure. Abram et elle n'avaient pas d'argent, ou si peu, et travaillaient toute la journée dans les champs. Certains jours, m'avait-elle confié, ils ne mangeaient pas plus que dans les camps.

La Pologne, il ne m'était pas possible d'y retourner, puisqu'une famille polonaise s'était sans doute installée dans notre maison. Le pays se trouvait désormais sous occupation russe. Les Soviétiques n'avaient pas de camps de concentration, mais ils ne se montraient pas non plus bienveillants envers les juifs. Durant la guerre, lorsqu'ils contrôlaient l'est de la Pologne, ils avaient envoyé ceux qui refusaient de prendre la citoyenneté soviétique, ainsi que les juifs, dans des exploitations spécialisées dans la culture de la betterave au fin fond de la Russie. J'avais entendu dire que certains juifs s'étaient même retrouvés en Sibérie.

Ralph ayant disparu, il ne m'était plus possible de me rendre avec lui en URSS ou en Europe de l'Est pour rejoindre les communistes. Connaissant ma chance, si je me lançais seul dans l'aventure, je finirais entre les mains d'une bande de communistes en herbe dans le genre de ceux que j'avais croisés jadis dans la forêt. Je n'avais aucun moyen de prendre contact avec un mouvement digne de ce nom.

Je n'avais nulle part où aller, personne pour m'aider à chercher ma famille, sinon le personnel de l'OSE.

Cet après-midi-là, je m'assis contre la clôture en fer forgé noir de la maison d'Aurore pour attendre son retour. Je l'informai que je devais m'éloigner un moment. Non pas physiquement, mais je devais me concentrer sur moi. J'avais échoué à l'examen, je le savais et le lui dis. Je lui expliquai encore que j'éprouvais une colère en moi, une douleur, et que je continuerais à gâcher ma vie tant que je n'aurais pas réglé mon problème. Je m'en serais voulu de l'entraîner avec moi. J'allais me recentrer sur mes études, entrer à l'école et m'occuper de ce puits de chagrin qui menaçait de m'engloutir comme la baleine Jonas.

J'espérais qu'Aurore comprendrait : je voulais qu'elle trouve quelqu'un d'autre.

— Je ne suis pas assez bien pour toi, lui dis-je. Je ne peux pas te donner ce dont tu as envie et ce dont tu as besoin. Je ne suis pas à ma place.

Je souhaitais également lui dire qu'elle me rappelait quelque chose, quelqu'un, comme si je l'avais connue dans une vie antérieure, et que j'allais revenir. Mais j'avais le cœur brisé. Même si je parvenais à revenir vers elle, je savais déjà que je l'entraînerais avec moi dans l'abîme.

— Quand tu te sentiras à ta place, viendras-tu me chercher ? me demanda-t-elle en posant sur moi ses incroyables yeux bleu-vert.

Je fondis.

— Bien sûr, dis-je en secouant la tête, mais, Aurore, je ne me sentirai peut-être jamais à ma place. Si tu rencontres un autre garçon et qu'il te plaît, oublie-moi. N'hésite pas. J'en serai heureux pour toi.

19

Pendant quelques semaines, je parvins à différer ma visite chez Jane. Tantôt j'affirmais sur un ton plaintif à Mme Minc que je me sentais patraque en me tenant le ventre, tantôt je lui expliquais que mes études me submergeaient. Et, en l'occurrence, c'était vrai !

Je n'avais certes pas pu commencer le lycée à la rentrée de septembre, mais le professeur avait insisté pour que j'aille quand même à l'école. Une école primaire. C'est ainsi que je me retrouvai dans une salle de classe en compagnie d'enfants de dix ans qui, parce qu'ils parlaient français plus vite et bien mieux que moi, me chuchotaient que j'étais un imbécile et qu'ils me trouvaient trop lent.

— Je suis un espion, sifflai-je un jour. J'entends tout ce que vous dites.

Cela les fit taire, car bien que les nazis aient quitté la France depuis presque deux ans déjà, même les enfants se souvenaient de ce que signifiait vivre sous l'Occupation. Cette histoire d'espion leur avait fait peur – et si cet espion à la solde des Allemands leur envoyait des informations sur qui était un bon citoyen et qui ne l'était pas ?

Je finis par penser qu'au fond, je pourrais faire un excellent espion, si bien que j'ajoutai ce métier à ma liste, afin d'envisager plus tard avec le professeur la meilleure carrière à embrasser. Mais pour le moment, je ne songeais qu'à quitter cette classe et en rejoindre une autre en janvier, peuplée d'adolescents de mon âge. J'étudiais jour et nuit – algèbre, mathématiques, classiques de la littérature française, tels que *Le Comte de Monte Cristo* d'Alexandre Dumas ou *L'Étranger* d'Albert Camus.

Mme Minc finit par deviner que j'hésitais à me rendre chez Jane et, lorsque je lui expliquai pourquoi, elle éclata de rire. Je me mis en colère et lui demandai d'arrêter. Je lui assenai qu'elle n'imaginait même pas ce que c'était de travailler pendant plus de deux ans dans une usine de munitions. Elle n'avait pas la moindre idée de ce que j'avais éprouvé à fabriquer, douze heures par jour et six jours par semaine, des armes que les Allemands utilisaient ensuite pour tuer des juifs. Mme Minc se ressaisit rapidement et s'excusa. Elle redevint sérieuse. Puis ce fut à mon tour de me mettre à rire. Le fait d'avouer mes peurs tout haut m'avait aidé à comprendre qu'elles étaient ridicules et sans fondement. Mme Minc m'assura une fois de plus que Jane n'avait aucune intention de m'embaucher de force dans l'une de ses usines.

Jane Renaud-Brandt.

Je n'étais jamais entré dans le château de Ferrières.

Mais si je l'avais fait, j'y aurais probablement découvert un lieu très similaire à l'appartement de Jane.

Situé sur l'avenue Montaigne, dans le VIIIe arrondissement de Paris, il comptait plusieurs étages et, lorsque j'y pénétrai, j'eus l'impression qu'on avait installé un manoir entier à l'intérieur d'un bâtiment plus grand. J'admirai les escaliers en colimaçon, dont les rampes semblaient ornées d'or. Il y avait aussi un ascenseur que le couple et ses enfants empruntaient pour monter dans leurs chambres lorsqu'ils étaient fatigués.

Les murs de toutes les pièces étaient tendus de papier peint en soie, chacune d'une couleur différente – turquoise, rose coucher de soleil, jaune canari. Les meubles Louis XV appartenaient à Jane, qui les tenait de son père. Aux murs se trouvaient des tableaux, rares et très chers, parmi lesquels un Renoir. L'éclairage mettant en valeur les toiles avait été réalisé par la personne qui s'occupait des lumières du Louvre.

Après m'avoir présenté à ses enfants, Michel, Claude et Isabelle, Jane m'emmena à La Mère Catherine, l'un des plus anciens bistros de Paris, fondé en 1793, me dit-elle. Dès son entrée, tout le personnel de l'établissement et de nombreux clients la reconnurent. Ils la saluèrent en prenant de ses nouvelles.

Nous nous installâmes à une table près du fond. Tandis que j'attendais les œufs Bénédicte, Jane me raconta que pendant l'Occupation, des membres du parti nazi fréquentaient ce bistro. De nombreuses entreprises françaises, murmura-t-elle sur un ton de conspiratrice, étaient contraintes de répondre aux besoins des nazis, mais des membres de leur personnel, pour leur part, travaillaient avec les mouvements de résistance, auxquels ils transmettaient des informations issues de conversations qu'ils avaient surprises entre certains clients. Je ne tardai pas à me détendre, entre autres parce que Jane s'adressait à moi comme à un adulte. Bientôt, presque sans m'en rendre compte, je lui confiai à quel point mon apparence me mettait mal à l'aise et combien j'avais l'impression de ne plus faire partie du monde. J'ajoutai que manger en public me terrorisait.

Jane était une femme d'action. Elle demanda sur-le-champ au serveur de nous trouver une place tout au fond, près de la cuisine – comme je la suivais jusqu'à notre nouvelle table, elle me chuchota qu'une fois que je me sentirais mieux, nous pourrions nous réinstaller à sa table.

— Mais pour l'instant, n'aie crainte. Au fond, personne ne nous verra.

Après notre repas, Jane m'emmena aux Galeries Lafayette, sur le boulevard Haussmann. Au rayon hommes, elle me fit essayer des costumes en tweed et des chemises en coton froissé. J'enfilai même un smoking, pour quand nous irions à l'opéra, me dit-elle. Ma première sortie avec Jane ne dura qu'une journée. Je jouai aux échecs avec ses enfants, pris le goûter sur la terrasse de l'appartement avec le couple. Ce soir-là, je regagnai le Vésinet les bras chargés de sacs contenant des pantalons, des chemises, des pulls, des bretelles, et même des bérets basques, ainsi que de nouveaux sous-vêtements. J'avais également plusieurs sachets de meringues à distribuer à mes camarades.

Je passai ensuite de nombreux week-ends avec Jane et sa famille durant l'hiver, à manger des pâtisseries et boire des cafés coiffés de crème saupoudrée de chocolat et de cannelle. Ses enfants m'accueillirent comme si j'avais été l'un d'eux. Ils finirent par m'avouer qu'ils n'appréciaient pas vraiment les échecs, ni les concertos qu'ils jouaient sur le piano à queue pour moi. Je leur racontai que je commençais à apprendre le violon lorsque les Allemands avaient envahi la Pologne. Mes frères aînés savaient tous en jouer. Les enfants de Jane me montrèrent leurs chambres, chacune plus grande que notre maison de Skarżysko-Kamienna tout entière, et me confièrent qu'ils préféraient de loin les films de Tarzan aux activités culturelles dans lesquelles leur mère les entraînait. J'éclatai de rire et me sentis encore plus à l'aise.

Jane et moi conclûmes un accord selon lequel nous choisirions nos sorties chacun son tour. Cet hiver-là, elle m'emmena voir plusieurs fois *Tarzan* au cinéma avec ses enfants. Elle invita Henri et Jacques à nous accompagner. Puis vint l'opéra. Claude trouva une excuse pour lui et ses frères et sœurs, affirmant à sa mère qu'ils avaient d'autres projets. Jane avait loué une loge au Palais Garnier, nous surplombions la scène. Nous observâmes les artistes à travers de petites jumelles en or. Des chanteurs s'étaient produits pour nous à Écouis et au manoir du Vésinet, mais aucun n'arrivait à la cheville de ceux de l'Opéra. Les sopranos atteignaient des notes si hautes qu'il me semblait que les lustres en cristal tremblaient de joie, et la voix des altos, comme celle des barytons, me traversaient littéralement, pareils à un courant qui m'aurait emporté vers la mer. Grâce à Jane, je vis aussi se produire le ballet de l'Opéra national de Paris.

Ni l'opéra ni le ballet ne me déplaisaient mais, comme les enfants de Jane, je préférais de loin les westerns, ceux de John Wayne par exemple. Au début, je me sentis gêné d'être moins cultivé que certains des autres garçons de Buchenwald. Je craignais que Jane finisse par émettre le souhait de m'échanger contre un jeune homme féru de galeries d'art et de symphonies. Mais lors d'un dîner dans l'appartement, concocté par un traiteur, Claude me rassura en me disant que sa mère souhaitait simplement me montrer des choses que je n'aurais jamais pu voir auparavant. Elle ne se souciait pas de savoir si je les aimais ou pas. Elle désirait seulement enrichir ma palette de possibles. Puis Michel m'adressa un clin d'œil en disant qu'il était ravi que ce fût moi, à présent, que Jane traînait avec elle dans les antres guindés de la culture.

— Tu nous rends un fier service.

Il sourit.

Jane et moi marchions souvent le long de la Seine, dont nous traversions les ponts sans jamais perdre de vue la tour Eiffel. Nous nous arrêtions parfois pour déjeuner de fruits de mer sur une péniche avec ses amis, parmi lesquels, me dit-elle ensuite, se trouvaient des acteurs, des politiciens, des dramaturges et des chanteurs célèbres. Ils bavardaient et riaient en buvant du champagne et en fumant des cigares. Parfois, quand ils étaient vraiment ivres, ils interprétaient des monologues tirés de pièces renommées ou chantaient des chansons qui passaient à la radio.

Chaque vendredi, j'essayai d'aller au shabbat avec Rose, Henri et Jacques. Là, j'en appris davantage sur mon père, y compris sur sa rencontre avec ma mère. Ils la devaient certes à un marieur, mais Rose m'assura qu'entre eux, ç'avait été le coup de foudre.

— Tu sais, dans nos petits villages d'Europe de l'Est, il était rare qu'un homme et une femme soient aussi amoureux le jour de leur mariage, me dit-elle encore. Mais Chil et Rifka étaient fous l'un de l'autre. Leur amour était éternel.

Elle se mit alors à pleurer en évoquant son époux, porté disparu, présumé mort.

— Ce n'était pas pareil pour nous, dit-elle, mais j'avais appris à l'aimer.

En janvier, je commençai le lycée. Je ne connaissais pas mes camarades de classe mais personne ne se moqua de moi.

Pour mon seizième anniversaire, le 2 février 1947, Jane m'emmena chez Maxim's où, pour la première fois, je goûtai du foie gras et du caviar. Je préférais de loin les œufs Bénédicte et les croissants trempés dans le chocolat et Jane, qui me connaissait bien maintenant, veilla à ce que l'on me serve aussi un plat de pâtes au beurre et, en dessert, un pudding au chocolat. Je bus du champagne, également pour la première fois, et terminai le repas avec un plateau de fromages – je dévorai le camembert que j'avais appris à aimer.

Avec Rose et mes cousins, je passai mon anniversaire à chanter des chansons yiddish. Hannah fit des rouleaux de chou, du hareng salé et des *latkes*[1] de pommes de terre pour me rappeler la Pologne et, en dessert, un gâteau à la crème polonais.

Chaque fois que je quittais Jane, son chauffeur me ramenait au manoir du Vésinet en passant par l'arc de triomphe de l'Étoile, puis il empruntait les boulevards bordés de marronniers de la banlieue. Avant celle de Jane, je n'étais jamais monté dans une voiture. Personne n'en possédait à Skarżysko-Kamienna ; du moins pas les familles juives. Pour rendre visite à des parents installés dans d'autres villes, les gens utilisaient la calèche. Il y avait aussi des traîneaux tirés par des chevaux pour affronter les neiges hivernales.

Lorsque les trains à bestiaux s'arrêtaient et que les nazis nous ordonnaient d'en descendre pour creuser des fossés antichars, il m'arrivait parfois de lorgner les

1. Il s'agit de galettes ou crêpes de pommes de terre, typiques de la cuisine d'Europe de l'Est.

véhicules allemands, d'élégantes automobiles, longues, arborant le drapeau à croix gammée. Chaim, lui, se déplaçait en camion, mais il n'en était pas le propriétaire. Il ne s'en servait que pour son travail. Hannah pensait que Chaim avait menti sur son identité à HASAG. Selon elle, jamais une entreprise allemande n'aurait permis à un soldat polonais d'occuper le poste de chauffeur.

— Mais nous sommes juifs, dit Hannah. Nous ne nous éloignons jamais de notre famille. Nous restons unis. Les nazis le savaient. C'est pour cette raison qu'ils ont menti aux juifs qu'ils expédiaient à Treblinka et dans d'autres camps de la mort, en leur suggérant de rester soi-disant avec leurs proches. « Vous travaillerez tous ensemble », disaient-ils.

Au printemps 1947, on pouvait dire que je ne manquais de rien. Salek, Joe, Marek et moi fréquentions les cinémas et les clubs de jazz dès que nous en avions le temps. Comme moi, ils avaient maintenant, auprès d'eux, des personnes de bonne volonté qui les aidaient à se réinsérer dans leur nouvelle vie. Nous étions tous scolarisés. Salek et Joe venaient même d'être admis au sein d'une école professionnelle, qu'ils commenceraient à fréquenter en automne.

Cependant, je pensais souvent à mon père et ma colère continuait à bouillonner en moi.

— Pleure, me conseilla Rose lors d'une de mes visites chez elle. Crie, hurle s'il le faut, laisse sortir ta douleur. À l'exception de Leah, ils sont peut-être tous partis à jamais.

Mais je n'y arrivais pas. Je n'en voulais pas aux nazis pour ce qu'ils nous avaient fait. J'en voulais à mon père de ne pas avoir quitté la Pologne avant l'arrivée des Allemands. Jamais mon père n'aurait dû se contenter de m'assurer que tout se passerait bien. Et une fois les nazis sur place, il aurait dû rester auprès de moi. Sa confiance aveugle, voilà ce qui me mettait en colère.

***

J'étais de retour chez nous, à Skarżysko-Kamienna.

Il s'agissait d'une nuit d'été. Je le sais parce que ma mère avait ouvert les fenêtres. Une douce brise soufflait sur ses rideaux de dentelle, et les flammes agitées des bougies de shabbat jetaient des ombres mouvantes sur les murs.

Mon père et les anciens étaient là, accompagnés de Chaim et de quelques-uns de ses amis juifs, tous soldats, comme lui. Il n'y avait pas de chaises pour tout le monde, et ceux qui étaient restés debout faisaient les cent pas.

Je repérai aussi deux hommes que je n'avais jamais vus auparavant. Ils parlaient yiddish avec un accent.

— Ils viennent d'Allemagne, me chuchota Moishe. Ils apportent des nouvelles de ce qui se passe là-bas.

Les juifs allemands, disait-on, avaient la belle vie. Ils occupaient des postes importants dans le monde des affaires, le droit, la politique, le théâtre, le journalisme et la médecine.

— En Pologne, nous sommes en retard, observa mon père.

Mais les juifs allemands assis autour de la table ne tenaient pas le même discours. Ils évoquèrent leurs commerces détruits, l'incendie du Reichstag à Berlin qui, parce qu'on l'avait imputé aux juifs, avait conduit à la Nuit de Cristal, en novembre 1938. Cette nuit-là, les troupes SA avaient réduit à néant les espoirs des juifs d'Allemagne. Les invités de mon père parlèrent de camps dans lesquels on emprisonnait les opposants politiques d'Hitler, les communistes et des juifs.

Résultat, les juifs allemands étaient en train de fuir, et ceux qui se trouvaient à notre table nous exhortèrent à en faire autant. L'armée allemande ne tarderait plus à pénétrer en Pologne.

Chaim était prêt à partir.

Il supplia notre père et les anciens de quitter notre pays.

— Les Allemands sont des gens instruits, riposta notre père d'une voix fracassante, et il frappa la table de son poing avec une telle vigueur que les verres se mirent à trembler.

Je n'avais jamais vu Chaim aussi fâché. Il repoussa sa chaise en fusillant notre père du regard. Il avait à présent les narines épatées dans un visage rougi. J'observai ses poings. Il les serrait de toutes ses forces.

— J'ai un fils, s'emporta-t-il, et je veux que Nathan vive. Nous devons partir, tous, maintenant.

Il s'en prit ensuite aux anciens, qui étaient d'accord avec notre père.

— Les Allemands ont déjà pris l'Autriche et la région des Sudètes en Tchécoslovaquie. La Tchécoslovaquie ne tardera pas à être entièrement sous leur coupe. Aucune opposition. Pas le moindre pays ami pour nous venir en aide. Notre armée, mon armée, est incapable de faire front aux Allemands, et eux veulent nous tuer, papa, nous les juifs. Crois-moi.

Chaim hurlait à présent.

— Les nazis ont l'intention d'exterminer les juifs d'Europe !

— Jamais ils ne feront une chose pareille, rétorqua notre père en se levant pour faire face à son fils.

Il avait le visage écarlate lui aussi, il écumait.

Ma mère s'interposa.

— Chaim, mon chéri, chuchota-t-elle en lui caressant le dos. Écoute ton père. Tu dois toujours écouter ton père, comme Nathan apprendra à son tour à t'écouter. Nous partirons, oui, mais tous ensemble.

Trois ans plus tard, à HASAG, dans la grisaille, sous un soleil comme couvert à jamais d'un nuage, mon père commença à se dissoudre. Cela se passa peu après la mort d'Abram. Cela commença par ses cheveux. Les cheveux de mon père devinrent gris, puis, en l'espace d'une semaine, blancs. Ses genoux fléchirent. Ses paupières tombèrent.

— Tout ira bien, hein, papa ? lui demandai-je un dimanche, avant l'appel, avant la sélection.

Comme il ne me répondait pas, je me mis à crier.

— Papa !

Je le secouai, de plus en plus fort, mais il gardait les yeux dans le vide. Il était devenu l'un de ces détenus résignés à la déchéance et à la mort. C'était comme s'il ne me voyait pas, qu'il ne me reconnaissait pas, qu'il ne voulait pas de ma présence à ses côtés. C'était comme s'il n'était déjà plus là.

Dans notre baraquement, un homme d'un certain âge s'approcha de moi pour m'affirmer, avec douceur, que mon père était seulement malade et que, d'ici quelques jours, il aurait repris du poil de la bête.

Mais plus jamais il ne remonta la pente.

Ce jour-là, mon père avait littéralement disparu.

Il était parti.

***

— Je l'ai cru. J'ai cru mon père quand il disait que tout irait bien, je l'ai cru presque jusqu'à la fin, confiai-je au professeur un jour de printemps. Savez-vous ce que c'est que de perdre confiance en la personne dont vous suiviez aveuglément l'avis depuis toujours ? C'est pour cette raison que je ne veux pas prier. J'en veux à mon père, ajoutai-je à voix basse. J'en veux à Dieu. Quand les affaires tournaient au ralenti ou quand une tempête menaçait d'endommager notre maison, et même quand nous n'avions pas assez à manger dans le ghetto, mon père récitait une partie du Psaume 91 :

Qui demeure à l'abri du Très-Haut
Et loge à l'ombre du Puissant

dit au Seigneur : « Mon rempart, mon refuge,
mon Dieu en qui je me fie. »

Je baissai la tête.

— Mon père était un imbécile et nous l'avons tous cru.

— Romek... Pour le moment, tu l'ignores, mais un jour viendra où tu comprendras que les agissements des nazis n'avaient rien à voir avec Dieu. Pour ce qui est de ton père... Le jour où tu as quitté la ferme des Brankowski ou quand tu as échappé aux jeunes partisans, il ne t'a pas puni, comme tu le penses. Il ne t'a pas non plus abandonné. Ton père ne voulait qu'une chose, Romek : te sauver. Il aurait donné sa vie pour toi. Et maintenant, il vit en toi.

***

Un soir, à l'approche du solstice d'été, tandis que le chauffeur de Jane me reconduisait chez moi, nous fîmes un détour et la voiture s'arrêta dans la rue d'Aurore.

Elle était dehors.

J'informai le chauffeur que je ferais à pied le reste du trajet.

Je descendis du véhicule, que je regardai s'éloigner puis, en sueur, les mains moites et tremblantes, je me dirigeai vers Aurore. Cela faisait plus de huit mois que je ne l'avais pas vue. Allait-elle se souvenir de moi ?

Comme elle levait les yeux, elle fit un signe dans ma direction.

— Bonjour, lança-t-elle, souriante.

Je me raclai la gorge.

— Comment se portent les abeilles, ce soir ?

Elle rit.

— En ce moment, je m'occupe plutôt des fleurs, répondit-elle d'une voix douce. Viens.

Je la suivis dans une petite allée pierreuse. Nous fîmes halte devant des rosiers.

— Je les ai plantés au printemps dernier, dit-elle.

Elle me montra des roses blanches.

— À la clarté de la lune, on a l'impression qu'elles dansent. Et la nuit, ce sont les fleurs les plus parfumées de toutes.

Elle se pencha, inspira. Elle prit ensuite ma main en m'indiquant de l'imiter. Elle avait raison. Le parfum de ces roses se révélait très doux, délicat, chaleureux et paisible.

— Je vis avec ma tante et mon oncle, dit-elle.

Je ne lui avais jamais posé la question.

— Nous voulions quelque chose de spécial pour nous souvenir…

La voix d'Aurore s'éteignit. Je n'avais pas besoin qu'elle me le dise.

Ses parents étaient partis, comme mon père, comme Chaim, comme Motel, Moishe, Abram, Golda, et ma mère.

— Les roses blanches étaient les fleurs préférées de ma mère.

Nous nous assîmes tous les deux sur un tronc en écoutant les sons du crépuscule qui étendait sa couverture sur nous. Nous restâmes là pendant au moins une demi-heure, sans prononcer un mot, jusqu'à ce que mes jambes me fassent mal.

— Ma mère aimait aussi les clairs de lune, finit par dire Aurore, tandis que dans le ciel nocturne se dessinait son croissant. Mon père nous emmenait toujours nous promener après dîner, parfois au bord de la Seine, pour regarder les rayons de lune caresser l'eau. Ma mère avait l'habitude de dire que la lune attrapait nos rêves. Je rêve que ma mère et mon père veillent à présent sur moi.

— Moi aussi, j'aime le ciel nocturne.

— Je sais. Je t'ai vu le contempler le soir où tu t'es allongé sur ma pelouse.

Nous rîmes tous les deux. J'ignorais alors qu'il s'agissait du jardin d'Aurore.

— Je dois rentrer, dit-elle au bout d'un moment. J'ai des devoirs à faire. Ma mère voulait que je devienne médecin ou enseignante. Je veux réussir pour elle. Il me revient, maintenant, de vivre aussi leurs rêves.

— Ça te dirait d'aller danser avec moi un de ces jours?

D'où donc avaient jailli ces mots que je venais de prononcer?

Elle rit encore. Elle avait un joli rire, réservé mais sincère.

— Oui, murmura-t-elle. Ça me plairait.

Et, déjà, je brûlais de lui avouer que je ne savais pas danser et que j'avais eu tort de lancer cette invitation.

Au lieu de quoi, je souris à mon tour.

Je la regardai redescendre l'allée d'un pas sautillant.

Avant d'atteindre la porte de sa maison, elle s'arrêta, se retourna et courut vers moi. Elle m'attira à elle et m'embrassa doucement sur la joue.

Jane, à gauche, se tient debout derrière Jean, assis.

20

— Maman, commençai-je, quand vas-tu mourir ?

— Nous en reparlerons plus tard, Rachmilshu, répondit-elle, utilisant le sobriquet qu'elle me donnait dans mon enfance, un dérivé de mon prénom yiddish.

— Je t'aime tellement que si tu dois mourir, je veux mourir la veille de ta mort, déclarai-je.

Notre maison de la rue du 3-Mai se présenta à moi. Quel âge avais-je au juste ? Je l'ignorais, mais je savais que c'était Yom Kippour.

Mon père se montrait très sérieux pendant Yom Kippour, car il jeûnait, priait et demandait pardon pour tous ses péchés. Je priais aussi, mais comme j'étais encore petit, ma mère me glissait discrètement des sacs en papier brun contenant du pain, des fruits et des bonbons pour me soutenir tout au long de la journée.

— Tu es tout pour moi, murmurai-je à ma mère en la serrant très fort.

Elle était heureuse. Les épaules droites, les joues roses, et ses yeux marron foncé pétillaient.

— Je t'aime plus que la vie même, lui dis-je.

***

Je m'éveillai de ce rêve, ahuri, haletant, le visage de ma mère enfin clairement gravé dans mon esprit. Je m'assis en me remémorant les rides autour de ses yeux, les petites fossettes qui se révélaient quand elle souriait, la courbe de son dos, comme si elle était là devant moi. Je n'avais plus vu son visage depuis la nuit où Chaim m'avait fait quitter le ghetto pour que je travaille à HASAG. Et voilà que sa présence persistait dans la pièce, flottant autour de moi.

Je restai assis longtemps, l'oreille tendue vers les sons du matin : les oiseaux par-delà ma fenêtre, une voiture qui pétaradait dans la rue et, montant du premier étage, les bavardages du personnel en train de préparer le petit déjeuner. Pour la première fois depuis longtemps, je me sentis en sécurité. Ma mère était autour de moi.

***

Henri et Jacques chassèrent leur mère de l'appartement, déplacèrent les meubles et installèrent le phonographe qu'ils avaient emprunté à un voisin.

Ils me firent alors écouter de la musique venue d'Amérique, me dirent-ils, de la musique swing. Je les regardai danser, fasciné par la rapidité de leurs pieds, par les mouvements de leurs bras et de leurs jambes. Le swing n'avait rien de commun avec la danse classique. Je soupirai, soulagé.

Jacques et Henri me prirent chacun par un bras en m'obligeant à les suivre. Je trébuchai et frappai Henri sur le nez en essayant de balancer les bras. Au bout d'une heure environ, je me laissai tomber sur le canapé en décrétant que c'était sans espoir.

— Je vais me ridiculiser devant Aurore.

Et je me mis à rire.

Henri s'affala à côté de moi en soupirant.

— Ça prendra du temps. Mais tu vas t'en sortir. Quand tu vivais en Pologne, t'est-il arrivé de danser ?

Je repensai aux bar-mitsvah et aux mariages de mes frères, y compris celui de Chaim et Golda.

— Je sais danser la *hora*, déclarai-je avec enthousiasme.

Mes cousins s'effondrèrent sur le sol en se tenant le ventre. Ils riaient aux éclats.

— Ne t'avise surtout pas de danser la *hora* pendant un bal, parvint enfin à articuler Henri.

Jacques mit de la musique française sur le phonographe, qu'il avait également emprunté à la voisine, une goy qui avait veillé sur leur appartement durant l'exil forcé de la famille. Elle y avait installé son fils, adulte, jusqu'au retour de Rose, pour s'assurer que personne n'emménage de façon illégale.

Jacques mit du Charles Trenet, puis vinrent Maurice Chevalier, Yves Montand et Édith Piaf. Je pensai alors à Jane et à toutes les célébrités qu'elle m'avait présentées, dont j'avais déjà oublié les noms, sauf celui de l'acteur américain Tyrone Power. Je me souvenais parfaitement de nos déjeuners avec lui : il était beau, comme l'étaient la plupart des vedettes de cinéma, et il me rappelait Chaim. J'étais sûr, cependant, d'avoir également rencontré certains de ces chanteurs, car leurs voix me semblaient familières.

De retour au manoir, Salek, Joe, Marek et moi continuâmes à danser. Mes amis se montrèrent nettement plus doués que moi pour le swing. Salek m'initia aussi au foxtrot et au tango. Mon air favori était « Minor Swing », de Django Reinhardt. Le professeur et moi avions vu un big band se produire à Paris, et j'aurais parié que les musiciens avaient joué « Minor Swing » ce jour-là. Je me surpris à taper du pied en rythme. C'est alors que Joe me tira du canapé en me conseillant de bouger au son de la musique, sans plus m'occuper des pas. Grâce à lui, je commençai peu à peu à m'améliorer.

Les disques de valse que Salek passa ensuite m'effarèrent. Il s'agissait là d'une danse trop compliquée à mon goût, que jamais je ne parviendrais à maîtriser. Alors, je me remémorais HASAG. Les divertissements proposés par les ouvriers musiciens et danseurs comportaient souvent des valses allemandes. Les nazis s'installaient dans de petits théâtres improvisés en fumant des cigares et des cigarettes, en buvant des alcools coûteux qu'ils avaient fait venir de Berlin. Il m'était arrivé de participer en balayant et nettoyant les salles avant et après les représentations. Je n'appréciais pas la manière dont les SS regardaient les femmes juives. Je n'aimais pas les valses. Je demandai à Salek d'arrêter.

Un après-midi pluvieux, Henri et Jacques déclarèrent qu'il me fallait, avant toute chose, apprendre une danse lente. Henri me serra contre lui, comme si nous formions un couple. Jacques lança « Les Feuilles mortes », une chanson qu'Yves Montand venait de sortir. Au début, je me sentis à l'aise, mais le rythme s'accélérant au fil du morceau, je me mis bientôt à marcher sur les pieds d'Henri. Il soupira et, feignant d'être Aurore, posa sa tête sur mon épaule.

— Je t'aime, même si tu ne sais pas danser, dit-il d'une voix aiguë, pour imiter celle d'une fille.

Mais le véritable défi, pour mes cousins, consistait à m'enseigner comment m'adresser à Aurore. Ils me trouvaient volontiers maussade, taciturne et introverti. Timide et distant. J'allais devoir demander à Aurore comment s'était passée sa journée, lui dire combien je la trouvais jolie, lui tenir la main et, surtout, m'intéresser à ce qu'elle allait me raconter. J'allais devoir apprendre à écouter. Henri et Jacques mirent en scène une série de scénarios : Aurore me confiant l'histoire de ses parents ; les difficultés d'Aurore dans telle ou telle matière à l'école ; la vie d'Aurore durant l'Occupation… Hélas, tandis que les deux frères se démenaient pour moi, je ne pensais plus qu'à mes parents, ainsi qu'à Golda et Chaim. Le matin, dans cet interstice entre sommeil et réveil, je revoyais nos promenades au bord du Kamienna et la façon dont mon père regardait ma mère. Je me rappelais ma mère penchant la tête vers mon père. Je voyais Golda et Chaim le jour de leur mariage, leurs sourires et leurs joues rougissantes. On devinait entre eux de la douceur, de la confiance, ainsi qu'une compréhension mutuelle. Pour ces couples-là, les mots étaient inutiles. Leur amour se devinait dans un regard, dans une pommette rosie, dans la douceur d'un rire.

Et c'est alors que je compris que mon père me regardait toujours de la même façon… même à HASAG, même dans le ghetto. Il me regardait avec amour.

Je me mis à pleurer.

En moi se creusait un vide profond, à l'endroit où mon père était censé se trouver. Je pris conscience que le gouffre dans lequel je me sentais tomber n'était autre que cette part de moi où mon père se trouvait autrefois. Je m'étais débarrassé de lui. Mais jamais mon père ne s'était délesté de moi.

L'espace d'un instant, avant que ma colère envers lui ne resurgisse, il me manqua à tel point que j'eus l'impression que mon être tout entier était en train de se fissurer.

***

Jane fit l'acquisition d'un chien, un grand caniche, dont elle me dit de choisir le nom. Je le baptisai Tarzan.

Je promenai Tarzan jusqu'à la Seine le long des boulevards pavés et bordés d'arbres. J'avais désormais ma propre chambre dans l'appartement de Jane, j'y dormais dans un lit à baldaquin, sous une tapisserie de soie et de taffetas. Tarzan dormait juste à côté de moi sur le sol.

Romek et Ralph avec le chien Tarzan.

Jane et moi passions de longues heures à déambuler dans les couloirs et les vastes salles du Louvre, où elle m'initiait à l'art. Elle me disait que l'art nous connectait les uns aux autres, il nous unifiait d'une manière à nulle autre pareille. Lors d'un déjeuner dans un restaurant proche du musée, elle se mit à rire en m'expliquant que si l'esprit nous disait une chose et le cœur une autre, l'âme, elle, que seul l'art pouvait atteindre pour de bon, nous montrait à coup sûr le chemin.

— L'art reflète notre expérience collective en tant qu'êtres humains, dit-elle, plus sérieuse à présent. L'art révèle notre douleur, nos joies, nos peines, parfois ce que nous refusons de voir en nous. Surtout, l'art a le pouvoir de nous rappeler à l'amour.

Je parlai à Jane du tableau que le professeur m'avait montré lorsque j'étais tombé malade : *La Vérité sortant du puits*. Jane, qui le connaissait, m'expliqua que la Vérité sortait du puits armée de son fouet pour châtier l'humanité. Elle évoqua ensuite la France, qui allait de l'avant sans pour autant admettre sa responsabilité dans ce qui s'était passé sur son sol. Charles de Gaulle avait déclaré que les Français avaient pour le moment besoin de grandeur, pas de vérité : « Nous autres, qui aurons vécu les plus grandes heures de notre Histoire, nous n'avons pas à vouloir autre chose que de nous montrer, jusqu'à la fin, dignes de la France[1]. »

— Mais nous ne pouvons pas oublier les souffrances passées, le rôle que nous avons joué, enchaîna-t-elle. Il faut que la Vérité émerge de son puits. Elle ne peut y rester qu'un certain temps, après quoi elle surgit, furieuse, acerbe, pour nous rappeler ce que nous devons faire pour guérir et aller de l'avant.

Elle me considérait d'un œil étrange, comme si, par-delà la France et les Français, elle parlait également de moi… et peut-être bien d'elle.

***

Jane m'enseigna à déguster du thé dans des tasses de porcelaine délicatement dorées, à savourer du champagne dans des flûtes en cristal et à dîner en huit services dans de vastes salles à manger avec des couverts en argent. Elle m'apprit à faire mon nœud de cravate et à nouer un foulard de soie. Elle m'offrit un sac de voyage en cuir parce que, m'expliqua-t-elle, elle s'apprêtait à m'emmener au Festival de Cannes, où j'allais croiser des têtes couronnées et des vedettes de cinéma américaines.

— John Wayne ? demandai-je avec impatience.

— Peut-être.

1. Extrait du discours au balcon de l'hôtel de ville de Paris, le 25 août 1944.

« La mémoire est étonnante », devait me dire le Dr Robert Krell de nombreuses années plus tard. Durant cette époque, auprès de Jane, j'avais appris à compartimenter, à ranger, comme dans un tiroir, les luttes que menait Leah en Palestine, la possibilité d'avoir perdu le reste de ma famille et le fait que j'étais seul.

J'avais Henri et Jacques, Rose et Jane et sa famille, les garçons de Buchenwald. Je menais une vie que je n'aurais jamais pu imaginer du temps de Skarżysko-Kamienna. Et je n'étais pas loin d'avoir une petite amie.

À la fin du mois d'août 1947, le professeur m'annonça que j'avais réussi les examens qui allaient me permettre d'intégrer une école professionnelle. J'allais entamer des études d'ingénieur électricien à partir de janvier. Toutefois, je devais d'abord achever certains cours de mathématiques et de sciences du lycée.

La vie, me disais-je, *me souriait enfin.*

Mais quelque chose me rongeait, me dévorait de l'intérieur, quelque chose que je refusais obstinément de regarder en face. La Vérité s'efforçait de se montrer à moi, je le savais, de se faire entendre à mon oreille, elle voulait que je l'étreigne. Elle luttait en moi pour émerger. J'étais devenu momentanément un maître du mensonge.

21

La première édition du Festival international du film de Cannes s'était déroulée l'année précédente, du 20 septembre au 5 octobre 1946.

En 1947, seize pays étaient en compétition, m'informèrent Jane et ses enfants dans le wagon de première classe qui nous menait vers Cannes. Isabelle nous assura que nous aurions l'opportunité de voir certains des films les plus récents avant même leur arrivée dans les salles de cinéma à Paris. La famille avait assisté à la première édition du festival, et tout le monde s'était régalé.

La vaste véranda de notre hôtel dominait la piscine qui, à son tour, surplombait la mer Méditerranée. De nombreuses vedettes de cinéma, ainsi que des réalisateurs, arrivèrent pendant que les enfants de Jane et moi étions assis dehors en train de boire de la limonade. Ils arrivaient en hydravion. Autant dire que nous étions aux premières loges pour les voir se diriger ensuite vers des bateaux qui les conduisaient jusqu'à des quais à deux pas de nous.

Les femmes portaient des tailleurs sur mesure tels que ceux de Jane, avec des cols et des poignets en fourrure. Elles fumaient avec des fume-cigarettes et marchaient bras dessus bras dessous avec les hommes qui, quant à eux, arboraient des costumes en lin pareils à ceux de Jean. Des voiliers sillonnaient la baie, sur laquelle des sportifs faisaient du ski nautique. Les fans se prélassaient sur les plages, bronzés par le soleil et caressés par le vent.

Autour de moi se mêlaient les parfums des femmes, l'odeur de cigare et les senteurs de la brise marine, des fleurs d'oranger et des crèmes solaires.

Pendant que Jane et Jean rencontraient des réalisateurs et des producteurs, Isabelle, Claude, Michel et moi allâmes voir *L'Évadée*, un film de gangsters, puis *Dumbo*, de Walt Disney. C'était la première fois que je voyais un dessin animé et je fus émerveillé de constater qu'on pouvait à ce point donner vie à des êtres de papier, tout particulièrement l'éléphanteau doué de parole. J'avais très envie de voir d'autres films du même genre.

Tandis que nous regagnions tous les quatre notre hôtel, une brise douce faisait se balancer les palmiers et, autour de nous, se trouvaient des femmes en robes de bal et des hommes en smoking qui se dirigeaient vers des spectacles nocturnes ou des soirées chics, certaines ayant lieu sur les gigantesques yachts à l'ancre dans la baie.

Je repensai alors à Buchenwald et à Jakow. Où pouvait-il bien être ? Il avait de grandes oreilles, comme Dumbo, une démarche chaloupée, de longs bras, il était lent, réfléchi… Décidément, il avait quelque chose de Dumbo, à ceci près que l'éléphanteau était timide, là où Jakow, lui, n'avait peur de rien. Il entonnait volontiers des airs d'opéra-comique, il nous faisait rire pendant des heures. Il mettait en scène des sketches dont il interprétait tous les personnages, chacun avec un accent différent.

Il jouait une vieille dame cacochyme, puis se retournait et, cette fois, il incarnait son fringant petit-fils. Il imitait également des animaux, mais lesquels ? C'était à nous de le deviner. Grâce à lui, j'appris à jouer au jeu de mime dans le camp. Grâce à lui, je réappris à rire. Jakow aurait mérité d'obtenir le prix d'interprétation masculine à Cannes.

Tandis qu'à côté de moi, Jane et sa famille parlaient des films et des acteurs primés, je ne pensais plus qu'à Jakow qui, au milieu de l'horreur, risquait sa vie pour nous, les garçons de Buchenwald. Il avait eu recours à l'art du conteur, à la comédie, au théâtre et à la musique pour nous extraire de notre souffrance, ne fût-ce qu'un court instant.

À n'en pas douter, Jakow était un artiste.

Romek à Cannes.

***

Nous nous attardâmes à Cannes après la fin du festival.

Un jour où nous avions déjeuné avec plusieurs acteurs célèbres demeurés sur place eux aussi, puis passé l'après-midi à la plage, Jane et Jean m'invitèrent à m'asseoir avec eux à une table isolée d'un petit bistro situé dans une impasse. Le serveur leur apporta des huîtres et, pour moi, un hamburger. On but du château Lafite Rothschild, l'un des meilleurs vins français, m'apprit Jane.

— Jean est mon second mari, déclara-t-elle ensuite, tout à trac, en serrant sa main dans la sienne.

Jean la regarda avec amour, ce qui me rappela la façon dont mes parents se regardaient, ainsi que Golda et Chaim.

— Je ne peux plus avoir d'enfants, enchaîna Jane, et mes enfants, que j'adore, sont issus de mon premier mariage. Jean et moi…

Elle s'interrompit, la gorge nouée, à tel point que je crus qu'elle allait se mettre à pleurer.

— Nous avons appris à t'aimer énormément, Romek, intervint Jean. À t'aimer comme si tu étais un membre de notre famille.

— D'ailleurs, renchérit Jane, mes enfants te considèrent comme leur frère.

— Et moi qui ne me trouvais même pas digne du moindre intérêt, murmurai-je.

— Une véritable famille, poursuivit Jane.

Elle saisit ma main d'une main tremblante.

— Nous souhaitons que tu deviennes un membre de notre famille à part entière.

Je plongeai mon regard dans le sien. Ses yeux étaient remplis de larmes, ce qui me surprit, car elle était d'ordinaire maîtresse de sa conduite. Elle pénétrait dans une pièce comme si elle en était la propriétaire, et probablement l'était-elle. Jamais je n'avais encore croisé une femme aussi sûre d'elle. Et voilà qu'elle était en train de pleurer. Je la fixais, sans ciller, sans savoir où allait me mener cette conversation et étonné de la découvrir, pour la première fois, faible et vulnérable.

— Je ne peux plus avoir d'enfants, répéta-t-elle.

Elle ouvrit la bouche, sa lèvre supérieure tremblait, mais aucun son n'en sortit.

Jean se racla la gorge.

— Nous aimerions t'adopter, déclara-t-il en saisissant mon autre main. Comprends-tu ce que cela signifie ?

Mon regard glissa de Jane à Jean. Lui aussi avait les larmes aux yeux. En règle générale, il se montrait le plus effacé des deux, l'homme qui suivait son épouse. Je me tournai à nouveau vers Jane, qui semblait s'enfoncer dans son fauteuil. Elle serra ma main encore plus fort.

De sa main libre, Jean me tendit une boîte entourée d'un ruban rouge. Je lâchai leurs mains pour ouvrir lentement la boîte. Elle contenait une montre de gousset à chaîne d'or, semblable à celle de mon père.

— Acceptes-tu d'être notre fils ? me demanda Jean. Veux-tu devenir Romek Brandt ? C'est cela que signifie l'adoption. Si tu es d'accord, tu deviendras notre enfant.

J'avalai avec peine, mille pensées se bousculaient dans ma tête.

Je ne retournerais pas en Pologne. Je ne m'installerais pas en Palestine avec Leah. Je vivrais à Paris auprès de Jane, de Jean et de leurs enfants dans leur appartement pareil à un palais. C'était bien ça ?

— Vous… Vous voulez que je change de nom ? finis-je par bégayer.

Le couple acquiesça.

— Tu ne manqueras de rien, m'assura Jane, qui se reprenait peu à peu.

Elle se redressa, bomba sa poitrine comme elle avait coutume de le faire.

— Nous ne pourrons jamais remplacer ta famille, bien sûr, mais nous pouvons t'aimer comme notre fils. C'est ce que je voudrais pour mes enfants si…

Sa voix fléchit. Elle se faisait toute petite à nouveau.

— Si, reprit-elle… si j'avais… disparu, je voudrais que quelqu'un se mette à les aimer autant que je les aime.

— Mais j'ignore si ma famille a vraiment… disparu, répondis-je aussitôt en baissant les yeux.

J'avais compris que « disparu », pour Jane, signifiait « mort ».

— Dans ce cas, nous ne serons tes parents qu'en attendant que tu aies retrouvé les tiens, m'assura-t-elle.

Elle serra ma main encore une fois.

— À ce moment-là, nous ferons tout ce qui est en notre pouvoir pour les aider, eux aussi.

Je posai à Jane et à Jean une série de questions.

— Pourrais-je continuer à voir Henri, Jacques et Rose ?

— Bien sûr, quand tu veux, répondit Jean qui, pour la première fois depuis que j'avais fait sa connaissance, prenait le contrôle de la conversation.

— Si nous trouvons mes parents ou n'importe quel membre de ma famille, pourront-ils emménager en France avec moi ? Parce que la Pologne, notre maison…

Je me tus. Je ne voulais pas penser à la Pologne ni aux gens qui vivaient à présent chez nous.

— Oui, répondirent Jane et Jean à l'unisson.

— Et je peux toujours aller à l'école ?

Ils se mirent à rire.

— Et à l'université, et partout où tu voudras aller. Nous te soutiendrons.

— Je peux aussi continuer à fréquenter le professeur… le professeur Manfred… ?

— Il est important pour toi ? demanda Jean.

J'acquiesçai d'un mouvement de tête.

— Alors, il est aussi important pour nous.

— Puis-je inviter mes amis Salek, Joe et Marek à dormir à l'appartement ?

— Oui, répondit Jane avec un sourire. Oui à tout. Je serais ravie que ces garçons passent plus de temps chez nous.

À l'idée de voir Salek, Joe et Marek dans ma grande chambre, de les voir jouer à la balle avec Tarzan dans le parc, à l'idée de parler toute la nuit avec eux… Je souris…

— Et je pourrais peut-être, un jour, faire le voyage jusqu'en Amérique pour rendre visite à Abe à New York ?

Je m'étais dépêché pour ne pas l'oublier.

— Ce sera un honneur pour nous de t'y accompagner, commenta Jean.

— J'adore l'Amérique, minauda Jane.

Romek Brandt. J'allais m'appeler Romek Brandt. Deux nuits durant, je ne fermai pas l'œil, trop occupé à évoquer la vie que j'allais mener en tant que Romek Brandt. Qu'est-ce qui se cachait dans un nom ? me demandais-je. Que signifiait un nom ?

***

— 117098, avais-je dit à l'homme assis derrière le bureau.

Le train à bestiaux arriva à Buchenwald. Les hommes entassés dans les wagons, Abe et moi dûmes attendre dehors, en file indienne, de présenter l'un après l'autre nos documents d'identification.

Je baissai la tête en détournant les yeux, par habitude – si l'on voulait avoir une chance de survivre, il ne fallait en aucun cas attirer l'attention sur soi. Autrement dit, il n'était pas question de regarder un SS dans les yeux. J'espérais en outre que l'homme assis derrière le bureau ne remarquerait pas les brûlures sur mon visage. J'aperçus la date sur une feuille de papier. 3 février 1945. Le lendemain de mon anniversaire. Je venais donc d'avoir quatorze ans.

Je remis à l'homme ma carte d'identité, sur laquelle se trouvait mon matricule. Elle attestait également que j'avais travaillé à HASAG et que j'étais juif.

Les yeux toujours baissés, j'observai les bottes noires et brillantes de l'homme. Depuis Częstochowa, on m'obligeait à porter des sabots de bois, qui me donnaient des ampoules et s'enlisaient dans la boue.

L'homme ayant examiné mes papiers, il m'ordonna de me mettre à l'écart d'un simple grognement. J'ouvris la bouche pour contester. Les hommes qui venaient de passer avant moi avaient continué le périple. Pour quelle raison me demandait-on d'attendre ?

Abe fut logé à la même enseigne. Mais pourquoi ? Ils n'allaient quand même pas le tuer lui aussi. Il avait été contremaître dans l'une de leurs usines, il n'avait pas son pareil pour diriger les ouvriers dont il avait la charge.

Nous nous rapprochâmes tous les deux, mais sans nous toucher, car les kapos et les SS détestaient la proximité entre détenus. Je sentis couler mon urine le long de ma jambe. Je tremblais à présent de la tête aux pieds.

Nous allions mourir tous les deux.

Lorsque l'homme assis au bureau eut fini d'enregistrer l'ensemble des nouveaux arrivants, il se tourna vers nous.

— Je garde vos papiers un petit moment, déclara-t-il d'une voix profonde et rauque.

J'avais envie de lever les yeux pour voir enfin son visage, tenter de deviner, à son regard, s'il s'agissait d'un brave type ou d'un menteur. Mais je n'osai pas.

— Suivez-moi.

Il portait un uniforme bleu et un béret noir. Jamais encore je n'avais vu cette tenue sur le dos d'un soldat ou d'un policier allemand. Mais, après tout, *me disais-je,* je n'avais jamais mis les pieds en Allemagne auparavant. *Sans doute avaient-ils créé de nouvelles unités exprès pour nous, dont les membres se révélaient peut-être plus cruels encore que les SS. Je ne sentais plus mes jambes, ni mes mains, ni ma tête. D'ailleurs, étais-je réellement en train de marcher ou s'agissait-il d'un rêve ? En tout cas, je savais que mon cœur battait la chamade.*

J'en savais suffisamment, à force de passer d'un camp à un autre : les nazis préféraient faire travailler des adolescents d'au moins seize ans, estimant que les plus jeunes manquaient de force, qu'ils n'étaient pas en assez bonne santé pour réaliser convenablement leur tâche. Les détenus incapables de travailler étaient inutiles aux yeux des nazis. Ils les tuaient. Purement et simplement. Je me mis à divaguer, à marmonner, à assurer en bégayant que j'étais un bon ouvrier. Que dans l'usine dont je venais, je m'étais montré plus rapide que tous les adultes affectés au même poste que moi.

— Nous sommes plus âgés que ce que nos papiers indiquent, entendis-je Abe renchérir. Nous sommes plus âgés qu'il n'y paraît. Je vous en prie… Nous pouvons travailler sans problème.

Il suppliait.

L'homme se retourna. Je m'arrêtai dans un sursaut. Il soupira, puis se pencha vers nous en mettant un doigt sur sa bouche pour nous faire comprendre de nous taire.

— Tout va bien, dit-il. Contentez-vous de me suivre. Vous êtes en sécurité ici.

***

Tandis que Jean et Jane préparaient les documents nécessaires à mon adoption, ils finirent par penser qu'il serait préférable pour moi de rester au Vésinet, auprès de mes amis, et d'y continuer mes études sous la houlette du professeur. Le vendredi, je me rendais à Champagne pour les dîners de shabbat avec Henri, Jacques, Rose et Hannah. Au lycée, dans une classe d'adolescents de mon âge, j'étudiais les mathématiques avancées, la résolution de problèmes, le traitement de données et un peu de physique. De quoi me préparer pour les études d'ingénierie que je devais commencer en janvier. Pour s'assurer que je ne prenais pas de retard, le professeur continuait à me donner des cours particuliers chaque jour.

Mais en dépit de cet emploi du temps bien chargé, il m'arrivait, aux moments les plus incongrus – sous la douche, au beau milieu de la lecture d'un livre –, d'entendre la voix de Jakow. Ou, plutôt, le souvenir d'une conversation que nous avions eue à Buchenwald.

— Il ne va peut-être rester que toi, m'avait-il dit peu avant la libération du camp, lorsque les nazis avaient dans l'idée de tuer tous les détenus encore vivants pour dissimuler leurs crimes au reste du monde. Il faut que tu survives à tout prix, avait-il insisté. L'avenir, c'est toi.

J'entendis aussi ce que m'avait demandé un jour Mme Minc :

— Que souhaites-tu pour ton avenir, Romek ? Sais-tu ce qu'est l'avenir ?

Et je me souvins du professeur en train de marteler :

— Que voudraient pour toi tes parents ?

Sans doute voulais-je tout ce qu'Abram n'aurait jamais, comme je l'avais déploré le jour où on l'avait emmené dans le camion. Le jour où les coups de feu retentirent dans la forêt.

— Abram a passé sa courte vie à aider les gens, y compris moi ! criai-je dans le vent. Il ne se mariera jamais, jamais il ne fondera une famille.

Voilà ce que j'aurais voulu pour lui. Qu'il vive.

Mais moi ? Que voulais-je réellement pour moi ?

22

Je venais de commencer à HASAG. Ce devait être l'hiver 1942.

Je travaillais au même étage de l'usine qu'un ami du heder, *un adolescent plus âgé que moi nommé Schmiel.*

Il avait pour tâche d'assurer le bon fonctionnement d'imposantes machines mues par des courroies en caoutchouc. Lorsque ces dernières s'usaient, on les jetait à la poubelle.

Un jour, Schmiel en récupéra un morceau, qu'il découpa en plusieurs morceaux plus petits, qu'il nous distribua.

— Mettez-en à l'intérieur de vos chaussures, murmura-t-il.

À cette époque, nous possédions encore nos propres chaussures, mais il nous était impossible d'en changer lorsqu'elles avaient fait leur temps, car nous n'avions même pas de quoi acheter un peu de nourriture au marché noir. Les morceaux de caoutchouc, nous avait expliqué Schmiel, nous permettraient de colmater les trous de nos souliers.

Un SS, un moustachu d'environ un mètre quatre-vingt-dix, le surprit en possession de la courroie déficiente. Aussitôt, il nous ordonna de former un cercle, au centre duquel il vint se planter avec Schmiel.

— Personne n'a le droit de voler le IIIe Reich, brailla-t-il. Personne !

Il dégaina son revolver, à une telle vitesse qu'avec son métal argenté rutilant, l'arme ressembla à un énorme insecte volant l'espace d'un instant.

Schmiel reçut la balle en plein front. Il demeura debout une fraction de seconde, les yeux écarquillés, tandis que le sang, autour de sa blessure, se répandait lentement, à la façon d'une tache d'encre.

Lorsqu'il s'effondra sur le sol, j'avais acquis la certitude que je serais le suivant, puisque quelques petits morceaux de caoutchouc se trouvaient dans ma poche. Et pourtant non. Le SS ne s'était pas aperçu que Schmiel avait distribué des parties de la courroie à ses collègues.

En revanche, je compris ce jour-là qu'on ne pouvait survivre sous le régime des nazis qu'à condition de respecter un certain nombre de règles : ne jamais enfreindre les lois en vigueur, se taire, rester en bonne santé, travailler sans relâche… Il n'y avait pas de place pour les erreurs.

Ce fut ce jour-là que j'oubliai mon nom, qu'il s'effaça de ma mémoire jusqu'à la libération du camp de Buchenwald.

Ce jour-là, je devins mon matricule.

***

Salek, Joe, Marek et moi étions les seuls de notre dortoir à ne pas avoir encore quitté le château. Une partie de nos camarades s'étaient installés dans des appartements au Vésinet après avoir décroché un travail, les autres avaient rejoint des parents à l'étranger. Depuis que nous avions quitté Buchenwald, aucun de nous n'avait évoqué la vie que nous y avions menée. Mais ce soir-là, comme un vent d'automne faisait bruisser les feuilles à la fenêtre, et que les lumières électriques clignotaient à cause de la tempête, nous nous mîmes à parler du passé.

Buchenwald, nous rappela Salek, avait été créé en 1937 pour les prisonniers politiques et les criminels – selon les informations qui arrivaient en France, diffusées à la radio et dans les journaux, près de deux cent cinquante mille détenus avaient franchi les portes du camp principal, autour duquel avaient été construits cent soixante-quatorze camps satellites. Dans un établissement médical, les nazis testaient des vaccins contre le typhus et autres maladies sur les prisonniers. Ces derniers subissaient parfois des traitements à ce point atroces qu'ils en mouraient, quand ils ne tombaient pas dans un coma profond dont ils ne se réveillaient pas. On les enterrait, quelquefois vivants.

Les détenus de Buchenwald furent également réduits en esclavage pour le compte d'une usine de munitions voisine qui produisait, entre autres, des composants pour les fusées V1 et V2, ainsi que pour les Panzer, fleurons de l'armée allemande. Le camp ne disposait certes pas de chambres à gaz mais, pourtant, plus de cinquante-cinq mille déportés y succombèrent, selon les estimations relayées par les médias – on mourait de faim, des suites des expériences médicales, d'épuisement ou de maladie.

Face à l'avancée de l'Armée rouge en 1944, les nazis se mirent à détruire les preuves du génocide qu'ils avaient perpétré. Ainsi eurent lieu les « marches de la mort », des marches forcées pendant lesquelles les gardes SS maltraitaient les prisonniers – ils avaient en outre reçu l'ordre strict de tuer ceux qui ne pouvaient plus se déplacer. Certains camps furent incendiés, des dossiers détruits. Les détenus encore capables de travailler furent envoyés en Allemagne. Il s'agissait d'adultes et de jeunes garçons.

Lorsque les convois en provenance de camps situés en Pologne commencèrent à arriver à Buchenwald, à leur bord de nombreux enfants juifs, parmi lesquels je me trouvais, les membres de la résistance intérieure éprouvèrent un tel choc qu'ils décidèrent d'agir. Des juifs polonais, dont Jack Werber et Gustav, dont j'ai déjà parlé, élaborèrent un plan complexe pour tromper les nazis. Ils leur expliquèrent qu'ils souhaitaient créer des écoles pour les jeunes garçons récemment arrivés, afin de leur enseigner l'allemand et de faire d'eux de bons ouvriers allemands, soucieux de l'ordre. Ils assurèrent encore aux nazis que, grâce à ces établissements, nous, les garçons de Buchenwald, serions sous surveillance, ce qui nous empêcherait de courir dans le camp, d'y voler de la nourriture ou d'en troubler l'organisation. La résistance intérieure falsifia les documents d'identification de plusieurs enfants, gommant leur nom juif pour affirmer ensuite qu'ils étaient communistes. Ils ajoutèrent également sur nos papiers d'identité une note indiquant que nous ne devions pas être envoyés au travail. Alors que l'objectif initial de la résistance intérieure était de défier, puis de renverser le régime nazi, Gustav et Jack convainquirent ses membres de l'importance de nous sauver.

Pour ce qui était de Jack, Jakow m'expliqua qu'il s'était jeté dans la bataille parce qu'il avait découvert que son épouse et sa petite fille, qui n'avait que quatorze mois en 1939, quand l'Allemagne avait envahi la Pologne, avaient été assassinées par les nazis.

— Ce qu'ils ont fait était au-delà de la cruauté, siffla Joe. C'était eux, les sous-hommes, pas nous. C'était eux les rats, la nourriture pour les vers.

Jamais je n'avais vu Joe dans un tel état. Il serrait si fort ses poings que les jointures de ses doigts avaient blanchi.

— Jack a eu envie de mourir, intervint Salek. À partir du jour où un détenu lui avait révélé la disparition de sa famille… jusqu'à notre arrivée à Buchenwald. Pendant tout ce temps-là, il avait songé régulièrement au suicide.

Notre apparition de petits juifs dans le camp changea tout pour lui, qui déclara que, si la rumeur concernant le sort de la communauté juive en Europe était fondée, il était crucial d'agir pour ces enfants, de les sauver et de leur offrir un espoir pour l'avenir.

La résistance intérieure put passer à l'action parce qu'elle occupait des positions de pouvoir au sein du camp. Au début des années 1940, à mesure que le nombre de détenus augmentait, les nazis ne tardèrent pas à se trouver en sous-effectif puis, la guerre prenant peu à peu une tournure défavorable pour eux, ils se mirent à penser davantage à leur survie qu'à la gestion de Buchenwald. C'est alors qu'ils eurent besoin de détenus à leurs bottes. D'abord, les SS se tournèrent vers les criminels emprisonnés, pour découvrir bientôt que donner des responsabilités à des meurtriers ou des voleurs ne réussissait qu'à augmenter le taux de criminalité à l'intérieur du camp – y compris contre les nazis eux-mêmes. Les SS n'eurent d'autre choix que de demander leur soutien aux communistes, qui dès lors se mirent à jouer un jeu dangereux, feignant d'aider les Allemands tout en participant à des activités subversives.

La Résistance agissait dans les blanchisseries, les cuisines et les entrepôts de vêtements. Pour asseoir son pouvoir occulte, elle convainquit les nazis de créer une force de police interne, dont la plupart des membres travaillaient en réalité pour la clandestinité, ce que les Allemands ne découvrirent jamais. Ces policiers, chargés des trains et des arrivées, portaient un uniforme bleu assorti d'un béret.

Après qu'on nous eut aspergés de désinfectant, l'homme qui s'occupait d'Abe et de moi nous rendit nos papiers d'identité. Ils indiquaient à présent que j'étais un prisonnier politique, un communiste, et que j'avais seize ans. On troqua, sur mon pyjama, l'étoile jaune contre une étoile rouge.

Les autorités du camp donnèrent leur aval pour la mise en place d'écoles à l'intérieur des baraquements. Les chefs des blocks comportant le plus d'enfants persuadèrent par surcroît les nazis de permettre que l'appel du matin se déroule à l'intérieur des bâtiments au lieu de l'*Appelplatz*. Comment s'y prirent-ils ? En affirmant que nous, les garçons de Buchenwald, étions l'avenir du régime et qu'à ce titre, il aurait été dommage que nous risquions de tomber malades à cause de la rudesse des hivers allemands. Peu à peu, le nombre d'enfants augmenta, si bien que les baraquements qui nous avaient accueillis au début devinrent trop étroits. C'est ainsi que certains garçons furent placés dans des lupanars, cachés par les femmes dont les nazis avaient fait des prostituées.

Lorsque ceux-ci finirent par décréter que les enfants, eux aussi, devaient travailler, la Résistance s'arrangea pour en placer le plus possible aux cuisines, où il faisait chaud. Nos bons samaritains nous procurèrent de la nourriture supplémentaire, des couvertures et des vêtements épais. Jack Werber devait expliquer plus tard que, à la suite de la disparition de presque toute sa famille, il n'avait plus eu en tête que le sauvetage des garçons de Buchenwald que, dès lors, il avait tenu pour ses propres fils.

Ce soir-là, au Vésinet, nous pleurâmes tous les quatre ensemble pour la première fois et, pour la première fois, nous échangeâmes nos anecdotes de ces terribles années. Nous nous tenions par la main. Salek s'éclipsa soudain pour revenir presque aussitôt avec une bouteille de cognac. Jamais encore je n'avais été ivre à ce point, la tête me tournait et mes larmes coulaient toutes seules.

Dire que cela avait duré près d'une année… Au début, j'étais resté le plus souvent possible à la fenêtre en attendant le retour de mon père et d'Abram. Et tous ces visages que je croisais… J'ouvrais la bouche pour laisser échapper un petit cri de joie, c'était Chaim, c'était Motel, Abram, Moishe, mon père… Même devant les gardiennes, je m'arrêtais. À la façon dont l'une se tenait, dont une autre penchait la tête… Je tressaillais, prêt à courir vers elle pour jeter mes bras autour de sa taille… C'était maman, c'était Leah… Et puis la gardienne se retournait. Il ne s'agissait ni de ma mère ni de ma sœur. Jamais je ne tombais sur quelqu'un que je connaissais. Jamais. Je finis par cesser de scruter les traits des uns ou des autres. La douleur dans ma poitrine était trop vive, et que dire de cet étau et de ces abysses ?

Durant cette nuit-là, au Vésinet, nous frappâmes nos oreillers, nous nous arrachâmes les cheveux, nous nous grattâmes les jambes, nous étions fous de rage. Au petit matin, au chant du coq, nous nous sentions tous les quatre étourdis et perdus, mais soulagés de tout ce que nous venions enfin d'évacuer. Nous rampâmes jusqu'à nos lits, où nous dormîmes pendant toute la journée.

***

Je passai le week-end avec Jane, dans son appartement, où Ralph vint me rendre visite – Mme Minc lui avait dit où je me trouvais.

À peine avait-il mis un pied dans le hall de l'immeuble, avec son carrelage damier en marbre noir et blanc et son grand miroir à cadre doré, qu'il s'extasia.

— Quel endroit superbe ! s'écria-t-il.

Ralph me parut changé. D'abord, il avait troqué ces vêtements noirs pour un blazer gris foncé sur un pantalon assorti, une chemise en coton blanc et une cravate. Il avait aussi renoncé à plaquer en arrière ses cheveux qui, débarrassés de leur brillantine, exposaient leurs boucles et semblaient plus clairs. Ralph ne dégageait plus, non plus, cette confiance proche de l'arrogance que je lui connaissais.

Il avait l'air presque nerveux, anxieux peut-être. Lorsque je lui présentai Jane, il ne la regarda pas dans les yeux.

— Pourrions-nous aller nous promener ? me murmura-t-il en se tordant les mains.

J'enfilai mes chaussures en cuir verni noir que Jane m'avait offertes, pris la laisse de Tarzan et j'appelai mon caniche.

Dehors, Ralph alluma une cigarette et me tendit le paquet.

— Je ne fume pas, dis-je en riant. Je n'ai jamais réussi à m'y mettre.

Nous marchâmes en direction de la Seine.

— Tu n'as pas l'intention de me taquiner à propos de Jane ? lui demandai-je au bout d'un moment. Je sais pertinemment qu'elle incarne tout ce que tu détestes.

— Je pars pour le Canada, dit-il, ignorant ma remarque.

Je m'immobilisai aussitôt et me tournai vers lui. Il haussa les épaules, anticipant ma question :

— Il n'y a rien de bon pour moi en Europe de l'Est.

Il leva la tête au ciel. C'était une journée couverte. Le son grave d'une péniche sur la Seine parvenait jusqu'à nous. Un groupe d'écoliers, les filles avec des couettes et les garçons coiffés d'un béret, nous dépassèrent en riant, armés de parapluies.

— Je me suis trompé. Je veux dire… Je ne savais pas… quoi croire, reprit-il après que les enfants se furent éloignés.

Son débit était haché. Où donc était passé le brillant orateur qui m'avait subjugué ?

— Et l'Armée rouge ? dis-je. Et Staline ?

— Je crois qu'en ce moment, je cherche la paix, répondit-il d'une voix basse et tendue. Je n'ai plus envie de me battre. Y compris à l'intérieur de moi.

Il se frappa la tête.

— Une bataille se jouait en moi du fait de ce que j'ai vu et vécu. Il m'était plus facile d'oublier tout ça en me battant contre autre chose que mes démons.

Je hochai la tête lentement.

La pluie s'intensifia. Je proposai à Ralph de nous rendre à La Mère Catherine, où tout le monde me connaissait à présent.

Mais il ne bougea pas.

Tarzan fit ses besoins. Je sortis un petit sac de ma poche pour les ramasser, ainsi que Jane me l'avait montré – je le jetterais à la poubelle plus tard.

— Quel que soit ce qu'on pense, finit-il par déclarer, le regard perdu vers la Seine, cela doit venir de l'âme. Pas du cœur qui alimente la passion au point, parfois, de devenir aveugle. Pas de l'esprit non plus, qui essaie de tout rationaliser. L'âme. Les communistes à Buchenwald ne nous ont pas aidés du fait de leurs convictions politiques. Ils nous ont aidés parce que c'était des gens bien.

Nous reprîmes notre promenade en direction de La Mère Catherine. Je pensai à Jakow, aux maçons juifs et aux communistes de Buchenwald. Ils étaient capables de discerner la bonté chez les gens. Gustav aussi, même s'il avait choisi de décider seul qui devait vivre et qui devait mourir.

— Tu as raison, dis-je d'une voix étouffée.

Une fois au restaurant et après avoir commandé, je lui confiai que mon père était convaincu que les Allemands ne nous feraient aucun mal et qu'à cause de cela, je lui en voulais…

J'ignorais d'où avaient jailli ces mots, mais je me sentais à l'aise en m'ouvrant ainsi à Ralph, qui écoutait patiemment. Cela aussi m'étonna, car je me rappelais un jeune homme plus enclin à parler qu'à écouter.

— Peut-être n'était-il pas le fou que je croyais, repris-je. Peut-être n'est-il pas à blâmer pour ce qui m'est arrivé, pour ce qui est arrivé à Abram… et au reste de ma famille. Du fond de son âme, mon père voyait la bonté dans chacun.

C'est alors qu'un souvenir que j'avais enfoui revint à la surface. Quelques jours après avoir commencé à travailler à HASAG, je faillis tomber lors de l'appel. Je m'étais senti mal, car je n'étais pas encore habitué aux portions congrues de nourriture ni aux longues heures de travail. Un kapo juif me désigna du doigt, m'ordonnant de grimper dans la charrette qu'il poussait un peu partout pour y ramasser les malades et les mourants. J'avais les mains en sang, qu'on avait enveloppées dans du tissu arraché à ma chemise. Mon père se mit à courir après la charrette et s'adressa au kapo pour tenter de le convaincre que je contribuais à la machine de guerre allemande. Il le supplia de m'épargner, car nous savions tous, même alors, que les malheureux qui se retrouvaient dans la charrette étaient ensuite abattus. Mon père proposa à l'homme de lui donner de l'argent, des bijoux… n'importe quoi pour qu'il me laisse en vie. Le kapo s'arrêta, fit claquer sa langue et me cria de descendre.

— Je ne veux rien, pépé, dit-il à mon père. Donne à manger à ce gamin et occupe-toi de ses mains. Endurcis-le, parce qu'il risque de ne pas y avoir une seconde chance.

— Merci, merci, répétait mon père en me serrant dans ses bras.

Puis, tandis que l'homme s'éloignait, il s'inclina comme lorsqu'il récitait ses prières.

— Les gens sont fondamentalement bons, Romek, chuchota-t-il tandis que nous regagnions notre baraquement. Nous aspirons tous à la même chose : l'amour. Quoi qu'il t'arrive, n'oublie pas cette bonté en toi. N'oublie pas non plus la bonté des autres. Tu peux toujours créer de grandes œuvres d'art, faire de longues études, avoir une belle vie… mais si tu oublies la bonté, tu souffriras. Ne laisse pas les nazis te voler ta bonté.

***

— Jane te plaît-elle ? demandai-je à Ralph alors que nous rentrions à l'appartement.

La pluie avait cessé, mais le ciel restait sombre et nuageux.

— Tu semblais mal à l'aise quand je te l'ai présentée.

Ralph soupira.

— J'étais gêné, parce que fut un temps où j'ai déclaré une guerre ouverte aux gens de sa classe. Mais ce ne sont pas eux, le problème. Le problème, ce sont des gens comme Hitler, qui abusent de leur pouvoir.

— Quand pars-tu pour le Canada ? demandai-je pour changer de sujet.

— Dans quelques semaines.

— À quoi ça ressemble, le Canada ?

Je ne savais même pas où ce pays se trouvait. À Buchenwald, lorsque le maçon juif qui enseignait la géographie venait dans notre baraquement, il apportait avec lui un globe terrestre miniature qu'il disait avoir réussi à faire sortir clandestinement d'un débarras.

Il nous avait parlé des Entrepôts du Canada[1], à Auschwitz, dans lesquels des détenus juifs, principalement des femmes, triaient les possessions des

---

1. Ainsi nommés parce que le Canada était, pour beaucoup, un synonyme de richesse, un pays plein de ressources. Ces entrepôts étaient « l'endroit où l'on trouve tout ».

prisonniers au fur et à mesure de leur arrivée – les nazis leur prenaient tout ce qui pouvait avoir de la valeur, y compris les dents en or, qu'ils arrachaient à ceux qui en avaient.

— Il peut faire très froid, là-bas, déclara Ralph. Mais un immense océan sépare le Canada de l'Europe. Si une autre guerre survenait, je serais loin.

— Il neige ? demandai-je, songeant à mes parties de luge sur les pentes des collines à Skarżysko-Kamienna avec Motel, Moishe et Abram.

— Beaucoup.

— Il y a des lacs ? Des lacs où on peut nager et patiner ?

Cette fois, je me rappelai le pneu que Chaim avait accroché à la longue branche d'un chêne afin que mes frères puissent s'en servir pour sauter dans le fleuve en été. J'avais peur de l'eau à l'époque, j'avais peur de nager. Mais à présent, l'idée de lacs dans lesquels je pourrais me baigner pendant les étés chauds m'enthousiasmait.

— Oui.

— Et les filles ?

Je n'arrivais pas à croire que c'était moi qui venais de poser cette question.

Ralph se mit à rire.

— Il y a encore plus de filles que de lacs, et elles sont belles.

Je bafouillai quelques mots inintelligibles en guise de commentaire.

***

Chaque deuxième ou troisième jeudi de chaque mois, le contremaître de mon étage à HASAG m'envoyait au bureau principal pour récupérer les bordereaux de livraison. Dans ce bureau se trouvait une femme, une secrétaire. Elle avait des cheveux d'un blond paille, courts et ondulés. Elle était grande et mince. Elle me remettait la pile de documents sans me regarder. Elle me disait sèchement de ne rien perdre en route, de ne rien abîmer et de me dépêcher de regagner mon étage. « Dehors, dehors », me lançait-elle.

Et pourtant, chaque fois, parmi la paperasse, je découvrais une épaisse tranche de pain frais et croustillant enveloppée dans une page de journal, ainsi qu'un petit pot de confiture.

Comme je saluai Ralph, avant de le regarder s'éloigner, je songeai à cette secrétaire et continuai à penser à elle lorsque j'informai Jane et Jean que j'avais besoin de leur parler.

Les yeux fermés sur le visage lointain de la jeune femme, je redis à mes bienfaiteurs combien ils comptaient pour moi et que leur gentillesse m'avait aidé à me sentir de nouveau humain.

— Mais..., peut-être pour assurer ma survie, peut-être parce que cela faisait trop mal de me sentir tellement seul, j'ai éloigné de moi les souvenirs de mon père et du reste de ma famille. J'ai jugé mon père coupable de tout ce qui m'était arrivé... De tout ce qui est arrivé aux miens. Mais j'ai récemment compris que c'était moi qui m'étais éloigné de lui, pas l'inverse. Je suppose qu'il m'était trop douloureux de me souvenir vraiment d'où je venais et qui j'étais avant la catastrophe. J'ai oublié tout ça pour me préserver de la souffrance. Mais Chil Wajsman, mon père, vit maintenant en moi.

Je ne souhaitais pas être adopté.

— Je dois trouver ma propre voie, entamer seul mon voyage.

Je désirais m'installer dans un pays étranger tout en restant fidèle à mes origines, au nom qu'on m'avait donné à ma naissance, à ma religion, en m'appuyant sur l'amour et les valeurs que mes parents m'avaient transmises.

— Je suis Romek Wajsman. Je suis né et j'ai grandi à Skarżysko-Kamienna, en Pologne. On m'a élevé dans la foi juive, dans l'amour et dans l'entraide. J'ai appris ce qu'était l'amour, on m'a enseigné à le recevoir et à le donner.

23

Je suis désolé, mais je ne veux pas être empereur, ce n'est pas mon affaire. Je ne veux ni conquérir ni diriger personne. Je voudrais aider tout le monde dans la mesure du possible, juifs, chrétiens, païens, blancs et noirs. Nous voudrions tous nous aider, les êtres humains sont ainsi. Nous voulons donner le bonheur à notre prochain, pas le malheur. Nous ne voulons ni haïr ni humilier personne. Dans ce monde, chacun de nous a sa place et notre terre est bien assez riche pour nourrir tout le monde.

Discours final de Charlie Chaplin
dans *Le Dictateur* (1940)

J'avais postulé pour émigrer en Australie. Cependant, pour une raison inconnue, le Canada m'attirait davantage. L'idée de la neige me plaisait et l'environnement naturel du Canada ressemblait beaucoup à celui de la Pologne. Mme Minc m'apprit que le Canada venait d'ouvrir le pays à l'immigration en acceptant environ mille juifs rescapés de l'Holocauste, y compris des garçons comme moi.

Malgré tout, j'hésitais. En mai 1939, plus de neuf cents juifs avaient quitté l'Allemagne à bord du paquebot le Saint Louis. Les États-Unis et le Canada ayant refusé de les accueillir, alors que des citoyens étaient prêts à les recevoir, le navire était revenu en Europe, où les juifs avaient été répartis dans plusieurs pays. La plupart avaient disparu dans les camps de la mort. Le périple du Saint Louis avait été appelé « le voyage des damnés ».

Le Canada, comme la Pologne, avait fixé des quotas de juifs autorisés à étudier dans les universités. De manière générale, le pays nord-américain voulait limiter l'immigration juive.

— Mais peut-être est-ce mon prochain voyage, avais-je dit un jour au professeur, pas tant pour me rendre dans un pays où je serais en sécurité, mais pour y aider les gens à comprendre. Pour leur dire que nous, les juifs, ne sommes pas l'ennemi, pour leur dire que l'amour est plus fort que la haine.

Jean et Jane respectaient ma décision concernant l'adoption, même si elle les faisait terriblement souffrir. Jane devint ma marraine et nous continuèrent à aller tous les deux au cinéma, au ballet et à l'opéra. À ma grande surprise, elle nous emmena, mes cousins et moi, voir *Le Dictateur*, que je trouvai aussi bon que Leah et Abram me l'avaient dit. J'écrivis immédiatement à ma sœur pour lui parler du film et de ce qu'il signifiait pour moi.

Isabelle, Claude, Michel et moi restâmes de proches amis. Je passai plusieurs semaines avec eux dans leur maison d'été en Suisse, qui surplombait le lac Léman, à jouer aux échecs avec Claude et à cache-cache dans les bois avec Isabelle et Michel. À plusieurs reprises, nous fîmes un grand feu le soir. Nous y fîmes griller des châtaignes et du pop-corn en observant les lucioles qui dansaient dans les bois.

Durant l'automne et l'hiver 1948, je passai beaucoup de temps avec Aurore. Nous participâmes à plusieurs bals. Je lui expliquai cependant que nous ne serions jamais que des amis. Car si je sentais que j'aurais pu l'aimer, je savais qu'au fond de moi, j'attendais quelqu'un d'autre. Aurore éprouvait la même chose à mon égard. Elle me rapporta les mots que sa mère lui avait dits à plusieurs reprises: « Chaque personne qui entre dans ta vie est un cadeau. Accueille-la comme si tu te rencontrais toi-même. »

Aurore admit que lorsqu'elle m'avait vu dans le train, elle avait eu l'impression de me connaître déjà. J'avouai que j'étais attiré par elle pour la même raison.

— Peut-être nous sommes-nous rencontrés dans nos rêves.

Elle gloussa.

Au printemps 1948, j'annonçai à Mme Minc et au professeur que j'étais prêt à accepter le fait que ma famille entière, à l'exception de Leah, n'avait pas survécu. Un vendredi, au Vésinet, j'invitai Jean, Jane et leurs enfants à dîner, ainsi qu'Henri, Jacques, Rose et Hannah. Avec l'aide des cuisiniers du centre, Hannah prépara le même repas que ma mère servait pendant le shabbat. Ce soir-là, nous récitâmes le kaddish pour les familles de Salek, de Marek, de Joe et de moi.

J'ajoutai, en silence, une prière adressée à Azraël, l'ange de la mort – je lui demandai de veiller à ce que les miens aillent directement au ciel, de les suivre durant le voyage à travers ces nuages qui séparaient la vie terrestre de la vie éternelle. Je lui demandai encore de faire ce qu'il fallait pour qu'on se rappelle à jamais la pureté des cœurs de toutes les victimes de l'Holocauste.

***

Mon rêve de retourner chez moi à Skarżysko-Kamienna, ce rêve qui m'avait permis de survivre à l'horreur me rappelait sans cesse, à présent, l'importance de l'amour, que j'avais fini par oublier durant mes jours les plus sombres. Ma maison n'était autre que l'amour que ma famille m'avait prodigué. Quant à l'amour que je leur porte, il est éternel.

Le Dr Robert Krell, Elie Wiesel et Romek (Robbie Waisman).

Épilogue

Romek émigra au Canada en novembre 1948. Le professeur Manfred Reingwitz l'accompagna jusqu'au bateau.

À son arrivée, il changea son nom pour Robert (Robbie) Waisman. Il avait dix-sept ans.

Comme il maîtrisait le français, Romek émit le souhait de s'installer à Montréal, mais l'organisation qui le parrainait, le Congrès juif canadien[1], l'envoya à Calgary. Là, il apprit l'anglais, tout en travaillant dans l'une des meilleures entreprises de fabrication de chapeaux du pays. Comme pendant son séjour en France, Romek eut la chance de rencontrer des personnes qui entrèrent dans sa vie juste au moment où il en avait besoin. Parmi ces véritables anges gardiens se trouvaient les Goresht[2], qui fournirent à leur protégé le gîte et le couvert, une famille et une identité canadiennes. Son poste dans l'entreprise de chapeaux lui permit d'économiser assez d'argent pour entamer des études d'ingénieur à l'université, réalisant ainsi le rêve de son frère Motel. Cependant, Romek abandonna le cursus au bout d'un an, désireux de se servir plutôt de ses frais de scolarité pour faire venir

1. Le Canadian Jewish Congress (CJC), fondé en 1919, est une organisation représentative des organismes juifs du Canada.
2. Harry et Rachel Gorescht, juifs tous les deux, parlèrent en yiddish avec Romek pendant qu'il apprenait l'anglais.

Leah, Abram, son époux, et leur enfant Michael, tous trois en grande difficulté en Israël. Plus tard, il parraina également Henri et Jacques afin qu'ils puissent s'installer au Canada à leur tour. Il les soutint jusqu'à ce qu'ils trouvent leur propre voie. Leah et Abram eurent un deuxième enfant, qu'ils nommèrent Nathan.

Romek poursuivit son travail, ainsi que ses études, à temps partiel, pour obtenir son diplôme de comptabilité. En 1958, lors d'une rencontre arrangée, il croisa le chemin de son âme sœur et future épouse, Gloria Lyons. Celle-ci, originaire de la Saskatchewan, suivait alors des études scientifiques à l'université, dans la province d'Alberta. Le couple s'installa à Saskatoon, la plus grande ville de la Saskatchewan, où ils inaugurèrent ensemble ce qui devint une chaîne de magasins de vêtements pour enfants. C'est dans la Saskatchewan qu'ils fondèrent leur famille. Arlaina Joy vit le jour en 1962, suivie par Howard Steven en 1964. Ils déménagèrent à Vancouver en 1978, Romek ayant décroché un emploi dans l'industrie hôtelière.

Au Canada, Romek évoquait peu l'Holocauste, y compris à ses propres enfants. Il ne voulait pas les bouleverser en leur parlant de son expérience, désireux aussi de laisser l'horreur derrière lui. Pourtant, il ne se passait pas un jour sans qu'il ne pense à ses proches assassinés par les nazis, ou à ceux qui avaient disparu, comme Nathan, Motel et Moishe.

Mais, en 1984, lorsque Romek vit des reportages sur un enseignant de l'Alberta, James Keegstra[1], qui

---

1. Enseignant dans une école secondaire d'une région rurale de l'Alberta, James (Jim) Keegstra a été reconnu coupable en 1985 de propagande antisémite auprès de ses élèves. La Cour suprême du Canada a confirmé en appel sa condamnation.

affirmait à ses élèves que la Shoah n'avait pas eu lieu et qu'il s'agissait d'un complot ourdi par les juifs, il décida de parler.

Il se souvint alors des voix qu'il entendait dans l'obscurité des camps, qui lui disaient que s'il survivait, il « devrait raconter au monde ce qu'il avait vu ».

Lors d'un événement organisé par le Centre d'éducation sur l'Holocauste de Vancouver[1], qu'il avait cofondé avec le Dr Robert Krell[2], Romek fut l'un des premiers enfants survivants de Buchenwald à parler publiquement. Il raconta son histoire, celle d'un enfant juif victime de la Shoah.

Il devint alors un témoin reconnu et apprécié dans le monde entier, parlant souvent aux côtés de Leon Bass[3]. Afro-américain, celui-ci avait été soldat pendant la Seconde Guerre mondiale. Après la libération du camp, il était entré à Buchenwald avec le 183e bataillon de combat du génie, pour aider aux secours et pour apporter des équipements de première nécessité.

En raison de son activisme, Romek reçut de nombreux prix humanitaires, notamment, en 2013, le Prix canadien du gouverneur général pour l'entraide. En 2018, on lui remit un doctorat honorifique en droit (LLD) à l'université de Victoria.

Il devint également une référence pour d'autres témoins de génocides, y compris pour ceux du Rwanda.

---

1. Le Vancouver Holocaust Education Centre (VHEC) a été fondé en 1994.
2. Le Dr Robert Krell est médecin, professeur émérite à l'université de la Colombie-Britannique, enfant survivant de la Shoah et cofondateur du VHEC.
3. Décédé en 2015, Leon Bass était éducateur à Philadelphie. Envoyé à Buchenwald avec d'autres soldats, il fut l'un des premiers militaires américains à être vus par les survivants du camp.

Enfin, il fut aussi membre d'honneur de la Commission de vérité et réconciliation (CVR), mise en place en 2008 pour faciliter la réconciliation entre les anciens élèves des pensionnats autochtones, leurs familles, leurs communautés et tous les Canadiens.

Romek aime parler aux lycéens, en particulier ceux des Premières Nations. Beaucoup de jeunes sont particulièrement sensibles à certains aspects de son histoire : la séparation familiale, l'aliénation de la culture et du patrimoine.

Quand il ne voyage pas et ne témoigne pas, il aime passer du temps avec ses amis et sa famille, surtout ses deux petits-enfants, Ava et Kiera. Il est resté proche de Jane et Jean jusqu'à la fin de leur vie, ainsi que de leurs enfants et petits-enfants.

L'Œuvre de secours aux enfants (OSE)

Des intellectuels et des médecins juifs de Saint-Pétersbourg, en Russie, fondèrent l'Œuvre de secours aux enfants (OSE) en 1912. L'organisation s'appelait alors *Obshchestsvo Zdravookhraneniya Yevreyiev* (Société pour la protection sanitaire de la population juive, ou OZE). Le mandat initial de l'OZE était de fournir des soins médicaux aux communautés juives qui avaient survécu aux pogroms en Russie.

En 1917, après la Révolution bolchévique également appelée « Révolution russe », l'OZE vint également en aide aux communautés juives de Pologne et d'autres pays de l'Est, limitrophes de la Russie. En 1922, Albert Einstein fut nommé président d'honneur de l'organisation, composée d'une centaine de sections présentes dans plusieurs pays. Le siège de l'organisation était alors à Berlin.

En raison des persécutions nazies en Allemagne, elle fut transférée en France et devint l'Œuvre de secours aux enfants (OSE).

Pendant la Seconde Guerre mondiale, la mission de l'OSE fut de sauver des enfants juifs. Grâce à des réseaux complexes de soutien, l'organisation réussit à faire passer clandestinement des enfants, provenant de pays occupés, vers la zone libre en France. L'OSE y gérait quatorze maisons d'enfants, financées en grande partie par l'United Jewish Appeal et l'American Jewish Joint Distribution Committee (JDC). Dans les maisons d'enfants, exerçaient des médecins juifs, des psychologues et des travailleurs sociaux qui n'avaient plus le droit de pratiquer leur profession et qui étaient sous la menace d'une déportation vers les camps de la mort.

Quand les nazis multiplièrent les rafles en France et prirent le contrôle de la zone libre en 1942, des familles juives françaises confièrent leurs enfants aux soins de l'OSE. L'Organisation conçut un réseau clandestin pour falsifier des papiers d'identité donnant aux enfants la nationalité de pays neutres comme la Suisse et l'Espagne. On estime que, pendant la Guerre, l'OSE a sauvé plus de mille deux cents enfants.

À la fin du conflit mondial, l'une des délégations de l'organisation de secours, située en Suisse, reçut un télégramme des troupes américaines qui avaient libéré Buchenwald : « Avons trouvé mille enfants juifs à Buchenwald. Prendre des mesures immédiates pour les évacuer. » Il fallut un peu plus de deux mois pour que l'OSE rapatrie quatre cent vingt-sept des plus jeunes garçons du camp vers la France.

Les « garçons de Buchenwald » comme on les appellerait désormais, furent le groupe d'enfants juifs orphelins le plus important à être retrouvé à la fin de l'Holocauste. En s'appuyant à nouveau sur des universitaires juifs, des agents de santé, des artistes, des psychologues, l'OSE eut pour objectif de fournir à ces garçons les soins médicaux et psychologiques dont ils avaient besoin pour retrouver une place dans la société. Une partie des services dédiés aux enfants consistait à leur procurer un « mentor », en général un adulte, mais aussi à leur offrir une scolarité, des cours de langue et des fondamentaux, tels l'hygiène, une bonne alimentation et des soins médicaux. Au départ, certains proches de l'OSE pensèrent que les garçons ne pourraient pas surmonter leur traumatisme et reprendre une place dans la société.

Postface

En 1945, il reste dans le camp de Buchenwald libéré par les Américains plus d'un millier de jeunes Juifs âgés de huit à vingt-deux ans. Issus des villages les plus reculés de Pologne, de Roumanie, de Hongrie ou de Tchécoslovaquie, ils attendent que l'on statue sur leur sort.

Cinq cent trente-cinq arrivent en France, dont quatre cent vingt-sept pris en charge par l'OSE (Œuvre de secours aux enfants), une œuvre juive d'assistance qui avait mis en place pendant la guerre un réseau spécifique de sauvetage d'enfants[1].

Avant d'être regroupés à Buchenwald, ils ont subi les ghettos, les camps de travail forcé, les sélections, les marches de la mort. Lorsqu'ils arrivent en France, ils sont, pour la plupart, seuls au monde.

Ce groupe de jeunes adolescents, passé pour partie par les maisons de l'OSE, a une histoire singulière qui mérite d'être relatée. Leur remarquable réinsertion et les séquelles de leur traumatisme, qui ont été étudiées et répertoriées comme « syndrome du survivant », posent la question de la survie des enfants dans les camps et de leur prise en charge après-guerre par des éducateurs.

---

1. Née en 1912 à Saint-Pétersbourg, l'Œuvre de secours aux enfants s'installe en France en 1933. Cette œuvre médico-sociale participe activement au sauvetage des enfants juifs pendant la guerre et compte à son actif plus de deux mille cinq cents enfants sauvés par son réseau clandestin.

S'ils ont connu le même enfer, chaque vécu est différent. Robbbie Waisman (Romek Wajsman) vient de Skarżysko-Kamienna. Il est né là-bas, il a des souvenirs d'enfance, alors que ce lieu, de sinistre mémoire, est appelé par d'autres, Jurek Kastenberg et Willy Fogel, « le camp de la mort en jaune ». Ils n'en ont pas la même expérience et n'ont pas été au même poste de travail dans l'usine.

La plupart des enfants rescapés sont d'origine polonaise : deux cent cinquante sur les quatre cent vingt-sept, pour la plupart issus de familles nombreuses rassemblées dans les ghettos imposés par les nazis, dès leur arrivée en 1939. C'est le cas de Romek. Certains ont été déportés vers Auschwitz-Birkenau au moment de la liquidation du ghetto de Łódź, en juillet 1944, et y ont travaillé jusqu'au moment de leur évacuation. D'autres sont arrivés des camps de travail forcé ou des usines de la SS.

Les trois plus jeunes du groupe ont respectivement huit et dix ans à la Libération. Deux d'entre eux avaient encore leur père à Buchenwald. L'autre garçonnet de huit ans vient du ghetto de Piotrków[1]. Comme il le dit lui-même, il est passé « directement de la voiture d'enfant à la vie du camp ». Romek l'évoque dans ses mémoires.

Vingt autres garçons, déportés de Slovaquie, arrivent plus tard dans le camp, soixante-dix-sept de Ruthénie et vingt-neuf de Hongrie. Tous parlent le hongrois et sont plus religieux que les Polonais. Ce sont surtout les enfants de ce groupe, parmi lesquels Elie Wiesel (Eliezer), qui réclament une maison orthodoxe à leur arrivée en France et qui partiront à Ambloy dès juillet 1945. Comme les Polonais, ils ont pour la plupart connu la « marche de la mort ». Au début de leur séjour en France, ils ne parlent que de cela.

1. Petite ville à 40 kilomètres de Łódź, elle a le triste privilège d'avoir eu le premier ghetto de Pologne. Il s'agit de Lulek, futur grand rabbin ashkénaze d'Israël.

Comment, pourquoi sont-ils restés en vie? Incontestablement grâce à leur force physique et morale, l'une n'allant pas sans l'autre. Ils ont, tous, su résister à la peur, aux sévices, au froid, à la faim.

Mais c'est l'entourage familial qui a été le premier facteur de survie dans les ghettos et, pour certains, jusqu'au bout de leur parcours. Les plus jeunes, âgés de quatre à six ans, n'auraient pu survivre sans la présence tutélaire de leur père qui les protège, les nourrit, leur dit ce qu'il faut faire. Jacques Finkel, insiste sur cet aspect de survie psychologique à Blechhammer[1], grâce au groupe qu'ils formaient, son frère aîné, Charles, son père et les trois paires de copains de son *shtetl*. Romek, lui, mentionne son frère aîné, comme ayant été son protecteur à l'usine HASAG.

Pourtant, la plupart d'entre eux doivent affronter la solitude absolue, générée par le système lui-même, surtout dans les camps de travail forcé. Mais ils sont parvenus à résister au découragement, celui qui mène à la maladie, antichambre de la mort. Il ne fallait pas tomber malade. À quatorze ans, Léon Lewkowicz le sait et entreprend de se soigner tout seul, à Birkenau, en se gargarisant avec son urine pour soigner une angine.

Tous parlent encore de hasard et de chance – incontestable dans le cas de Léon, qui sort de la chambre à gaz grâce à la révolte des *Sonderkommandos*, le 7 octobre 1944.

Il faut une immense force de caractère pour ne pas abdiquer et tous l'ont eue, surtout au moment des « marches de la mort » – même si à un moment précis, chacun d'eux a été envahi par le découragement. Épuisés, certains sont sur le point de craquer, comme Armand Bulwa à son arrivée à Buchenwald.

---

1. Camp annexe d'Auschwitz III à partir de 1944. Les deux frères Finkel se retrouveront sur l'*Exodus*, après la guerre.

Romek, Léon, Jacques, Armand et tous les autres ont ainsi tenu jusqu'au 11 avril 1945, date de la libération du camp de Buchenwald, que beaucoup considèrent comme leur seconde date d'anniversaire. Plus d'un millier d'entre eux renaissent à la vie et attendent qu'un pays veuille bien les accueillir. Deux longs mois durant, ils vivent dans les anciennes baraques des SS, dans un désœuvrement absolu. Le 8 juin 1945, quatre cent vingt-sept d'entre eux partent pour la France, dans des conditions rocambolesques ; d'autres partent pour l'Angleterre, tandis que les plus malades vont en Suisse dans les sanatoria de l'OSE. Des listes ont circulé pour s'inscrire au départ vers la France, un pays et une langue dont en quasi-totalité ils n'avaient jamais entendu parler.

Il faut avoir lu le livre de Romek pour comprendre leurs difficultés, leur rage, leurs espoirs fous lors de leur arrivée à Écouis, petit village de l'Eure, où ils sont en quarantaine. Ils sont confrontés à un réel qu'ils devront accepter, en passant -comme Romek - par les méandres de la vie.

Les enfants de Buchenwald se sont dispersés sur les cinq continents. Ils sont devenus israéliens, américains, canadiens, australiens. Sur les quatre cent vingt-sept venus en France, seule une petite vingtaine est restée et a demandé la nationalité française. Ils ont construit leurs vies, certains après de longs détours chaotiques, ou en se lançant à corps perdu dans le travail, avec rage et obstination, en voulant être les meilleurs. Beaucoup se sont stabilisés grâce à leur femme et en fondant un foyer. Tous ont gardé cette droiture et cette foi dans l'homme qui a perduré au-delà des camps et qui leur vient de leurs parents. Ils ont maintenu vivace cet héritage de la vie, pour la vie, à la vie !

Katy Hazan, historienne

Chronologie

1933

Janvier : Adolf Hitler, leader du Parti national-socialiste des travailleurs allemands (NSDAP), plus communément appelé « Parti nazi », est nommé chancelier d'Allemagne. Le programme du parti nazi prétend que les Allemands font partie d'un groupe racial supérieur, les Aryens. Pour protéger leur pureté, les non-aryens et les aryens inférieurs (en raison de handicaps mentaux et physiques), doivent être exclus ou disparaître. Les juifs et les socialistes, qu'Hitler considère comme étant ceux qui contrôlent l'Allemagne, sont particulièrement visés.

27 février : les nazis mettent le feu au Reichstag, siège du Parlement allemand à Berlin. Ils attribuent l'incendie aux communistes et publient un décret annulant l'essentiel des libertés civiles et politiques établies par la Constitution.

Mars : ouverture de camps de concentration en Allemagne pour incarcérer les opposants politiques, à savoir des communistes et autres ennemis présumés du régime.

Le Parlement allemand adopte une loi donnant à Hitler des pouvoirs dictatoriaux.

Avril : les magasins et commerces juifs sont boycottés. Le 11 avril, un décret précise qui est considéré comme non-aryen. La même année, il est interdit aux juifs d'avoir des activités artistiques, d'être propriétaires fonciers et de diriger des Journaux.

1934

Les juifs allemands sont exclus de la politique. Ils n'ont plus accès aux services de santé nationaux et les avocats ou juges ne peuvent plus exercer leur métier.

2 août : décès du *Reichspresident* allemand, le maréchal Paul von Hindenburg. Le même jour, Hitler devient *Reichsführer*, renforçant ainsi la dictature et le régime fasciste.

1935

15 septembre : Hitler annonce les lois raciales dites « de Nuremberg », qui marginalisent et excluent les juifs des services de l'État et de la société allemande.

1936

7 mars : les nazis commencent à exécuter leur politique d'expansion en occupant la Rhénanie (actuelle Allemagne occidentale), démilitarisée à la fin de la Première Guerre mondiale et dont le traité de Versailles avait confié le contrôle à la France.

1938

12 et 13 mars : les troupes hitlériennes entrent en Autriche. Le pays est annexé à l'Allemagne.

15 octobre : l'armée allemande occupe les Sudètes, région de la Tchéquie comprenant une minorité germanophone, partie intégrante de la Tchécoslovaquie depuis 1919.

9 et 10 novembre : au cours de la « Nuit de Cristal » (*Reichskristallnacht*), un massacre visant les juifs a lieu en Allemagne. Plus de deux cent cinquante synagogues sont détruites, ainsi que des foyers, hôpitaux et écoles juives. Les commerces sont saccagés et trente mille hommes juifs sont déportés dans des camps de concentration allemands.

1939

15 et 16 mars : les troupes nazies envahissent la Tchécoslovaquie.

23 août : le Pacte germano-soviétique signé avec l'URSS de Staline prévoit que les troupes russes n'attaqueront pas les Allemands lors de leur prise de contrôle de la Pologne.

1er septembre : les nazis entrent en Pologne, où vit la plus grande communauté juive d'Europe (environ 3,5 millions de personnes).

3 septembre : la Grande-Bretagne et la France déclarent la guerre à l'Allemagne, mais n'interviennent pas pour porter secours aux forces polonaises dans leurs combats contre l'Allemagne.

17 septembre : En contrepartie de l'occupation de la partie orientale par les nazis, l'Armée rouge envahit la Pologne à l'est. Le pays démantelé est partagé entre les deux nations. Les nazis éliminent des Polonais, juifs ou non, qui occupent des postes dans la politique, la justice, l'université. Ils s'en prennent également à des écrivains, musiciens et autres artistes, à tous ceux qui pourraient organiser des mouvements de résistance.

1940

Des ghettos sont créés dans la partie polonaise occupée. Des millions de juifs sont contraints de vivre dans ces quartiers ceints de clôtures en béton et de fil de fer barbelé. Les juifs polonais ont perdu tous leurs droits et doivent survivre avec des rations alimentaires limitées à quelques centaines de calories par jour.

10 mai : les troupes allemandes entrent victorieusement aux Pays-Bas, en Belgique et en France.

22 juin : l'armistice signé entre la France et l'Allemagne divise le pays en deux : une zone occupée par les troupes allemandes au nord et une zone dite « libre » au sud.

Été : Le gaz Zyklon-B est testé à Auschwitz avant d'être généralisé pour les massacres en masse des juifs.

7 octobre : les troupes allemandes envahissent la Roumanie.

Novembre : la Hongrie, la Roumanie et la Slovaquie rejoignent les puissances de l'Axe.

1941

Fin juin : Hitler brise le pacte de non-agression germano-soviétique. Il attaque l'URSS et les régions de Pologne occupées par les Russes.

Août : l'Union soviétique autorise les citoyens polonais à se battre aux côtés de l'Armée rouge. Les restes de l'armée polonaise se reconstituent.

1942

Janvier : les juifs de France et de Slovaquie sont déportés à Auschwitz-Birkenau, le camp de concentration nazi en Pologne occupée.

Mai : à Birkenau, les premières « sélections » de juifs ont lieu. Les personnes sélectionnées sont envoyées directement à la mort.

Durant toute l'année 1942, les juifs français, néerlandais, belges, allemands, norvégiens et croates sont envoyés à Auschwitz, ainsi que les Roms. Les juifs polonais sont également conduits dans des camps de la mort, dont Treblinka II, centre de mise à mort pour les juifs du ghetto de Varsovie, à partir du 22 juillet.

1943

29 janvier : l'administration de Himmler ordonne la déportation de tous les Roms d'Allemagne et des pays occupés vers Auschwitz.

Mars : des juifs de Grèce sont envoyés à Auschwitz pour y être tués.

9 et 10 juillet : Débarquement des troupes alliées en Sicile.

1944

3 janvier : l'Armée rouge commence à chasser les Allemands de Pologne.

19 mars : les nazis occupent la Hongrie. Environ quatre cent quarante mille juifs hongrois sont déportés à Auschwitz. Plus de 80 % d'entre eux sont assassinés à leur arrivée.

6 juin : « Jour J » : les Alliés débarquent en Normandie et entreprennent la campagne de libération de la France.

24 juillet : sur le front de l'Est, les troupes soviétiques libèrent Majdanek, le premier camp de concentration qu'ils découvrent durant leur avancée vers l'Allemagne.

Août : la France est libérée, à l'exception de l'Alsace-Lorraine et de poches de résistance sur la façade atlantique.

Tout au long des années 1944 et 1945, à mesure que les forces alliées progressent à l'ouest et l'Armée rouge à l'est, des marches de la mort sont décidées par les SS pour évacuer les survivants des camps de concentration, notamment en Pologne. Les détenus qui semblent en bonne santé sont transportés en Allemagne pour travailler comme esclaves.

1945

27 janvier : les troupes russes libèrent Auschwitz.

4 avril : le camp d'Ohrdruf, annexe de Buchenwald, est le premier camp nazi libéré par l'armée américaine.

11 avril : les Américains libèrent Buchenwald. À leur grande surprise, ils y trouvent plus d'un millier de garçons âgés de moins de dix-huit ans. Les médecins amenés à Buchenwald au cours du même mois pensent que les garçons ne se remettront pas des traumatismes qu'ils ont vécus. Un médecin estime qu'en raison de leur santé mentale et physique fragile ils ne vivront pas au-delà de quarante ans.

7 mai : l'Allemagne nazie capitule.

Début mai : un transport de camions avec environ deux cent cinquante garçons de Buchenwald part pour la Tchécoslovaquie, la Hongrie et la Roumanie.

15 juin : l'Œuvre de secours aux enfants juifs (OSE), qui a caché et sauvé de nombreux enfants français, accueille quatre cent vingt-sept garçons de Buchenwald. L'OSE va aider certains à retrouver une famille survivante et soutenir d'autres qui ne peuvent aller nulle part. Plus tard, quelque deux cent cinquante garçons iront en Suisse, pris en charge par ce pays et la Croix-Rouge.

Fin des années 1940

Le massacre de masse des juifs est qualifié de « génocide » : la volonté d'un groupe de personnes d'éliminer, par la mort, un autre groupe de personnes.

Bibliographie et témoignages

BULWA Armand, *Après le bois de* hêtres, mémoires, Paris, Éditions de l'Archipel, 2020 ; *J'ai eu 16 ans à Buchenwald*, Paris, Archipoche, 2024.

BUZYN Elie, *J'avais 15 ans. Vivre, survivre, revivre*, Paris, Alisio, 2018.

HAZAN Katy, GHOZLAN Éric, À *la vie ! Les enfants de Buchenwald du* shetl *à l'OSE*, Paris, Le Manuscrit, 2003 ; 2e édition revue et augmentée, 2023.

LEWKOWICZ Léon, HAZAN Katy, *"Abi gezunt!" Du moment que tu as la santé*, Paris, Le Manuscrit, 2022.

PERLMUTTER David, *Une enfance à nulle autre pareille*, Paris, Les Éditions Ovadia, 2018.

ZONUS Henri, *Destin d'un miraculé*, Paris, Le Manuscrit/Fondation pour la mémoire de la Shoah, 2016.

Table

Cet ouvrage a été composé
par Soft Office
à Eybens (Isère)

Impression réalisée sur Roto-Page
par l'Imprimerie Floch
à Mayenne (Mayenne)
en janvier 2025
pour le compte des Éditions de l'Archipel
département éditorial
de la S.A.S Écriture-Communication

Imprimé en France
Rang de trirage : 01 – N° d'impression : 106295
Dépôt légal : février 2025